Joris Luyendijk
Die Kinder der Midaq-Gasse

Joris Luyendijk

Die Kinder der Midaq-Gasse

Ein Jahr Kairo

Aus dem Niederländischen
von Anne Middelhoek

Rotbuch Verlag

Die Übersetzung wurde gefördert vom Nederlands
Literair- en Produktiefonds, Amsterdam.

Für meine Eltern

Dank an Toon van de Put

Joris Luyendijk, geboren 1971, studierte Politikwissen-
schaft und Arabisch in Amsterdam und Kairo. Er ver-
öffentlichte in den großen niederländischen Tageszeitun-
gen, heute ist er Korrespondent für den Mittleren Osten.

Die Deutsche Bibliothek – CIP-Einheitsaufnahme

Ein Titeldatensatz für diese Publikation ist bei
Der Deutschen Bibliothek erhältlich.

© der deutschsprachigen Ausgabe
Europäische Verlagsanstalt/Rotbuch Verlag, Hamburg 2001
Originaltitel: Egypte. Een goede man slaat soms zijn vrouw
Erschienen 1998 bei Podium, Amsterdam
Umschlaggestaltung: +malsy, Bremen
unter Verwendung einer Fotografie von Anna Peisl/ZEFA
Herstellung: Das Herstellungsbüro, Hamburg
Satz: Greiner & Reichel, Köln
Gesetzt aus der Stempel Garamond
Druck und Bindung: Fuldaer Verlagsagentur
Printed in Germany
Alle Rechte vorbehalten
ISBN 3-434-53050-9

Inhalt

al-gharîb aʿmâ wa lau basîr

Wäre er auch klug,
der Fremde ist mit Blindheit geschlagen

1 Flirt like an Egyptian

Muhammed hat noch eine letzte Überraschung für mich. »Wir werden dein Jahr in Ägypten passend abrunden«, lispelt er geheimnisvoll am Telefon. Dazu soll ich mich in Schale werfen – was ziemlich lästig ist, weil ich für meinen Heimflug in dieser Nacht schon alles gepackt habe. Um acht will er mich abholen. Das paßt gut, denn Maher und Hazem kommen in einer Stunde zu einem Abschiedsessen und haben um halb acht wieder etwas anderes vor. Hoffentlich sind alle pünktlich.

Ein weiteres Mal versuche ich, Tantâwî anzurufen, der mir von allen wohl der beste Freund geworden ist. Ausgerechnet ihn verpasse ich seit einer Woche andauernd. Zuerst war er aufs Land zu Verwandten gefahren, dann zu seinem Scheich, und nun funktioniert sein Telefon schon seit Tagen nicht. Es ist zum Verrücktwerden. Wenn nur mal nichts passiert ist; mit Tantâwîs Bruder war es auch schwupp! auf einmal aus.

Dies ist meine letzte Chance, also renne ich aus dem Haus und springe in ein Taxi. Noch einen halben Tag, und mein Jahr in Ägypten ist vorbei. Mein Ziel war, mich als dreiundzwanzigjähriger westlicher Nicht-Muslim inmitten der Kairoer Bevölkerung einzuquartieren und zu schauen, wie weit ich komme. In Holland hört man sehr viel über die Notwendigkeit der Integration von Ausländern in *die* niederländische Kultur, was auch immer diese sein mag. Doch wie integriert sich eigentlich ein Holländer in die ägyptische Kultur, was auch immer diese sein mag? Ich fing an, Arabisch zu studieren, vertiefte mich in den Islam und las jeden verfügbaren Zeitungsartikel über die arabische Welt. Weil man in Holland von den Studenten auch noch erste Forschungserfahrungen erwartet, beschloß ich zu untersuchen, ob der Islam sich mit der Demokratie verträgt. Ich schrieb mich an der Universität von Kairo ein, flog nach Ägypten und suchte mir eine Wohnung in einem Arbeiterviertel.

Die Menschen, die ich näher kennenlernen wollte, sollten aus den »normalen« Schichten der Bevölkerung stammen. Nicht aus der koptisch-christlichen Minderheit, der stinkreichen Upperclass oder der bettelarmen Unterschicht, weder aus den Kreisen der Marxisten noch aus den Grüppchen englischsprechender Schnorrer, die sich in der Nähe der Fünfsternehotels herumtreiben. Die westlichen Medien widmen diesen Extremen immer viel Aufmerksamkeit, nur selten erfährt man dagegen etwas über die ganz gewöhnlichen Ägypter, obwohl diese doch fünfzig der sechzig Millionen Einwohner ausmachen. Mit Dutzenden Menschen aus der »normalen« Bevölkerung habe ich Bekanntschaft gemacht, fünf von ihnen habe ich näher kennengelernt: Muhammed, »der Feminist«, Tantâwî, »der Fromme«, Maher, »der Grübler«, 'Imâd, »der Fundamentalist«, und Hazem, »der Liberale«. Ob sie meine Freunde geworden sind, läßt sich schwer sagen, die Frage jedoch, ob sich der Islam mit der Demokratie verträgt, ist beantwortet.

Wie ich fürchte, ist mit 'Imâd, dem Fundamentalisten, das Freundschaftsexperiment gescheitert. Während der vier Wochen, in denen ich bei ihm zu Gast war, und auch während des gemeinsamen Studiums, habe ich unendlich viel gelernt, Freunde aber sind wir nicht geworden. Dafür sind seine Vorstellungen zu weit von meinen entfernt.

Doch wenn ich es mir recht überlege, auch Tantâwî der Fromme und Hazem der Liberale sähen Frauen am liebsten am Herd und wünschen Schwulen den Tod, und trotzdem macht es immer Spaß, mit ihnen zusammenzusein. Sogar beim Abschied von 'Imâd heute morgen hatten wir uns, ungeachtet aller guten Vorsätze, innerhalb von fünf Minuten wieder in ein Streitgespräch über Sex und den Westen verwickelt. Zufrieden stellte 'Imâd fest, daß keine ägyptische Frau mich im vergangenen Jahr berührt hat. »Unsere Frauen haben wenigstens Ehrgefühl. Mein Bruder arbeitet in einem Hotel am Roten Meer, und der hat auch gesagt: Mädchen aus dem Westen lassen sich ganz leicht rumkriegen. Tiere seid ihr, euch fehlt jegliche Spiritualität. Faschistenpack!« Im Gehen fragte er: »Ist das ein Abschied für immer?« Ich hoffe nicht, sagte ich. Er nickte. Nach ägyptischen Gepflogenheiten sollte ich in diesem Moment, und sei es auch nur pro forma, eine Gegeneinladung aussprechen, etwa: »Mein Haus ist immer dein Haus, wenn du je in Holland ...«, doch wir wußten beide, wie leer die Geste gewesen wäre. Wegen der Verschärfung der Asylgesetzgebung würden die Niederlande 'Imâd niemals ein Visum ausstellen, nicht einmal für einen Kurzurlaub.

Bereits zweimal hat der Taxifahrer im Rückspiegel meinen Blick einzufangen versucht. In mörderischem, für Kairoer Verhältnisse aber ganz normalem Tempo brettern wir über die südliche Nilbrücke, die von den Ägyptern Liebesbrücke genannt wird. Den ganzen Tag lang stehen dort verliebte Pärchen und starren aufs Wasser, und an dieser Stelle berührte Maher der Grübler zum ersten Mal die Hand seiner Freundin – in ihrer zweijährigen Beziehung der intensivste körperliche Kontakt.

Als ich dem Taxifahrer antworte, daß ich aus Holland komme, hat er eine wichtige Frage. Wie es sich gehört, bietet er mir zuerst eine Zigarette an, die ich, wie es sich gehört, mit der Hand auf dem Herzen abschlage. »Magst wohl keine ägyptischen?« Grinsend steckt er die Schachtel *Kleopatras* wieder in seine Brusttasche. Die wichtige Frage lautet, ob ich ihm bei der Beschaffung eines Visums helfen könnte.

Enttäuscht senkt er den Blick. Er würde gerne auswandern, aber sogar für ein Touristenvisum müßte er ein Vermögen von umgerechnet 25 000 Mark und ägyptischen Immobilienbesitz nachweisen. Irgendwie fühle ich mich verpflichtet, ihm zu erklären, daß diese Auflagen einfach sicherstellen sollen, daß er nach dem Urlaub wieder zurückfährt.

»Ich will aber gar nicht zurück!« Na, na, ganz so schlimm ist es doch auch nicht in Ägypten? Oder ist er schon mal mitten im Schneetreiben von einem siebzehnjährigen Knirps mit einem Messer bedroht und ausgeraubt worden? Nicht jede Stadt ist so sicher wie Kairo. »Das würde ich nicht ertragen«, sagt der Taxifahrer bestimmt, als er erfährt, daß mir während meiner fünf Jahre in Amsterdam sechsmal das Fahrrad gestohlen und zweimal bei mir eingebrochen wurde, daß man mich bedroht und beraubt hat. Er fragt sich, wie die Niederländer damit klarkommen. Ich erwidere, daß wir es nicht anders kennen. Bevor ich nach Ägypten kam, konnte ich mir auch nicht vorstellen, wie man in einer korrupten Diktatur leben kann, ohne Demokratie, ohne Meinungsfreiheit ... Doch wie die Niederländer bestimmte Risikogegenden meiden und die Dinge ansonsten nehmen, wie sie sind, so scheinen die Ägypter mit der Politik ähnlich zu verfahren. Der Taxifahrer nickt: »Ägypter interessieren sich nicht besonders für Politik.« Dann setzt er kichernd hinzu: »Sieh dich besser vor, ich könnte dich bei der Sicherheitspolizei anzeigen.«

Wir fahren an der Universität vorbei, in der Ferne taucht bereits das Armenviertel auf, in dem Tantâwî lebt. Zur Linken erstreckt sich das Institut der Politischen Wissenschaften, der wichtigsten Fakultät des Landes, die während des vergangenen Jahres mein Lebensmittelpunkt war. Hier werden ägyptische Politiker, Gelehrte und Diplomaten ausgebildet. Der ehemalige UN-Generalsekretär Boutros-Ghali unterrichtete hier, Außenminister ʿAmr Mûsâ hat hier studiert. Hier lernte ich, daß Menschen aus dem Westen einen gewalttätigen und imperialistischen Charakter haben und die Juden von Natur aus materialistische Verschwörer sind. Hier entdeckte ich, daß die sympathischsten und am wenigsten korrupten Professoren oft die gläubigsten sind, und fing an zu verstehen, warum meine ägyptischen Altersgenossen zu Fundamentalisten werden. Ich entdeckte, daß es mehr Sinn macht, von »Islamen« im Plural als vom »Islam« im Singular zu sprechen, und ich bemerkte, daß die Ost-West-Gegensätze, religiöse Zwiste und Fragen der Emanzipation zwar regelmäßig die Gemüter erhitzen, daß sich alle aber letzten Endes viel mehr für das andere Geschlecht interessieren, vom Judenhasser ʿAbdalwahhâb einmal abgesehen.

Wir sind da. Tantâwî wohnt in Bulâq ad-Dakrûr, einem der ärmsten Viertel der Stadt. Ich bin gerne dort. Als Kind stellte ich mir unter der »dritten Welt« immer erbärmliche, dahinsiechende Menschen vor, die mit dem Tod im Nacken Tag und Nacht darum kämpften, ihre Bäuche zu füllen. Die dritte Welt konnte einem leid tun, sie war schwach und elend, und wehe mir, wenn ich einen Moment vergaß, wie privilegiert ich war. Klappe halten und Teller leer essen. Auch ich sang mit elf Jahren das Lied der Hilfsaktion »Kinder für Kinder«: »Ein Kind der dritten Welt lebt meistens ohne Geld.« Aber die Einwohner von Bulâq scheinen unter ihren Lebensbedingungen nicht sonderlich zu leiden. Oder sie verheimlichen ihr Elend meisterhaft. Die Atmosphäre in dem Viertel erinnert eher an einen Sommertag im

Amsterdamer Vondelpark: viele Leute, alles ganz entspannt.

Tantâwî ist nicht zu Hause. Meine Nachrichten hat er auch nicht bekommen, denn einer seiner Cousins begrüßt mich und fragt, ob ich am Montag wieder zum Treffen in unser Stammkaffeehaus komme. Aber dann werde ich längst wieder in Amsterdam sein. Tief enttäuscht verschwinde ich wieder. Tantâwî war der herzlichste und treueste Mensch, den ich hier kennengelernt habe, und einer der wenigen, denen jeglicher Bekehrungsdrang fremd war. Als ich erzählte, daß man in den Niederlanden oft schon nach dem ersten Date mit einem Mädchen ins Bett geht, zuckte er mit den Achseln und sagte »gharîb« – komisch. ‘Imâd pflegte mich bei solchen Gelegenheiten mit Vorträgen über Aids als Strafe Allahs und über die Sexindustrie des Westens zu traktieren. Allerdings konnte man sich mit ‘Imâd über den Sinn des Lebens, die Trennung von Körper und Geist und ähnliche Dinge unterhalten. Tantâwî würde bloß einen Koranvers zitieren und die ganze Sache damit für erledigt halten.

Zurück in meiner leergeräumten Wohnung, freue ich mich auf Muhammeds Überraschung und beginne mit den Vorbereitungen für das Abschiedsessen mit Hazem und Maher, meinen Freunden Nummer vier und fünf. Hazem, Jurastudent im sechsten Semester, nennt sich liberal und ist ein absoluter Hitzkopf. An seinem Beispiel habe ich erfahren, wie schwierig der Kampf gegen die Diktatur hierzulande ist: Er wirft gerne mit Voltaire-Zitaten um sich, aber wenn ich es mit seiner Schwester triebe, würde er mich umbringen. Das gab er mir am selben Tag zu verstehen, als er versuchte, *meine* Schwester aufzureißen. Maher, ganz seinem Spitznamen »der Grübler« getreu, ist aus anderem Holz geschnitzt. Er macht aus seinen Zweifeln über den

Glauben und über den Sinn des irdischen Daseins keinen Hehl. Maher verlor seinen besten Freund an den Fundamentalismus, und von ihm lernte ich, wie man mit der chaotischen und korrupten Bürokratie zurechtkommt. Er ist sympathisch, hilfsbereit und zuvorkommend, doch eine Frage beschäftigt mich nach wie vor: Arbeitet er nun als Informant für den allgegenwärtigen *muchâbarât*, den ägyptischen Geheimdienst, oder nicht?

Für Hazem und Maher wird es die erste Bekanntschaft mit einer holländischen Mahlzeit sein. Vielleicht wird auch Dalya kommen, eine Studentin der Biochemie im vierten Semester, die Mitglied im selben schilla oder Freundesclub der Universität ist wie ich. Sie ist schon seit einem Jahr in mich verliebt, wie mir jetzt erst klar wird. Eigentlich ist es völlig undenkbar, daß sie in Begleitung zweier junger Männer ein Haus betritt, aber dies ist ihre letzte Chance, mich zu sehen. Dalya und ihre schilla-Freundinnen haben alle meine Ansichten und Gewißheiten bezüglich Sex und Beziehungen ins Trudeln gebracht. Ist es normal, wenn eine Frau von ihrem Ehemann geschlagen wird? Absolut, findet Dalya. Handelt es sich um einen Liebesbeweis, wenn ein Mann seiner Frau verbietet, mit anderen Männern zu reden? Aber sicher. Würde sie jemals einen Mann heiraten, der sie außer Haus arbeiten läßt? Pustekuchen! sagt Dalya und lacht. Sie ist ein sanftmütiges Mädchen mit einem lieben Gesicht.

Dalya ist mitgekommen. Ihrem sonst so unbeschwerten Gesicht ist deutlich die Nervosität anzusehen; in dem Moment, als sie mit Maher und Hazem mein Appartementhaus betrat, schämte sie sich in Grund und Boden. Da unverheiratete Mädchen niemals mit jungen Männern mitgehen, konnte die Situation nur als Prostitution ausgelegt werden. Deshalb habe ich sie auch nicht abgeholt. Möglicherweise hätte jemand uns auf der Straße beobachtet und versucht zu verhindern, daß einer aus dem Westen ein ägyptisches Mädchen mit zu sich nach Hause nimmt.

Wir plaudern über Politik und Religion. Maher wägt jede Antwort genau ab, Hazem schimpft wie ein eingefleischter Liberaler auf die Regierung. Dalya schweigt und wirft mir hin und wieder einen Blick zu. Ich habe Spaghetti mit einer Soße aus Thunfisch und Tomaten und geriebenem Gouda gekocht. Nicht ganz eine holländische Mahlzeit, aber es geht um die Geste. »Wo ist das Brot?« fragt Hazem und bietet an, etwas zu besorgen. »Spaghetti ohne Brot?« wiederholt Maher ungläubig. Dalya mustert ihren Teller und verschwindet in der Küche, um ihn noch einmal abzuspülen. »Joris, du solltest schleunigst heiraten, du schaffst es offensichtlich nicht, deine Küche sauberzuhalten.«

Niemand nimmt sich etwas. Maher stochert mit der Gabel in dem geschmolzenen Käse. Während ich noch eine Flasche Cola aus der Küche hole, fange ich das Wort »Kaugummi« auf. Schließlich essen sie die Spaghetti, vereinzelt auch einen Bissen Thunfisch. Die Cola kommt besser an. Ich lege eine CD der holländischen Popgruppe Doe Maar auf und erzähle, daß das meine Lieblingsmusik ist. Nach einer halben Minute fangen Maher und Hazem zu quatschen an. »Wir verstehen sowieso kein Wort.« Ich räume den Tisch ab. Gerade für den Abschied hatte ich mir vielleicht erhofft, daß Maher und Hazem einmal intensiver mit mir sprechen würden, so wie Hazem wohl irgendwie hoffte, ich würde mich doch noch zum Islam konvertieren lassen.

Um die Situation zu retten, schlage ich vor, beim Krämer an der Ecke Eis zu holen. Das würde nur zwei Minuten dauern. Maher und Hazem stoßen einen bedenklichen Seufzer aus: Was machen wir mit Dalya? Wir können sie nicht einfach mitnehmen: Sie einmal an den mißbilligenden Blicken der *bawwâba* oder Hausmeisterin, der Automonteure und des Limonenverkäufers vorbeizuschleusen hat schon gereicht. Sie für kurze Zeit in meiner Wohnung zurückzulassen wäre unhöflich, und daß Maher und ich Eis holen gingen und Hazem bei Dalya bliebe, ist ganz und gar ausgeschlossen.

Dann eben kein Eis.

Wir unterhalten uns, gequälter denn je. Dalya bemüht sich sichtlich, aber auch für sie ist die Situation zu ungewohnt. Denken die Hausmeisterin im Erdgeschoß und die Obstverkäufer gegenüber nun wirklich, daß Maher, Hazem und ich in diesem Moment dabei sind, es mit Dalya zu treiben? Es ist halb sieben, Dalya muß gehen, damit ihre Eltern nicht mißtrauisch werden. Sie bedankt sich herzlich für die Gastfreundschaft, die *Mühe*, die ich mir mit dem Essen gemacht habe, und die Postkarten mit *Dutch Masters von fl. 21,95 für nur fl. 7,95*, von denen sie einige ausgewählt hat. An der Bushaltestelle meint Maher, es sei in den Niederlanden bestimmt ungewöhnlich, daß Leute ihre Gäste bis zum Bus geleiten. Im Westen hätten die Leute es ja immer eilig. Ich antworte, daß viele Studenten Fahrrad fahren, also gibt es dazu meist keinen Anlaß. »Ein Rad? Du etwa auch? Ach nein, du hast sicher ein Auto?« Ich rechne ihm vor, wieviel Benzin und Parkscheine kosten, dann kommt aber auch schon der Bus, und Dalya gibt mir ganz schnell die Hand. Die Kairoer Busse halten selten richtig an, man muß mit ihnen Schritt halten und sich dann an einem eisernen Bügel hineinziehen. Auch das Aussteigen erfolgt im Rollen. Die Kairoer sind darin geübt, und man sieht die Menschen bis ins hohe Alter hinter den Bussen herhecheln. Dalyas Bus geht unter im Mahlstrom des Stadtverkehrs, und mir fällt ein, daß sie mir weder ihre Telefonnummer noch ihre Adresse gegeben hat.

Wieder in meiner Wohnung, bitte ich Maher und Hazem um die Erlaubnis, ein Buch über sie zu schreiben. »Willst du den Islam beleidigen, wie alle Orientalisten?« scherzt Hazem durchaus ernst. »Oder dich über uns lustig machen und schreiben, daß wir noch Kamele reiten und in Hütten leben?« Ich erwidere, daß ich vor meinem Aufenthalt in Ägypten geglaubt hatte, die Menschen in der dritten Welt würden am liebsten ein Leben wie im Westen führen. »Ich betrachtete den Islam als ein Joch, das ihr *abwerfen* solltet. Aber ihr habt gerade Mitleid mit mir, weil ich kein Ägypter bin, kein Araber, kein Muslim …«

»Der Islam ist einfach die Wahrheit, und Ägypten das schönste Land der Welt«, sagt Hazem achselzuckend. Maher nickt zustimmend: »Du wirst also deine Landsleute von der Wahnidee heilen, daß der Islam der neue Feind sei? Demnächst werden alle wissen, wie tolerant und friedfertig wir sind.« Ich erwidere, ich sei mir da noch nicht so sicher. Die hiesigen Vorstellungen mancher Leute über Juden, Homosexuelle und Frauen würden viele Niederländer sicherlich schockieren. Hazem schüttelt den Kopf. »Die Christen hassen die Juden doch auch? Darum habt ihr Israel gegründet. Um die Juden loszuwerden.«

»Das meine ich eben, Hazem. Wenn du in Holland sowas sagst, wanderst du vielleicht noch in den Knast.« Er runzelt die Stirn: »Aber was soll denn so sonderbar an unseren Vorstellungen über Schwule sein? Keiner will doch Aids! Alle sind doch für die Familie! Und Frauen – seid ihr wirklich so froh darüber, daß Frauen bei euch arbeiten gehen? Seht ihr denn nicht den Zusammenhang zwischen dem Niedergang der Familie und Kriminalität, Unfruchtbarkeit, Geschlechtskrankheiten und Selbstmord?«

Ich nicke mit dem Kopf: »Genau darum geht's, Freunde. In Holland sind nur wenige mit euch einverstanden. Und die halten den Mund.« Hazem schaut verzweifelt zur Zimmerdecke hoch. »Der niederländische Volkscharakter ist noch verrückter, als ich dachte.« Mit arabischer Musik, süßem Tee und noch viel süßerem Gebäck wird das Treffen schließlich doch noch nett. Beim Abschied weiß ich, daß die Herren mir fehlen werden. Auch für sie muß es eine komische Erfahrung gewesen sein. Als sie mich kennenlernten, hatten beide noch nie zuvor länger als fünf Minuten mit jemandem aus dem Westen gesprochen. Auch sie müssen Loyalitätskonflikte haben zwischen freundschaftlichen Gefühlen und Abneigung gegen, um nur ein Beispiel zu nennen, meine Ansichten über meine Schwester. »Wenn du wieder einmal in Kairo bist, mußt du einfach zu meinem Haus in Haram kommen«, sagt Maher nach der Umarmung. »Daß ich dort jemals wegkomme, ist noch unwahrscheinlicher, als daß es jemals freie Wahlen gibt.«

Die Überraschung ist ein Mädchen. Muhammed, der fünfmal täglich betende Muslim, zutiefst überzeugt von der Gleichheit von Mann und Frau und deshalb von allen Frauen hier ignoriert, strahlt vor Stolz. Mit den Worten »Das ist Hanâ'« stellt er mir das Mädchen vor. Muhammeds Busenfreund Saʿîd ist auch da. »Saʿîd und ich haben zusammen studiert und unseren Wehrdienst geleistet. Jetzt arbeiten wir beide bei EgyptAir. Wir teilen alles miteinander«, erläutert Muhammed, als ich mit ihm Bier holen gehe. »Jobs, ein Auto, Freikarten fürs Kino … und jetzt also ein Mädchen.« Wunderbar, sage ich, was werden wir mit ihr machen? »Alles!« Muhammed leckt sich die Lippen. »Nur nicht das eine. Sie möchte noch heiraten.« Auf dem Rückweg vom Krämerladen drückt Muhammed mir das Bier in die Hand. »Geh du schon mal vor, ich muß noch mal kurz beten.«

Ein gutes Gespräch mit Hanâ'. Sie liebt klassische Musik, vor allem Beethoven. Ins Konzert geht sie nie, sie hat keine Brüder, und ihr Cousin will nicht. Saʿîd? Unmöglich, stell dir vor, die Leute würden sie zusammen sehen. Ich schätze sie auf achtzehn. Muhammed legt westliche Musik auf und fragt, ob ich mal zeigen kann, wie man im Westen dazu tanzt. Genauso gelenkig wie in den Videoclips im ägyptischen Fernsehen? Mein Körperbau läßt Schlimmes ahnen. Schon bald weicht die westliche Musik östlichen Klängen. Hanâ' führt einen Bauchtanz vor. Mit beeindrukkender Grazie wiegt sie ihre straffe Taille im aufpeitschenden Rhythmus. In den Kairoer Diskotheken sorgen ägyptische Hits immer wieder für die schönsten Szenen: Westliche Touristen und ägyptische Männer verlassen die Tanzfläche, und dann ... so sinnlich, mit den Händen locker auf den Hüften.

Ein neues Tape. Diesmal Kuschelrock, den Muhammed aus dem Radio aufgenommen hat. Sa'îd tanzt Stehblues mit Hanâ'. Nach einer Viertelstunde ist Muhammed an der Reihe, dann ich. Das Tape wird zurückgespult, und Sa'îd darf wieder. Um meine Nerven zu beruhigen, zische ich noch ein Bier, während Sa'îd anfängt, Hanâ' zu küssen. Nach fünfzehn Minuten wird er abgeklatscht. Muhammed ist dran. Auch seine Viertelstunde ist im Nu rum, und dann stecke ich zum ersten Mal in meinem Leben meine Zunge in einen ägyptischen Mund. In Gedanken mache ich 'Imâd dem Fundamentalisten eine lange Nase.

Um ehrlich zu sein, es ist ganz nett. Mit meiner brav-emanzipierten Erziehung habe ich mir die käufliche Liebe immer als Ausbund von Traurigkeit und Verzweiflung vorgestellt, aber jetzt amüsiere ich mich prächtig. Wir sind entspannt und machen Scherze. Wir teilen uns Hanâ' ohne Murren, und sie spielt das Spiel mit. Sa'îd sorgt regelmäßig für Geschenke. Ist meine Viertelstunde jetzt schon rum? Sa'îd nickt, nimmt meine Stelle ein und beginnt, an Hanâ' herumzufummeln. Wieder in meinem Sessel, komme ich zu dem Schluß, daß diese Überraschung doch so grandios absurd ist, daß sie einen passenden Abschluß des Jahres bildet. Dank des Bieres denke ich sogar gerne an das

Schlimmste des Jahres: den Kleinkrieg mit dem vorigen Vermieter, die Tricks der Taxifahrer, die Schikanen der ägyptischen Bürokratie für Besucher aus dem Westen. Muhammed klatscht mit einem breiten Grinsen Sa'îd ab, und auch ich lasse eine Viertelstunde später die Gelegenheit, meinen ersten ägyptischen Busen zu küssen, nicht aus. Dann macht Sa'îd das Licht wieder an. Hanâ' muß nach Hause, sonst werden ihre Eltern mißtrauisch. Sie ist sichtlich dankbar, daß Sa'îd ihre Belange im Auge behält.

Wir trinken noch etwas, und ich versichere, daß dies tatsächlich eine Überraschung war. Muhammed räuspert sich. Es sei ihm aufgefallen, daß Hanâ' mich anders geküßt hätte als ihn. Langsam wird mir das Unglaubliche klar: Muhammed hat mit seinen achtundzwanzig Jahren noch nie eine Frau geküßt, die das auch selber wollte, sondern nur diese Sorte Mädchen. »Nicht nur an ihren Brüsten rummachen, auch ihren Nacken streicheln und in ihrem Haar wühlen«, empfehle ich und kehre den Casanova heraus. »Oder mit deinen Fingerspitzen über ihre Stirn fahren.« Muhammed hört konzentriert zu. Er merkt sich alles genau.

Als wir uns umarmen, stoße ich seinen schmächtigen Körper fast um. Halbtrunken suchen wir Halt an der Wand. Mit Kumpels die Spannungen wegprassen, das hat mir hier gefehlt. Muhammed wird versuchen, auf einen EgyptAir-Flug nach Amsterdam eingeteilt zu werden. Er verspricht, seinen Bruder, seine Schwester und seine Eltern von mir zu grüßen, und dann trennen sich unsere Wege.

2 *Kaza kida*
mit einem Fundamentalisten

Hast du keine Angst, von den Fundamentalisten über den Haufen geschossen zu werden? An diese Frage, die mir in Holland so oft gestellt wurde, denke ich zurück, als die Haustür an 'Imâds Adresse unerbittlich geschlossen bleibt, wie oft ich auch schelle und klopfe. Es ist mitten im Hochsommer, vier Uhr nachts. Vor anderthalb Stunden bin ich in Ägypten gelandet, und bis jetzt sind schon zwei Verabredungen geplatzt. Die Tragegurte vom Rucksack schneiden mir in die Schultern, der Griff der *See-Buy-Fly*-Tüte hat sich in beunruhigendem Maße gedehnt, und ich schwitze wie ein Affe. Hätte ich im Flieger doch nur die alkoholischen Erfrischungen angenommen, dann könnte ich das hier vielleicht mit Humor nehmen. Aber ich habe alles ausgeschlagen, aus Furcht, 'Imâd könnte es riechen.

Was meint und fühlt ein Fundamentalist, und wie sieht sein Alltag aus? Warum wird einer zum Fundamentalisten, und kann man sich mit einem anfreunden? Diese Fragen gehen mir durch den Kopf, seit es mir von Holland aus gelungen war, eine Bleibe bei 'Imâd zu regeln, einem selbsternannten »fundamentalistischen Theoretiker« und Studenten der Politischen Wissenschaften an der Universität von Kairo. Verabredung eins beinhaltete, daß er mich am Flughafen abholen würde. Sollte dies unverhofft nicht klappen, würde er zu Hause auf mich warten. Das war Verabredung Nummer zwei.

Ein letztes Mal betätige ich die Klingel und schleppe dann im stockfinsteren Treppenhaus mein Gepäck wieder hinunter. Eine einsame Laterne wirft ihr mattes gelbes Licht auf die halb befestigte Straße. Hier und da wachsen verstaubte Bäume, alte Autos ruhen unter ihren Schutzhauben. Im Schatten eines Hauseingangs stiert ein Greis vor sich hin. Ein echtes ägyptisches Viertel mit echten ägyptischen Menschen! dachte ich bei meiner Ankunft noch erfreut.

Das hier ist ein richtiges Schlamassel. Ich habe nicht die geringste Ahnung, wo ich bin – Kairo hat soviele Einwohner wie Holland und Flandern zusammen. Wie bekomme ich ein Taxi? Wo sind die Hotels? Leute nach dem Weg zu fragen hat wenig Sinn, das habe ich bereits auf der Suche nach 'Imâds Haus feststellen müssen. Das Problem in Ägypten ist, daß die Leute nicht sagen: »Das weiß ich nicht«, sondern mit Aplomb in irgendeine Richtung zeigen: »Die erste Straße rechts, die zweite links, immer geradeaus, und dann bist du da.« Eine Truppe Halbwüchsiger, die gerade vom Morgengebet zurückkehren, spricht mich an: »*Hulanda*? BanBasten, Gulliet! Willkommen in Ägypten!« Sie bieten an, mich zur Hauptstraße zu bringen, wo die Taxis fahren. »Gib ruhig deine schweren Taschen her.« Mit ungutem Gefühl übergebe ich meinen Laptop, die Frucht beharrlicher Sparsamkeit, einem wildfremden Menschen. Aber von Leuten, die eben noch beim Gebet waren, hat man natürlich nichts zu befürchten, oder?

Im Nullsternehotel wird mein Name auf die noch leere Seite für den neuen Tag ins Gästebuch eingetragen. »Willkommen in Ägypten. Dieses Hotel wird von Christen geführt, es wird Sie sicherlich freuen, das zu hören. Sind Sie gerade erst angekommen? Willkommen.« Der frisch geduschte Mann am Empfang wirft einen Blick ins Gästebuch: »Zu welcher Konfession gehören Sie?« Als ich etwas ungemütlich schweige, erläutert er: »Dann kann ich Ihnen eine Kirche in der Nähe heraussuchen. Morgen ist ja Sonntag.«

Ein Vorurteil kann ich schon mal über Bord werfen, als ich 'Imâd am nächsten Tag persönlich treffe: Er trägt keinen langen schwarzen Muhammed-Bart, auf CNN das sichere Erkennungszeichen der Fundamentalisten. Ich sehe ihn genau an. Mein erster Fundamentalist. Er hat einen schmächtigen, aber drahtig wirkenden Körper, er ist etwa einen Meter siebzig groß, und obwohl er eine leichte Glatze bekommt, würde man ihm seine achtundzwanzig Jahre kaum zutrauen.

»*Strange*. Mein Bruder und ich waren gestern nacht beide zu Hause. Und ich bin extra lange aufgeblieben. Im Fernsehen lief mein Lieblingsfilm: *Top Gun* mit Tom Cruise.« Er fragt, was ich eigentlich in Ägypten vorhabe. »Die Sprache lernen«, lüge ich. Vor meiner Abreise mahnten Dozenten des Fachbereichs Arabisch an der Universität von Amsterdam mich zur Vorsicht: Der ägyptische Geheimdienst schätzt Wissenschaftler aus dem Westen nicht besonders. Und es wäre doch schade um meine vier Semester Arabisch, wenn ich aus dem Land geworfen würde, ganz zu schweigen vom Schicksal meiner Gesprächspartner.

'Imâds Wohnung ist ein Chaos. Auf dem Weg zum Wohnzimmer waten wir förmlich durch eine Schicht Magazine, Zeitungsausschnitte, Bücher, leerer Limoflaschen, Musikkassetten, Socken, Teilen von Bügeleisen und Radios und einem mit Klebeband zusammengehaltenen Atari-Spielcomputer. Ohne ersichtliche Funktion schlängeln sich unzählige Elektrokabel an der grauen Zimmerdecke entlang.

An den gelben Wänden hängen ein gesticktes Stilleben von einer Obstschale und der Kalender einer Versicherungsgesellschaft. Das Telefon funktioniert hin und wieder, der Fernseher selten. 'Imâd erzählt mir das ohne eine Spur von Frustration.

Im Badezimmer sehe ich zum ersten Mal die schwarzen Krabbeltiere, die ich später auch im Kühlschrank, im Ofen und in meinem Bett antreffen werde. Ihr Nest haben sie im Badezimmer, das ständig überflutet ist. Der Dichtungsring ist kaputt, sagt 'Imâd gleichgültig. Wie lange schon? »Drei Jahre, so um den Dreh. Wasser ist sowieso fast umsonst.« Das Badezimmer verfügt über kaltes Wasser, *wenn* es denn Wasser gibt. Ein Wasserhahn für warmes Wasser ist nicht einmal installiert. Die Toilette ist französischen Typs: ein Loch im Boden. Man spült, indem man einen Eimer Wasser hinterherkippt, aber bloß nicht zu schnell, denn dann läuft einem alles über die Schuhe. 'Imâd hatte es mir bereits geschrieben: »Es ist ein bißchen eine Männerwirtschaft.«

Mein Zimmer mißt drei mal drei Meter, darin stehen ein Bett, ein wackliger Tisch und eine mit Gerümpel überwucherte Kommode. Darauf steht ein Spiegel, in dem ich in den nächsten Wochen verfolgen kann, wie meine Haut ein vergangen gewähntes Stadium durchläuft – die Kombination aus permanenter Hitze und Luftverschmutzung verleiht mir das Aussehen eines pickligen Vierzehnjährigen. »Willkommen im Paradies«, sagt 'Imâd großherzig, nachdem er mich herumgeführt hat. »Achte nicht auf die Unordnung, in dieser Wohnung dreht sich alles um Bücher.«

'Imâds Wohnung befindet sich im berühmten Arbeiterviertel Shubrâ. Shubrâ ist so arm, daß kein Taxi freiwillig hierhinfährt. Also kostet eine Fahrt dorthin extra, und ich muß den Bus nehmen, wenn ich aus Shubrâ wegfahren möchte. Diese Busse sind eine Heimsuchung: Überfüllt, verschmutzt, und andauernd setzt es Stöße an empfindlichen Stellen. Wie die verschleierten Frauen es aushalten, ist mir ein Rätsel. Wenn sie sich an mir vorbei zum Ausgang zwängen, kommt es mir vor, als würde mir ein Kohleneimer auf die Pelle rücken. Glühende Pinguine, vor allem die Trauernden und die Strenggläubigen, die ganz in Schwarz gehen. Andererseits, der Bus kostet zwölf Pfennig, das Taxi eine Mark fünfzig. So spare ich wöchentlich immerhin an die zehn Mark.

»Arbeiterviertel« will sagen: Hier lebt die untere Mittelklasse auf engstem Raum. Als sich der libysche Staatschef Gaddafi in den siebziger Jahren mächtig aufspielte, bemerkte sein ägyptischer Kollege Sadat, daß allein die Bevölkerung von Shubrâ ausreiche, um Libyen dem Erdboden gleichzumachen. Obwohl mittlerweile ein knappes Dutzend solcher Arbeiterviertel hinzugekommen sind, bleibt Shubrâ der Prototyp. Die Straßen hier sind immer belebt: Fußball spielende Jungs, herumlungernde Teenager, die an Autos gelehnt die Passanten mustern, hier und da eine Bande Kleinkinder. Alle paar Häuser gibt es ein *ahwa*, ein Kaffeehaus direkt an der Straße, wo man außer Tee und Kaffee auch eine Wasserpfeife genießen kann. Hier treffen sich die Männer aus der Nachbarschaft, Christen wie Muslime. Die meisten rauchen gemächlich vor sich hin, manche plaudern mit ihren Nachbarn. Bei einem Fußballspiel oder einer anderen wichtigen Fernsehsendung werden die Stühle in einem Halbkreis um das Fernsehgerät aufgestellt. Die meisten haben auch zu Hause einen Fernseher, aber sie kommen lieber hierher, um zu gucken; sie sind aus einer Generation, in der arrangierte Ehen die Norm waren. Außer einer schnellen Nummer haben sie zu Hause nichts verloren.

Frauen sieht man nur im Vorbeigehen – auf dem Weg, um etwas zu erledigen oder jemanden zu treffen. Mädchen unter zehn Jahren spielen mit ihren Freunden, und wenn sie älter sind, verlassen sie die Wohnung nur noch, um Besorgungen zu machen. Oft lehnen sie sich aus den offenen Fenstern oder über die Balkongeländer und krakeelen mit den Jungen, oder sie starren lautlos hinunter, wenn sie in den oberen Stockwerken wohnen.

Die Straßen sind einmal, vor langer Zeit, asphaltiert worden, aber mittlerweile von dem Wüstensand verdeckt, der bei widrigem Wind nach Kairo geblasen wird. Die Fahrbahn weist ebensoviele Schlaglöcher auf, wie es Bäume am Wegrand gibt. Vor allem fällt in Shubrâ die wohltuende Gemütlichkeit auf. Kein Adrenalin, das in Wallung gerät, kein Mensch, der dringend etwas zu erledigen hätte, von Hektik ist weit und breit keine Spur, denn daß sich jemand verspätet oder einen Termin erst gar nicht einhält, wird allgemein akzeptiert. Wie von selbst paßt man seine Schritte dem hier herrschenden Tempo an.

Die Tage vergehen. In aller Frühe stellt 'Imâd gebackene Hühnerleber, doppelt frittierte Kichererbsen und Pepsi Cola auf den Frühstückstisch. Danach geht jeder seiner Wege, ich zu meinem Sprachkurs im britischen Konsulat, er zu seinem Unterricht bei AMid-East. Diese amerikanische Organisation für Entwicklungshilfe bietet Studenten Kurse über Menschenrechte in englischer Sprache an. In den Abendstunden treffen wir uns zu einer weiteren üppigen Mahlzeit. Teigtaschen mit Pommes frittes, Bohnensandwiches und natürlich wiederum gebackene Leber und mittlerweile dreifach frittierte Kichererbsen. Dann schauen wir fern, hören Musik oder bummeln durchs Viertel. Manchmal nehmen wir den Bus zum Nilufer. 'Imâd quatscht am liebsten vierundzwanzig Stunden am Tag. Seine Lieblingsthemen sind fundamentalistische politische Philosophie, Popmusik und »die Liebschaften, die mein

Leben ruinierten«, über die er aber nur vage Andeutungen macht.

Nachdem aus den Tagen Wochen geworden sind, beginnt mich eine Sache zunehmend zu beunruhigen. In Holland bin ich nämlich nicht nur vor dem ägyptischen Geheimdienst gewarnt worden. Auch den ganz normalen Ägyptern kann man nicht über den Weg trauen, so wurde mir immer wieder versichert. Sie wirkten zwar auf den ersten Blick ganz nett, aber letzten Endes wollten sie einen nur ausnehmen. Entweder wollen sie Geld oder ein Visum oder die Telefonnummern deiner blonden Landsfrauen. Erstaunlich, wie tiefgreifend derartige Warnungen die eigene Wahrnehmung der Leute beeinflussen. Bereits seit einigen Tagen steuere ich auf ein Gespräch über eine Unkostenvergütung zu, aber jedesmal winkt 'Imâd ab: Das habe Zeit. Am Ende wird er mir wahrscheinlich eine Wahnsinnsrechnung präsentieren. Oder sich mit meinem Computer aus dem Staub machen. Ich habe Geschichten von Leuten aus dem Westen gehört, die eines Tages ein anderes Schloß an ihrer Tür vorfanden: Alles futsch. Schon seit Tagen versuche ich, meinen ganzen Mut zusammenzunehmen, doch immer wieder kommt etwas dazwischen – meistens meine Feigheit.

Am nächsten Morgen kommt 'Imâd schon um viertel vor sieben in mein Zimmer. Ich war gerade wieder eingedöst, nachdem, wie jeden Morgen, zuerst der Hahn um fünf und danach der Limonenverkäufer um sechs mich aus dem Schlaf gerissen hatten. Kairo kennt Dutzende von Straßenberufen. Ihre Vertreter ziehen durch die Viertel und machen mit lautem Geschrei auf sich aufmerksam oder hauen zu diesem Zweck mit zwei Stück Eisen aufeinander. Es gibt Messerschleifer, Verkäufer von Traubenblättern, frischem Honig, Jasminblüten, Gemüse, Brot und Obst, den Lumpenmann und den Kerl mit dem Flüssiggas. Manche haben einen Esel dabei, wie 'Imâds Limonenmann. Der Lärm, den diese Viecher machen, schließt jedes Weiterschlafen aus. Zudem ist das Iah! für Heerscharen von Fliegen das Startzeichen, auf meinen Lippen zu landen. An die Fliegen werde ich mich nie gewöhnen. 'Imâd läßt sie in aller Ruhe um seinen Kopf schwirren, aber ich kann es nicht lassen, nach ihnen zu schlagen. Erbärmlich.

'Imâd schickt mich ins Badezimmer und deckt schnell den Tisch. Wir tun uns an einem Tablett herrlicher Sandwiches mit Bohnenpaste gütlich, als 'Imâd plötzlich ausruft: »Daß mir das jetzt erst einfällt! Der Taperecorder ist repariert – hier kommt die große 'Imâd-Kassettensammlung!« In den Schubladen der Kommoden im Wohnzimmer enthüllt er eine gigantische Sammlung grauer Musikkassetten, die meisten mit arabischer Aufschrift, aber auch eine Menge mit westlichem Pop. »Sechshundert Stück«, sagt er stolz. »Leider bin ich nicht so ordentlich, also stecken sie nicht immer in der richtigen Hülle. Ich bin ein Fan von Berbermusik und der libanesischen Sängerin Fayrûz, aber jetzt sollst du zuerst meine westlichen Favoriten hören.« Während er die Schubladen nach Ace of Base, The Cutting Crew, Europe und Chris de Burgh durchwühlt, summt er die Melodie eines anderen Lieblingssongs:

I thought I knew you well / but all this time I could never tell / But now, I stand alone with pride / Fighting back the tears / I'll never let myself cry

Er blinzelt mit seinen stechenden, flammenden Augen. »Foreigner, *That was yesterday*: genialer Song. Er spricht mir aus der Seele. Vielleicht erzähle ich dir irgendwann mal von meinen Erfahrungen mit der Liebe.« Ich nicke und sage: »'Imâd, wir müssen uns mal über Geld unterhalten.

Ich wohne und esse hier schon seit drei Wochen umsonst. Was erscheint dir angemessen?«

Er lacht mich aus: »Du meinst, du willst mir Geld geben, weil du hier wohnst?« Er grinst und belehrt mich mit erhobenem Zeigefinger: »Erstens handelt es sich hier um arabische Gastfreundschaft. Zweitens interessiert dich vielleicht, wieviel meine Wohnung kostet: fünf Pfund 35 Piaster. Das Essen, das ich dir vorsetze, kostet fast nichts, dabei ißt du kaum etwas. Mit anderen Worten: Ich will nicht, daß du jemals wieder davon anfängst.«

Als 'Imâd sich zum Beten und Zähneputzen zurückzieht, wird mir bewußt, wie wenig Miete er zahlt. Zwei Mark sechzig für eine Wohnung, für die man bei uns tausend Mark berappen müßte. Der Mietspiegel liegt hier natürlich niedriger, aber nicht um das Vierhundertfache. Fünf Pfund und 35 Piaster reichen nicht einmal für einen ordentlichen Kinobesuch.

Die absurd niedrigen Mieten stammen noch aus der sozialistischen Ära des ehemaligen Präsidenten Nasser, erklärt 'Imâd später. Dieser fror in den fünfziger Jahren die Mieten ein, um die Arbeiter gegen Ausbeutung zu schützen. Die Folgen sind katastrophal. Hauseigentümer haben überhaupt keinen Anreiz mehr, ihre Gebäude instandzuhalten. 'Imâds Vermieter hat sein Eigentum schon seit Jahren nicht mehr gesehen. Er wartet ab, bis die Bude einstürzt und für unbewohnbar erklärt wird, so daß er einen Neubau errichten kann. Für Neubauten gelten marktgerechte Preise. Reparaturen werden von den Hausbewohnern selbst erledigt, die Kosten werden umgelegt. Ein zweiter Nachteil des Systems besteht darin, daß niemand umzieht, weil damit ihre Mietrechte erlöschen würden. Noch kinderlose Paare ziehen in riesige Wohnungen mit drei Kinderzimmern und wohnen dort bis zu ihrem Tod. Die fehlende Marktdynamik führt zu einer himmelschreienden Wohnungsnot – fünf Millionen Menschen sollen eine Wohnung suchen. Immer wieder kündigt Präsident Mubârak Reformen in der Mietpolitik an, und immer wieder schreckt er vor den Folgen zurück: Der Staat kann sich seine surrealistisch sparsame Besoldung nur deshalb leisten, weil die meisten Beamten ihre eingefrorenen Niedrigmieten zahlen.

»Warum tragt ihr eigentlich Bärte?« frage ich den Taxifahrer auf dem Weg zum Postamt. Es ist absurd heiß, und der ganze Verkehr ist mal wieder zum Erliegen gekommen. Lachend zitiert er einen Koranvers. Sein Wagen sieht aus wie eine fahrende Islam-Werbung: Korane, Aufkleber mit Versen, Fähnchen. Und natürlich eine Kassette mit dröhnenden Koranrezitationen. Abrupt fährt er an die Seite und fragt, ob ich einen Moment Zeit hätte. Klar, mach nur: tanken, Wasser trinken oder ein Brötchen kaufen.

Nach einer guten Viertelstunde kommt er zurück. Er hat die Zeit für ein kurzes Gebet genutzt. »Du findest Bärte häßlich, oder?« fragt er leutselig. Nach einem betretenen Schweigen meinerseits fügt er hinzu: »Muhammed hatte auch einen Bart. Natürlich ist ein Gesicht ohne Bart schöner, so wie auch eine Frau ohne Schleier attraktiver ist. Wir sind nicht prüde. Wir zügeln uns selbst, damit wir nicht in das Chaos abgleiten, das es vor dem Islam gab. Und das es heute im Westen gibt.«

»Ein kleiner Imbiß gefällig?« Der Taxifahrer hält mir auf dem Rückweg vom Postamt ein Bohnensandwich vor die Nase. »Wirklich, nimm ruhig, ich bin schon satt.« Eine dritte höfliche Ablehnung überzeugt ihn. Wir stehen bereits seit zehn Minuten auf der Nilbrücke. Es ist halb drei, mitten in der Hauptverkehrszeit, alle Beamten sind auf dem Nachhauseweg. »*Yâ walad*, du da«, ruft er aus dem

Fenster zu einem Bettler und streckt ihm das Sandwich entgegen. »Hunger?« Der Bettler trottet zum Wagen herüber und nimmt das Brötchen dankbar an. »Almosen für die Armen, eine Pflicht im Islam«, sagt er, als der Bettler wieder auf seinem Pappkarton sitzt. »Bist du Muslim oder Christ?«

An diesem Abend diskutieren ʿImâd und ich noch kurz über den Sinn des Daseins. »Möglichst viel wissen und verstehen«, bringt ʿImâd seine Sicht der Dinge auf den Punkt. Ich sage, daß ich mir von ihm eher etwas über Allah erwartet hätte. Er macht eine wegwerfende Geste. »Der Glaube ist Wissen und Verstehen, die Erkenntnis des Daseins. Der Prophet sagt: Sucht Erkenntnis bis in China.« Nach einem Blick auf seine Armbanduhr rechnet er mir laut vor: »Jetzt ist es eins, um fünf gehe ich zum Gebet. Ich kann die nächsten vier Stunden mit Schlafen verschwenden, oder ich kann ein Buch lesen.« Mit abwesendem Blick geht er aus dem Zimmer und kommt wenig später mit einem Wälzer über den soziologischen Ansatz der Frankfurter Schule zurück. Auf arabisch. »Morgen hätte ich gerne deine Meinung dazu. Bis dann.«

Binnen zehn Jahren vom Atheisten zum Marxisten zum Fundamentalisten – so lautet ʿImâds ideologische Karriere. In Ägypten hat man mit achtzehn drei Möglichkeiten, erzählt er. »Du wirst Athlet, Intellektueller, oder du läßt als *rich kid* das Geld deines Vaters heraushängen. Ich besuchte die Akademie der Schönen Künste, lernte Englisch, schaute mir ausländische Filme an und hörte westliche Musik. Den Islam hielt ich für Blödsinn.«

ʿImâds Mutter fand nichts dabei. Sie trug kein Kopftuch, liebte klassische Musik und fing erst später an, hin und wieder zu beten. Sie starb vor sechs Jahren, im Alter von 45

Jahren. 'Imâds Vater hat nie gewußt, was in seinem Sohn vorging. Er war ein sehr gläubiger Arabischlehrer, ein – wie 'Imâd sich ausdrückt – »nicht-aktiver Muslimbruder« (die Muslimbruderschaft ist eine weltweit verzweigte, friedliche Organisation von Ärzten, Anwälten und Intellektuellen, die sich für den Fundamentalismus stark macht). 'Imâd erinnert sich noch gut an das verwirrende Doppelleben, das er damals führte. Unter der Woche war er Atheist, freitags ging er mit seinem Vater zum Gebet. Der Mann hatte keine Ahnung, wie sein Sohn empfand.

Dann entdeckte 'Imâd die kommunistischen Zeitschriften aus der Sowjetunion. Diese ins Arabische übersetzte Propaganda aus der Zeit, als Ägypten mit den Russen gemeinsame Sache machte, gab es damals überall für fast kein Geld. 'Imâd las Marx, Engels, Lenin, Trotzki, Mao und einige arabische Sozialisten. 'Imâd wurde Marxist. »Entscheidend war meine Entdeckung eines Zusammenhangs zwischen den Schönen Künsten und dem Marxismus«, doziert 'Imâd, als ob er weltberühmt wäre und ich doch eine Hausarbeit über ihn schreiben könnte. »Hegel. Dialektik, Geschichte, Synthese, alles paßte auf einmal zusammen. Ich war begeistert von Nassers Panarabismus, der in den sechziger Jahren versuchte, alle Araber in einem sozialistischen Staat zu vereinen. Doch wenn wir von Nationalismus sprechen, sprechen wir von Zivilisation. Die ägyptische Zivilisation ist stark vom Islam beeinflußt, und so fand ich wieder zur Religion.«

Als 'Imâd Hegel für sich entdeckte, machte er eine turbulente Zeit durch. Nach dem Tod seiner Mutter erlitt sein Vater eine psychische Krise. 'Imâd geriet in einen Konflikt an seiner Schule. Er hatte einige Zeichnungen gemacht, über die er sehr zufrieden war. Trotzdem bekam er nur eine Fünf. Verärgert machte er noch einmal die Abschlußprüfung und erhielt so hohe Noten, daß er zum Medizinstudium zugelassen wurde. In Ägypten hängt die Zulassung zum Studium ausschließlich von den Abiturnoten ab. Ein halbes Jahr später hatte 'Imâd eine Erfahrung gemacht, die sein Leben verändern sollte. Alle Erstsemester in Medizin mußten in den Seziersaal zum Praktikum. »Auf den Tischen lagen tote Körper, es roch nach Formalin … Und dann mußten wir an diesen Körpern herumschneiden!« In derselben Woche starb sein Vater.

Erschüttert wie er war, drängten sich ihm existentielle Fragen auf. Was ist der Sinn des Lebens, gibt es ein Leben nach dem Tod? Bei der Auflösung der Bibliothek seines Vaters stieß er auf Bände mit religiöser Dichtung. 'Imâd machte so Bekanntschaft mit Sayyid Qutb, dem wohl berühmtesten Fundamentalisten des 20. Jahrhunderts. »Ich las sein Buch neunmal. Er war mein Held, mein Märtyrer. Dieser geniale Dichter und Denker war von Nasser umgebracht worden, wie ein Krimineller erhängt wegen seiner Anschauungen! Ich haßte Nasser. Ich wurde Fundamentalist.« 'Imâd erkannte jetzt in aller Klarheit die Unzulänglichkeit des Marxismus. Begeistert tauschte er die Medizin gegen die Politischen Wissenschaften ein: Er wurde ein bekannter fundamentalistischer Theoretiker. Marxistische Freunde schimpften ihn einen Opportunisten. Er lächelt verächtlich: »Auch sie würden den Marxismus zurückweisen, wenn sie ihn nur richtig verstünden.«

Mit seinen neuen fundamentalistischen Freunden redet 'Imâd wenig über Politik. Die meisten von ihnen verrichten wohltätige Arbeit, helfen in Krankenhäusern, unterrichten oder klären Analphabeten in den Armenvierteln in Sachen Islam auf. Sie lesen nur Romane und Lyrik. Und die Fundamentalisten an der theologischen Fakultät? »Lauter Esel! Die können nur demonstrieren. Sie sprechen weder Englisch, noch informieren sie sich über die Politik. In Diskussionen mache ich sie zur Schnecke.«

Der Obsthändler gegenüber von ʿImâds Haus möchte wissen, was ich von Ägypten halte. Er ist ein älterer, erst kürzlich in die Stadt gezogener Bauer aus Oberägypten. Mit einem graubeigen *gallâbiyya* bekleidet, wartet er sieben Tage die Woche auf einem Stuhl vor seinem Laden auf Kundschaft. Die Furchen in seinem gebräunten Gesicht münden in einen kurzgeschnittenen silbrig-grauen Bart. Die Männer aus Oberägypten, dem Gebiet südlich von Kairo, sind unvergleichlich schöner als ihre Landsleute aus dem Delta im Norden. Diese haben dicke runde Köpfe mit flachen Nasen und filzigem Pseudokraushaar. Sie sind erheblich fetter.

Als ich antworte, daß mir das Leben hier gut gefällt, wundert sich der Obsthändler gar nicht. Er hat gestern in einem Dokumentarfilm gesehen, wie die Europäer ihre Großeltern in gigantischen weißgetünchten Heimen wegschließen, wo sie von Ärzten eingeschläfert werden. Kein Wunder, daß ich jetzt hier lebe. Eine in schwarze Lumpen gehüllte Frau undefinierbaren, aber offensichtlich fortgeschrittenen Alters kommt herein. Ihre nackten Füße sind mit Schwären übersät, ihre Haare sind wirr. »Ich flehe Sie an, Allah belohnt die, die sich um die Armen kümmern.« Sie streckt eine zitternde Hand aus, aber das ist möglicherweise nur Schauspielerei. Sie bekommt eine halb verfaulte Banane, die sie begierig in sich hineinstopft.

»Ein Gebot Allahs«, sagt der Obstmann und zeigt nach oben. »Muslim?« Ich schüttle den Kopf. Er steckt eine extra Banane in meine Einkaufstasche, keine faule diesmal, und gibt mir die Hand.

ʿImâd mag am Abend nicht mitgehen ins Kino, um den momentanen Kinohit *Tuyûr az-Zalâm* zu sehen. Der Titel bedeutet »Nachtvögel« und spielt auf die *zulm*, die Ausbeutung bzw. Unterdrückung, an. Die Hauptrolle wird von dem gesellschaftskritischen 'Adîl Imâm gespielt. Mit Präsident Mubârak teilt er den ersten Platz auf der Todesliste der bewaffneten Fundamentalisten. Imâm ist ein schlauer Idealist. Da die Regierung Mubârak stark prowestlich und antifundamentalistisch ist, bekommt Imâm freie Hand, wenn es darum geht, den Fundamentalismus lächerlich zu machen. Das Schöne ist, daß er diesen Spielraum auch nutzt, um mit der Regierung ordentlich ins Gericht zu gehen. Das hat ihn in Ägypten zu einer der beliebtesten Figuren des öffentlichen Lebens gemacht.

Imâm spielt in dem Film einen Anwalt, der zusammen mit einem Studienfreund in die Stadt zieht, um Karriere zu machen. Er wird in Regierungskreise eingeführt und arbeitet sich mit korrupten Methoden zum persönlichen Assistenten des Ministers hoch, für den er einen Wahlsieg erkauft. Sein Freund wird zum Verteidiger von fundamentalistischen Extremisten. »Wir lieben die Demokratie«, sagt er zu Imâm, »sie gibt uns die Freiheit, der Demokratie den Garaus zu machen.« Sowohl Imâm wie sein Freund geraten bis über beide Ohren in Schwierigkeiten. Als Imâm die Bitte seines Freundes ablehnt, den bewaffneten Fundamentalisten zu helfen, brechen sie miteinander. Imâms Machenschaften fliegen auf, sein Freund ist in einen Anschlag verwickelt. Beide kommen hinter Gitter, wo sie sich miteinander versöhnen. Sie haben die Schnauze voll von Korruption und Fundamentalismus, der Großstadt kehren sie für immer den Rücken.

'Imâd wollte sich die *Nachtvögel* nicht anschauen, weil der Film seiner Meinung nach nur auf billige Effekte setzt. »Fundamentalisten bekommen in diesem Land keine Chance, ihren Standpunkt zu vertreten. Wir werden als bewaffnete Psychopathen hingestellt, denen es nur um die Macht geht. Wir sind eine unterdrückte Minderheit. Im Grunde müßte ich politischer Flüchtling werden.«

34

Am nächsten Abend spazieren wir durch die Innenstadt. »Als mein Vater noch lebte, ging ich freitags oft zum Gebet in die Moschee dort drüben«, zeigt 'Imâd. »Ich war dort seit Jahren nicht mehr.« Er sieht auf die Uhr. »Bleib du hier, ich geh mal kurz beten. Bin gleich wieder da.«

»Aha, du hast eine Zeitung gekauft«, sagt er fünf Minuten später. »Das ist gut für dein Arabisch. Wirklich kein überflüssiger Luxus, würde ich sagen.« Irritiert blicke ich hoch. Er hat vollkommen recht, doch warum redet er dann die ganze Zeit nur Englisch mit mir? Ich beiße mir auf die Zunge. Heute lieber keinen Streit anfangen, denn ich möchte 'Imâd über seine Erfahrungen mit der Liebe ausfragen.

Das Straßenbild des Stadtzentrums ist geprägt von der Architektur des frühen 20. Jahrhunderts, mit klassischen Ornamenten und gußeisernen Balkonen. Im Erdgeschoß befinden sich bunte Geschäfte, häufig mit Kleidung, Schuhen oder Lebensmitteln. Darüber hängen die Reklametafeln der Anwälte, Ärzte und anderer Selbständiger, die ihre Büros in den oberen Etagen haben. Auf der Straße verkaufen Frauen in langen schwarzen Kleidern Brot, Zitronen, Streichhölzer oder Papiertaschentücher aus kleinen Holzkästen. An jeder Ecke hat ein Zeitungs- oder Zeitschriftenverkäufer seine Ware ausgestellt. Bei dem bißchen Nieselregen, das hier vielleicht dreimal im Jahr herunterkommt, braucht keiner einen Kiosk. Wir kaufen ein Eis und erreichen den Nil. »Komm«, bedeutet mir 'Imâd, »wir gehen noch ein Stück, weg von dem Trubel. Ich zeige dir die Stelle, wo ich mir während meiner Schulzeit nach dem Morgengebet immer den Sonnenaufgang angeschaut habe.«

Auch ohne aufgehende Sonne ist diese nur von Fußgängern und spärlichem Bahnverkehr genutzte Brücke ein wunderbarer Ort. Von dort hat man einen Blick auf Zamalek, die Insel der Reichen. Zu Zeiten des Kolonialismus war hier ein riesiger Villenpark. Die Bediensteten lebten an den Ufern, so daß sich immer noch ein gewaltiger Kontrast ergibt, wenn man von der Insel wieder auf das Festland zugeht. Jetzt ist Zamalek mit luxuriösen Hochhäusern zugebaut, auch wenn einige Villen samt Gärten erhalten geblieben sind, die heute Botschaften beherbergen. Im Mondschein wiegen sich die Palmen.

»Wenn ich irgendwann einmal ein berühmter Fundamentalist bin, kaufe ich mir dort eine Wohnung«, schwärmt 'Imâd mit verträumtem Blick auf Zamalek. »Morgens einen super Blick auf den Sonnenaufgang, abends auf den Sonnenuntergang. Und einen Mercedes in der Garage.« Er läßt seine Beine über dem Wasser baumeln. Ein Karren, gezogen von einem Esel und vollgeladen mit ausgepreßtem Zuckerrohr, fährt vorbei. Das Zuckerrohr wird in Saftbars zermalmt, bis es einen zuckersüßen, erbsengrünen Most freisetzt – eine billige Energiequelle, die zudem die Nieren reinigen soll. Auf dem Karren steht in krakeliger roter Schrift: »Ehre Allah. Alles Gute in deinem Leben kommt von Ihm.«

Schweigend lauschen wir dem Wasser, das unter uns dahinplätschert. Auch heute abend ist der Nil so ruhig, daß er eher wie ein See wirkt. Seit drei Wochen kennen wir uns, und immer noch habe ich keinen Schimmer, was in 'Imâd wirklich vorgeht. Ich frage ihn, ob das Leben eines Fundamentalisten nicht langweilig ist. Mit seinen achtundzwanzig Jahren steht er mitten im Leben. Ist er nicht neugierig auf Alkohol, Drogen, Sex oder wenigstens ein bißchen Romantik? 'Imâd kichert. »Der Alkohol tötet die Hirnzellen ab. Als Arzt würde ich meinen Körper nie einer solchen Gefahr aussetzen. Und beim Sex infiziert man sich nur mit allen möglichen Krankheiten.« Ich nicke, wende aber ein, daß viele seiner Lieblingsphilosophen ein Gläschen oder ein Weib sicherlich nicht verachteten. 'Imâd schüttelt entschieden den Kopf. »Schau, wieviele Alkoholiker es im Westen gibt, welche Zerstörungen der Alkohol in Familien anrichtet. Nee! Nicht mit mir.«

Also gut, kein Alkohol, keine Drogen. Aber wie steht es mit der Liebe? Zweimal scheint ‘Imâd in seinem Leben bisher verliebt gewesen zu sein. Das erste Mal war er noch auf dem Gymnasium. In Shubrâ leben viele Christen, und der GAU passierte: ‘Imâd verknallte sich in ein Christenmädchen. Dennoch stimmte sein Vater einer Verbindung zu – wahre Liebe kennt kein Gebot. Ihre Familie aber wollte keinen Muslim. Vor anderthalb Jahren verliebte sich ‘Imâd erneut, diesmal in eine Kommilitonin. Sie trafen sich oft, sowohl an der Universität als auch außerhalb. »Wohlgemerkt«, sagt er streng, »ich habe sie mit keinem Finger berührt, niemals.« Er greift nach einem Stein und wirft ihn ins Wasser. »Komm, wir setzen uns auf die andere Seite, die Aussicht nach Norden ist auch toll.« Es dauert eine Weile, bis wir beide eine komfortable Sitzposition auf dem warmen Stahlgeländer gefunden haben.

Eines Tages machte ‘Imâd während eines Vortrags einige Bemerkungen, stand auf und verließ den Saal. Seine Freundin fragte ihn, wo er so plötzlich hin wolle, und er erwiderte, er gehe zum Gebet, soeben habe der Muezzin gerufen. Entgeistert blieb sie zurück – als Marxistin war sie, gelinde gesagt, keine glühende Befürworterin der Religion. ‘Imâd erklärte ihr, auch er sei zwar ein Anhänger des Marxismus gewesen, aber er wisse inzwischen, daß der Marxismus nichts tauge. Als seine Geliebte halsstarrig an ihren Ideen festhielt, stellte er sie vor die Wahl: Schluß mit dem Marxismus oder Schluß mit ‘Imâd. »Und immer noch gab sie nicht nach!« ruft er aus, wahrscheinlich noch genauso empört wie damals. »Dabei kommt sie aus einem Dorf, ihr Englisch ist schlecht, und sie hat miese Noten. Indem sie am Marxismus festhält, will sie nur den Eindruck wecken, als wäre sie intelligenter als ich. Dabei ist sie mir in jeder Diskussion unterlegen.«

Aber er liebte sie doch? 'Imâd zieht die Nase hoch und spuckt hinunter in den Fluß. »Von ganzem Herzen. Ich schrieb Gedichte und malte für sie. Dann brach sie mir das Herz. Ich hasse sie, aber es war mir eine Lehre. *No more love and romance.* Ich will irgendwann Kinder haben, also Heiraten ist unvermeidlich, aber ich werde nie wieder eine Frau lieben. In Zukunft befasse ich mich lieber mit der Philosophie und dem Koran.« In der Ferne taucht ein Polizist auf. Ein Passant hat ihn darauf aufmerksam gemacht, daß wir dabei wären, *kaza kida* – »das eine« – zu tun. Ausweis bitte, und mitkommen aufs Revier. 'Imâd legt sich mit ihm an, und sie beschimpfen sich gegenseitig. Nach einer Viertelstunde schlägt der Bulle einen Vergleich in Höhe von dreißig Pfund, einem durchschnittlichen Wochenlohn, vor. Empört lachen wir ihm ins Gesicht, woraufhin der kleine Selbständige sich geschwind im Dunkeln davonstiehlt. Ich rechne schon mit einem Vortrag über die Korruption in Ägypten, doch 'Imâd grinst breit. »*Kaza kida*«, lacht er kopfschüttelnd. »*Kaza kida* mit dir. Das ist ja zum Piepen!«

Es ist unmöglich zu entscheiden, welcher der beiden Konflikte der Grund für meinen Auszug ist: der über das Essen oder der über die Moral. Es fängt alles harmlos an: »Trara!« höre ich um sechs Uhr abends. »Mach Platz für 'Imâds Großen Nudeltopf!« Mit dem Spann seines linken Fußes kickt 'Imâd die Tür auf und stellt einen großen Topf dampfender Nudeln auf den Tisch. »Meiner Ansicht nach dürfte das reichen. Ich habe ein ganzes Kilo gekocht.« Da 'Imâds Mutter verstorben ist und seine Schwestern am anderen Ende der Stadt leben, muß 'Imâd selbst kochen. Sein bevorzugtes – und einziges – Rezept ist Nudeln mit Tomatensoße. Er weigert sich, Salz, Pfeffer oder Gewürze zu verwenden. »Als Arzt weiß ich, welche Zerstörungen Gewürze im menschlichen Körper anrichten«, erklärt er streng. Dazu kommt noch, daß 'Imâd unerschütterlich an die heilsame Wirkung des Öls glaubt. Einen Viertelliter hat er reingekippt. »Sonst kleben die Nudeln am Topfboden.« Auf meinem Teller erhebt sich ein Nudelturm zu Babel. »So … Für den Anfang reicht das.« Er geht zum Balkon. »Magdî«, gellt seine Stimme durch die Straße, »eine Literflasche Pepsi!« 'Imâds Haus hat sieben Stockwerke, die Hühner- und Ziegenställe auf dem Dach nicht eingerechnet. Es gibt keinen Fahrstuhl, also lassen die Bewohner, wenn sie kleine Besorgungen zu machen haben, für Magdî, den Krämer, einen geflochtenen Korb an einem Seil hinunter. Ende der Woche wird abgerechnet. »Iß!« brüllt 'Imâd. »Was würden deine Eltern sagen, wenn sie sähen, wie sehr du in Ägypten abgenommen hast?« »Wahrscheinlich: Gut so, mein Junge, endlich bist du deine Wampe los.« 'Imâd tut mir noch mehr auf. Er selbst hat seinen zweiten Teller schon fast leergegessen. Merkwürdig, wieviele Nudeln in diesen kleinen Körper gehen. Intelligente Menschen haben einen hohen Stoffwechsel, erklärt er. »Trara! Was wäre 'Imâds Großer Nudeltopf ohne 'Imâds Minzetee? Aber iß erst mal deinen Teller leer. Mensch, muß ich hier wirklich wie ein Vater auftreten?« Ich antworte, daß ich total satt sei. »Gut, dann heben wir es für später auf.«

Und tatsächlich, um Mitternacht kommt 'Imâd wieder herein mit Bohnen, Eiern, gebackener Leber, aufgebackenen fritierten Kichererbsen und natürlich Nudeln. Ich versuche, sein Mitleid zu erregen: »'Imâd, du bringst mich um. Wie kannst du als Arzt mich mit soviel schwerem Essen vollstopfen?« Doch 'Imâd zufolge soll ich gerade wegen der Hitze gut essen, das sei gesund. Zudem würde ich sonst die arabische Gastfreundschaft mit Füßen treten. Ich wolle ihn doch nicht kränken? Ich gebe nach – entweder man lebt nach den ägyptischen Regeln oder nicht –, aber ich weiß jetzt schon, daß ich morgen krank sein werde.

Doch die Befürchtung, morgen krank zu sein, erweist sich als verfehlt: Schon binnen weniger Stunden liege ich mit Krämpfen im Bett und beiße ins Kissen. Als ich ihm erzähle, was los ist, springt er auf und kommt eine halbe Stunde später zurück mit Orangen- und Mangosaft, den er bei der Saftbar um die Ecke für den Gegenwert einer halben Monatsmiete geholt hat. »Du wirst sehen, ein paar Stunden, und es geht dir wieder besser, verlaß dich nur auf Doktor 'Imâd«, sagt er in beruhigendem Ton. »Die Fasern der Mango, die Vitamine der Orange und meine Medizin … Null Problem.«

Eine mißliche Lage. Trinke ich den Mango- und Orangensaft, dann platzt mir der Magen. Wenn ich ablehne, platzt 'Imâd vor Wut. Im Volksmund wird mein Durchfall »die Rache der Pharaonen« genannt: Als Vergeltungsmaßnahme für die Öffnung der Sarkophage strafen sie jeden Besucher Ägyptens mit einer Darminfektion. So etwas habe ich noch nicht erlebt. Und hätte 'Imâds Wohnung doch nur eine Toilette, auf der man sich hinsetzen kann …

'Imâd macht mir eine Szene. Er ist ziemlich gekränkt, weil ich den Rat eines fast ausgelernten Arztes in den Wind schlage. Ich wolle doch nicht etwa behaupten, daß die ägyptische akademische Medizinausbildung dem Allerweltswissen eines durchschnittlichen Westeuropäers unterlegen sei? Verschnupft zieht er sich zurück in sein Zimmer. »Das ist euer Problem im Westen, ihr glaubt alles besser zu wissen.« Ich nehme meine holländischen Mittelchen ein, und bald ist das Schlimmste überstanden. Das gibt es doch nicht, daß einer nach sechs Semestern Medizinstudium mir gegen meinen Durchfall Orangensaft verschreibt? Wie auch immer, dieser verkrachte Student der

Medizin läßt sich am nächsten Morgen nicht blicken, und ich fahre mit nüchternem Magen zu meinem Sprachkurs.

Danach möchte ich mich erst einmal eine Weile erholen in einem Café im Zentrum. Ich nehme ein Taxi und nenne dem Fahrer den Namen des Kaffeehauses, in dem ein Bombenattentat 1993 das Leben mehrerer Touristen forderte. Der Streit mit 'Imâd beschäftigt mich dermaßen, daß ich erst viel zu spät mitkriege, daß der Fahrer einen Riesenumweg fährt. Ich verzichte auf Ärger und zahle ihm fünf Pfund, zwei zuviel.

»He, das macht zehn Pfund!« Er schaltet den Motor ab und wiederholt laut brüllend: »Zehn Pfund!« Geht das schon wieder los. Absicht oder nicht, in fast der Hälfte der Taxis ist die gesetzlich vorgeschriebene Fahrpreisanzeige außer Betrieb. Für Einheimische stellt das kein Problem dar, da sie genau wissen, wieviel eine Fahrt kostet. Aber Touristen kann man aufgebracht und beleidigt angucken, und wer weiß, vielleicht geben sie dann klein bei, weil sie keine Lust auf Scherereien haben, und immerhin, vielleicht beträgt der Fahrpreis wirklich zehn Pfund. Deshalb reiche ich dem Fahrer das Geld immer erst durchs Fenster, wenn ich schon ausgestiegen bin. Meistens fahren sie dann einfach weiter, vor allem, weil ich immer gegen die Fahrtrichtung davonlaufe: Dann können sie mir nicht hinterherfahren.

»*Ten bound!*« Auf einmal spricht er wieder englisch, und da Araber kein P kennen, sagt er *bound*. Aufgebracht und beleidigt schaut er mich an. Bei einem Greis vor einem Obststand sucht er moralischen Beistand: »Weißt du, was dieser *chawâga* für eine Fahrt vom Nilufer hierher bezahlt?« »Vom Nilufer hierher?« Der Mann streicht sich nachdenklich über den Bart. »Zwei Pfund, zweieinhalb …« Einen Moment ist er Fahrer verdattert. »Was? Bist du noch nie Taxi gefahren? Das macht zehn Pfund!«

»Zehn Pfund?« Empört lassen einige Umstehende sich den Betrag auf der Zunge zergehen. »So eine Dreistigkeit. Drei Pfund sind schon zuviel.« Der älteste richtet sich an mich: »Du bist Gast in unserem Land, und diese schlechte Behandlung beschämt mich zutiefst. Wahre Ägypter sind ehrlich und gastfreundlich.« Ohne den Fahrer auch nur eines Blickes zu würdigen, nimmt er mich am Arm und führt mich zu seinem Stuhl. »Eine Tasse Tee? Kaffee?« Willkommen in Ägypten, Mister.

Wieder ganz und gar gutgelaunt, stehe ich anderthalb Stunden später vor 'Imâds Wohnung. Wir tun beide, als wäre nichts geschehen, und nach dem Essen (Nudeln) nehme ich mir vor, 'Imâds politische Ansichten herauszufinden. »Du bezeichnest dich selbst als Fundamentalisten?« stelle ich meine erste Frage so neutral wie möglich. »Vor ein paar Monaten geriet ich auf dem Weg zum Morgengebet in eine Polizeikontrolle. Sie wollten meinen Ausweis sehen. ›Was machst du hier?‹ ›Beten‹, sagte ich. ›Ach so, also bist du ein Fundamentalist!‹ riefen sie. Also bin ich ein Fundamentalist!« Er lacht schallend und lehnt sich entspannt in seinen Sessel zurück. Auf diesem Terrain fühlt er sich wohl. Seine Zugehörigkeit zur Kairoer Intelligenzija scheint 'Imâd besonders wichtig zu sein. Er fährt kreuz und quer durch die Stadt zu Lesungen, Kongressen und Podiumsdiskussionen und mischt sich in jede Debatte ein. Mit Erfolg, wie er behauptet, denn manch gleichgesinnte Berühmtheit habe ihm attestiert, daß er brillant sei. Seine Gegner haßten und fürchteten ihn. Ob das stimmt, läßt sich schwer belegen, doch wer ihn reden hört, bekommt den Eindruck, daß er in der Politologie belesener ist als der ganze einschlägige Fachbereich der Universität von Amsterdam.

»Der Geheimdienst hat eine Akte über mich«, sagt er nicht ohne Stolz. Eine Akte? Wird er beobachtet? Dann muß er, und also auch ich, aufpassen. Obwohl nach außen hin demokratisch, ist Ägypten im Grunde eine aufgeklärte Diktatur. Die Meinungsfreiheit ist halbwegs gewährleistet, es sei denn, man ist Fundamentalist. Als Gegenleistung für seine prowestliche Haltung erhält Mubârak jährlich westliche Wirtschaftshilfe in Milliardenhöhe. Die Fundamentalisten werden von ihm unnachsichtig unterdrückt – Hunderte von ihnen »verschwinden«, Tausende stecken in erbärmlichen Gefängnissen.

'Imâd erklärt, daß alle Mitglieder der Arbeiterpartei in den Akten des Geheimdienstes erfaßt werden. »Dann ist klar, daß du nie einen Job im öffentlichen Dienst bekommst.« Die Arbeiterpartei ist ein Bündnis aus Marxisten und Fundamentalisten. Das Parteiprogramm erstreckt sich von der Verstaatlichung der Industrie bis zur Einführung des islamischen Rechts. Die Koalition kam zustande, nachdem viele Marxisten ins religiös-revolutionäre Lager gewechselt waren. Alle kennen sich noch von früher und sind sich einig in ihrem Haß auf den kapitalistischen Westen.

»Die Demokratie ist nur ein weiteres kolonialistisches Instrument zur Vernichtung des Islam«, legt 'Imâd los, als ich mich nach dem Verhältnis zwischen Islam und Demokratie erkundige. »Schau dir nur Atatürk an und die Türkei. Unter dem Deckmantel von Demokratisierung und Modernisierung wurde der Islam dort völlig ins gesellschaftliche Abseits gedrängt. Ihr nennt das die Privatsphäre, aber bei uns sind privat und öffentlich ein und dasselbe! Im Grunde wollte Atatürk den Islam für immer in eine nicht existierende Schublade stecken. Zuerst hat der Westen Kreuzzüge vom Zaun gebrochen, danach habt ihr es mit Kolonisation und Okkupation versucht. Jetzt, wo wir eure Armeen rausgeworfen haben, wollt ihr uns geistig kolonisieren, unsere Mentalität verändern durch Auferlegung von Demokratie. Wer dagegen protestiert, gilt als hinterwäldlerischer Konservativer oder als Terrorist, der das Rad der Geschichte um tausend Jahre zurückdrehen will. Alles Quatsch! Wir wollen einfach unseren Glauben nicht aufgeben, erst recht nicht, wenn unsere früheren Besatzer uns dazu auffordern. Du kommst aus den Niederlanden. Wie würdest du es finden, wenn die Deutschen kämen, um euch ein neues politisches System aufzuoktroyieren?«

'Imâd lacht. Vermutlich hat er diese Pointe extra für mich gespitzt. Also gut, keine Demokratie, aber was dann? 'Imâd ist für die *schûra*, islamische Demokratie. Buchstäblich bedeutet das Wort »Beratung«. In der Praxis, so erklärt 'Imâd, läuft das auf die Einhaltung von Allahs Gesetzen hinaus. So würde jeweils das Weiseste und Beste zustande kommen, und nicht das, was die eine oder andere Mehrheit zu einem bestimmten Zeitpunkt gerade möchte. Die westliche Demokratie ist ein Kastensystem, meint 'Imâd. »Die Mehrheit hat alles, die Minderheit nichts. Im Islam ist Platz für alle, und jeder ist gleich. In der Moschee beten Arm und Reich in derselben Reihe. Und die Elite hat nicht ihre reservierten Sitze ganz vorne wie in euren christlichen Kirchen.«

Von einer Trennung von Religion und Staat hält 'Imâd nichts. Politik ist Islam, und Islam ist Politik. Der Begriff »politischer Islam« sei deshalb völliger Unsinn. Und Menschenrechte? Falls die auf islamische Art und Weise interpretiert würden, sähe 'Imâd kein Problem. Beispiel Abtreibung. Nach Meinung von Menschenrechtsaktivisten soll eine Frau über ihren eigenen Körper bestimmen können. 'Imâd dagegen sagt: Die Seele des Fötus hat ein Recht auf Schutz. Ich nicke. Wie steht es mit seiner Interpretation der *hudûd*, der Leibesstrafe?

Nachdenklich zupft 'Imâd an seinem Kinn. »Leibesstrafen scheinen sich in der Tat nicht mit dem Recht auf körperliche Unversehrtheit zu vertragen. Doch das islamische Recht benennt eine Vielzahl von Bedingungen, die erfüllt sein müssen, bevor eine Leibesstrafe verhängt werden kann: Der Dieb darf nicht aus Hunger gestohlen haben, er darf nicht minderjährig oder unzurechnungsfähig sein. Es muß mehrere Zeugen des Diebstahls geben, die Beute muß sich an einem nicht frei zugänglichen Ort befunden haben und sehr wertvoll sein. Der Dieb muß von vornherein um den Wert der Beute gewußt und sie für sich behalten haben. Der Fall, daß all diese Bedingungen erfüllt sind, ist so unwahrscheinlich, daß in der Praxis wohl kaum Leibesstrafen ausgesprochen würden. Es handelt sich eher um einen Abschreckungsmechanismus. Wenn ich Präsident wäre, würde ich keine Hackorgie veranlassen, aber alle wüßten, welche Strafe auf Diebstahl steht. Höchstens würde ich ein- oder zweimal eine Hand abhacken, damit jeder weiß, was Sache ist. Weil unser Strafrecht im wesentlichen auf dem französischen Gesetzbuch aus der Kolonialzeit basiert, kennt Ägypten momentan keine Leibesstrafen. Das ist schade. Manchmal frage ich mich: Menschenrechte für den Dieb? Und was ist mit den Rechten der Opfer? Wenn du vier Jahre lang für deine Hochzeit gespart hast, und jemand klaut dieses Geld, dann hackst du ihm nicht die Hand ab, sondern den Kopf! So wird es in einem islamischen Staat laufen: Geld zurück, oder Hand ab. Wir Fundamentalisten schützen das Opfer, nicht den Täter.«

Ich sage, daß mir seine harsche Ablehnung des Westens auffällt. ʿImâd stimmt mir zu. »Was mich an der westlichen Mentalität anwidert, ob im marxistischen oder im liberalistischen System, ist der Glaube, daß der Fortschritt die Opfer rechtfertigt. Siehe die Lager Stalins und Maos, aber auch im Westen habt ihr welche. Leute, die nicht produktiv oder nicht konkurrenzfähig sind, stellen keine vollwertigen Mitglieder der Gemeinschaft dar. *Survival of the fittest*. Vielleicht bekommen sie Fürsorge oder eine Rente, aber sie werden wie Aussätzige behandelt, sie sind das fünfte Rad am Wagen des Fortschritts. Aber Fortschritt wohin? Wir Muslime wollen keine Ellbogengesellschaft mit einer Hatz nach immer mehr und mehr und mehr, sondern es geht uns um das Hier und Jetzt. Der Islam bedeutet Ruhe, Respekt und Freiheit, jeder kann tun, was er will, solange er anderen nicht schadet. Der Schwache, der Unproduktive und der Starke haben alle ihren Ort.«

Ich vermute, daß die nächste Frage provozierend ist, stelle sie aber doch: »Jeder kann tun, was er will, solange er anderen nicht schadet ... gilt das zum Beispiel auch für Schwule?« Mit einem heftigen Ruck setzt sich 'Imâd hin. »Schwule sind gestörte, kranke Wesen. Sie schaden der Gesellschaft durch Krankheiten, aber auch indem sie die Integrität der Gemeinschaft verletzen. Unsere Gesellschaft gründet auf der Familie. Weg mit solchen Leuten! Aber«, spricht er mit erhobenem Zeigefinger, »ich sage: lieber heilen als abhacken. Bevor ein Richter ihn zum Tode verurteilt, muß er zuerst versuchen, den Schwulen zu behandeln. Dafür gibt es Präparate. Die Heilung wäre übrigens in seinem eigenen Interesse, denn Schwule werden von der ganzen Gesellschaft verstoßen.«

»Und wenn jemand sich nicht behandeln lassen will?« 'Imâd springt aus seinem Stuhl auf und fängt an, wild herumzutigern. »Dann müssen wir ihn dazu zwingen. Wie kann man sichergehen, daß ein Schwuler, der Aids hat, nicht soviel Menschen wie möglich infizieren wird? Er wird ja sowieso sterben. Im Westen gibt es viele solche Fälle, erst kürzlich habe ich darüber noch einen amerikanischen Film gesehen.«

»Aber 'Imâd, das ist purer Faschismus«, sage ich bestürzt, »du opferst das Individuum ...«

»Faschismus?« Er fährt aus seiner Haut. »Ich fürchte, daß du keine Ahnung hast, was Faschismus bedeutet. Hast du Gramsci gelesen, Heidegger, Nietzsche? Dachte ich mir schon. Es war mir schon früher aufgefallen, daß du nicht sehr intelligent bist.« Was folgt, ist ein Schwall von Ismen und -ologien, und die Schlußfolgerung lautet, daß ich der Faschist bin, weil ich die Gesellschaft den frei herumlaufenden Aidspatienten aussetzen will. »'Imâd, ich glaube, wir sollten lieber über etwas anderes reden«, sage ich, nachdem mir Regel Nummer eins meiner Forschungsreise wieder eingefallen ist: Halte dich aus der Diskussion raus. Ich hätte fragen sollen: Wie würdest du reagieren, wenn jemand deine Argumentation faschistisch nennte? »Du ziehst dich zurück!« jauchzt 'Imâd voller Zorn. »Ich gewinne!« Als ich nicht ergeben nicke, sondern ihn mit leerem Blick anvisiere, verläßt er wortlos das Zimmer.

»*Hulanda!*« Ich sitze im Taxi auf dem Weg zum Sprachkurs, wieder mit leerem Magen, denn 'Imâd war heute schon früh ausgegangen. *Hulanda!* Schon beim bloßen Wort schmilzt der Taxifahrer dahin vor Nostalgie. »Ich habe in einer Imbißstube in Zwijndrecht gearbeitet. Eine wunderbare Zeit war das. Viele Partys, nette Leute. Danach kam Utrecht, eine Zeit voller Ausschweifungen, und dann ging ich zurück nach Ägypten. Um zu heiraten und wieder bei meiner Familie zu sein.« Er zeigt auf zwei Paßbilder an seinem Armaturenbrett, neben einem grünen Aufkleber mit dem Bösen Blick. Obwohl religiöse Führer verkündet haben, daß es sich dabei um einen unislamischen Aberglauben handle, wenden immer noch viele Fahrer das Unheil ab, indem sie Böse Blicke an ihre Autos kleben. »Ahmed und Fatma. Ich arbeite den ganzen Tag. Das ist nicht gut. Ein Mann muß bei seiner Frau und den Kindern sein. Aber ich möchte sie später auf eine gute Schule schicken.«

Mit dem guten Leben ist also Schluß? Er stößt einen tiefen Seufzer aus, zeigt dann aber ein verschmitztes Grinsen. »Einmal im Monat gehe ich mit Freunden ins Kasino, in einen Nachtklub, schaue mir die Bauchtänzerinnen an. Ich habe eine Freundin, verheiratet wie ich, und wir haben eine Art Abmachung, daß wir uns einmal im Monat treffen.« Was seine Frau davon hält? Brüllend vor Lachen deutet er mit der Handkante auf seinen Hals. »Die würde mich schlachten wie ein Schaf. Sie glaubt, daß ich Verwandte im Delta besuche.«

Als ich nach Hause komme, treffe ich unerwartet ʿImâd. Es gibt ein kleines Problem. Es könnte sein, daß seine Schwester ihn für ein paar Tage besuchen kommt. Selbstverständlich kann ich dann unmöglich bleiben, leider Gottes, und eigentlich befürchtet er, daß sie heute abend schon kommen könnte, eigentlich ist er sich da sogar sicher, aber er besteht darauf, mir beim Umzug zu helfen. »Mein Schwager ist verreist, und es ziemt sich nicht, daß meine Schwester alleine zu Hause bleibt. Natürlich ist es ausgeschlossen, daß du hier mit meiner Schwester wohnst. So sind nun mal unsere Sitten.« Schweigend sammle ich meine Sachen zusammen und frage mich, ob seine Schwester wirklich kommt. ʿImâd platzt mit einem Karton voll alter Geldscheine und Münzen herein. »Dein kleiner Bruder sammelt doch Papiergeld aus aller Welt? Gib ihm das hier. Es sind Banknoten aus der Zeit König Faruks vor der Revolution von 1952.«

Widerstand ist zwecklos. Mit unerbittlicher Großzügigkeit stopft er meine Taschen bis zum Rand voll mit Münzen, Scheinen, Süßigkeiten und Musikkassetten. Gegengeschenke lehnt er kategorisch ab. »Ich nehme einfach nichts an.« Er bleibt dabei, alles, was ich ihm gebe oder anbiete, steckt er wieder in meine Taschen zurück. Auch das Taxi ins Nullsternehotel geht auf seine Rechnung.

3 Streifzüge durch Tantâwîs Armenviertel

In 'Imâds Arbeiterviertel Shubrâ wirkte niemand unglücklich. Da hatte ich es aber mit der unteren Mittelschicht zu tun. Doch wie sieht das Leben der wirklich Armen aus? Sind sie bemitleidenswert und niedergeschlagen oder vielleicht vielmehr rachsüchtig und empfänglich für religiösen Extremismus? In den westlichen Medien kommen Armenviertel meist als Keimzellen des Fundamentalismus vor. Nach Ansicht der in Kairo stationierten westlichen Gäste, die sich in solchen Vierteln nie blicken lassen, sind es darüber hinaus Brutstätten der Kriminalität – der Pöbel habe ja ohnehin nichts zu verlieren.

Wie lernt man diese Menschen kennen?

Durch Zufall. Ich sitze in meinem geliebten Kaffeehaus, dem vom Bombenattentat von 1993, als mich ein Junge fragt: »Sprechen Sie Deutsch?« Sein Name ist Sâlih, er studiert Germanistik und möchte üben. Sein Kamerad, Tantâwî, sitzt etwas verloren da, denn seine Deutschkenntnisse reichen nicht weiter als: »Willkommen in Ägypten«. Sie kommen aus Bulâq ad-Dakrûr, einem der ärmsten Stadtteile Kairos. Sâlih ist einer dieser Menschen, die ihren Alltag bis zum Bersten mit Aktivitäten ausfüllen. Er ist Student, Schauspieler, Journalist und Dichter. Er redet nur von sich.

Tantâwî macht einen sympathischeren Eindruck. Wenn er etwas zu sagen hat, meldet er sich mit erhobenem Zeigefinger, beugt seinen Kopf etwas vor und schaut seinen Gesprächspartner schräg von unten an. Jedes Wort spricht er in einem konspirativen Ton. »Die alten Ägypter haben Amerika entdeckt! Woher hätten die Azteken sonst ihre Pyramiden?« Tantâwî ist zwanzig und reicht mir bis an die Schulter. Er hat kurzes Kraushaar, einen kleinen Schnurrbart und trägt über seinen Sportschuhen schwarze Jeans und ein makellos gebügeltes Hemd. Schon wieder sind zwei Stereotypen dahin: Auch Bewohner des Armenviertels sind ordentlich gekleidet und gehen in Kaffeehäuser.

Vom ersten Moment an fällt Tantâwîs Frömmigkeit auf. Alle paar Sätze ruft er den Allmächtigen an, und im Gegensatz zu Sâlih interessiert er sich nicht für Mädchen. Die Leidenschaft, mit der er von seinem Glauben redet, wirkt fast ansteckend. »Ich wünsche mir, daß zwischen uns eine tiefe Freundschaft wachsen möge«, sagt er in verschwörerischem Ton, als wir das Kaffeehaus verlassen. Wir verabreden uns für eine Theatervorstellung von Sâlih, die übermorgen stattfindet. Das paßt gut, dann kann ich morgen noch schnell zum Krankenhaus. Die Universität von Kairo stellt Ausländern nämlich erst einen Studentenausweis aus, wenn sie sich vorher eine alberne medizinische Bescheinigung besorgt haben. Das wurde mir mitgeteilt, nachdem ich vier Stunden für den Studentenausweis angestanden hatte.

Beglückt durch die Aussicht, Tantâwî den Frommen bald näher kennenzulernen, steige ich in ein Taxi. »Ich bin Nubier!« erklärt der unägyptisch dunkle Mann stolz. »Wir leben im Süden. Wir haben unsere eigene Sprache und eigene Traditionen.« Ist er glücklich in Kairo? Er seufzt. »Ich verdiene hier mein Geld, damit ich das Mädchen heiraten kann, das ich liebe. Aber ich vermisse meine Familie. Mit den

Menschen hier werde ich nicht so richtig warm. Nubier tanzen, singen und lachen gerne. Hier sind alle so beherrscht.« Fühlt er sich als Ägypter? Unwillig tritt er aufs Gaspedal. »Als Ägypter? Die Nubier sind die wahren Ägypter! Die ersten Pharaonen waren Nubier, unser Reich erstreckte sich einst von Libyen bis Jordanien und Äthiopien! Die Christen und Araber kamen erst später!« Das ist das Schöne an einer siebentausend Jahre umfassenden Geschichte: Jede Gruppierung kann eine Epoche vorweisen, in der sie das Sagen hatte und der sie ihr Selbstbewußtsein entlehnt. Die Nubier mögen in Ägypten vielleicht die älteren Rechte besitzen, es waren aber die Araber, die den Islam einführten. »Selbstverständlich sind wir Muslime«, antwortet er, während sein Blick mir sagt: »Blöde Frage«. »Der Islam ist die Wahrheit. Logisch, daß das nubische Volk sich dazu bekehrt hat.«

In der brütenden Hitze gehen der fromme Tantâwî und ich zu Fuß ins Theater am anderen Ende der Stadt. Es weht nicht die leichteste Brise, und die Luft fühlt sich vor lauter Verschmutzung ganz fettig an. Ein Tag Kairo ist für die Lunge genauso schädlich wie drei Schachteln Zigaretten, und wenn man sich am Abend die Haare wäscht, färbt sich das Shampoo grau. Hupen durchdringen die Dämmerung. Militärs an den Kreuzungen stützen sich auf ihre Waffe oder lungern gelangweilt in ihren Wachtürmchen aus Beton, Verkehrspolizisten lassen den Blechlawinen freien Lauf. Wie Trauben hängen die Leute an den überfüllten Bussen. Wer einen Sitzplatz ergattert hat, starrt regungslos aus dem Fenster.

Wir kommen an Tantâwîs alter Schule und Moschee vorbei, einen Steinwurf vom Nilufer entfernt. Früher hatte man von hier einen herrlichen Blick aufs Wasser, erinnert er sich. Jetzt verstellt ein 25stöckiges Hochhaus die Sicht.

Tantâwîs Schule war eine vom *Azhar*-Typ, mit einem am Koran orientierten Lehrplan. Danach ging er auf die Azhar-Universität, wo er jetzt im dritten Semester Pädagogik studiert. Unter seinen vierhundert Kommilitonen ist er der zweitbeste, und er hofft, noch dieses Jahr den Spitzenplatz zu übernehmen. Von den untersten Klassen an werden in Ägypten Ranglisten geführt. Die Klassenbesten werden regelmäßig ausgezeichnet.

Wir sind eine halbe Stunde zu spät, und das heißt: viel zu früh. Fast alles in Kairo – Kino, Theater, Fernsehsendungen, Vorträge, Vorlesungen – fängt zu spät an, in der Regel um eine Stunde. Jetzt hat Tantâwî ausführlich Gelegenheit, seinen niederländischen Freund vorzustellen. »BanBasten, Gullit!« Schließlich geht ein »Schttt!« durch den Saal, und aus den Lautsprechern erklingt schon bald die ägyptische Nationalhymne. Alle stehen auf und singen mit, den Text kennen sie auswendig. Vom Theaterstück bekomme ich kaum etwas mit, weil das einzige Mikrofon hauptsächlich Rauschen verbreitet und weil der Text auf hocharabisch ist. In der arabischen Welt existieren zwei Sprachen nebeneinander: Hocharabisch und jeweils ein lokaler Dialekt. Hocharabisch ist die Sprache des Koran und hat sich seitdem nicht nennenswert verändert. Es wird für den Schriftverkehr und die offizielle Kommunikation, für Verwaltungsbroschüren und Literatur sowie für die Fernsehnachrichten verwendet. Hocharabisch ist so schwindelerregend schwer, daß fast niemand es fehlerlos spricht. Im Alltag sprechen die Araber einen Dialekt, der von Region zu Region stark variiert. Der Dialekt ist grammatisch zugänglicher, die Aussprache ist einfacher. Was den Wortschatz angeht, überlappen sich der Kairoer Dialekt und das Hocharabische etwa zur Hälfte. Man könnte es vergleichen mit dem Unterschied zwischen Hollywood-Englisch und Shakespeare.

Wie Tantâwî mir erläutert, handelt das Theaterstück vom Krieg zwischen Kalif Salah al-Din (»Saladin«) und europäischen Kreuzrittern, die plündernd, vergewaltigend und mordend durch das bis dahin friedliche Reich ziehen. Im Gegensatz zum Kalifen respektieren die Kreuzfahrer die Glaubensfreiheit nicht. Juden und Muslime werden niedergemetzelt, Christen werden gezwungen, zum römisch-katholischen Glauben der Kreuzfahrer zu konvertieren. »Mit Gottes Hilfe versammelt der Kalif ein Heer«, schließt Tantâwî zufrieden, »und vernichtet die Eindringlinge.« Er nimmt meine Hand und sagt mit Nachdruck: »Schorsch, ich finde dich sehr nett. Hoffentlich werden wir gute Freunde. Findest du mich auch nett?« Ich bejahe, und Tantâwî springt behende auf einen vorbeifahrenden Bus.

Der Eigentümer des Nullsternehotels möchte wissen, was ich von Ägypten halte. Er ist ein steinalter, buckliger Mann mit zwei gelben Zähnen und einem verirrten Büschel Barthaare unter dem weißen linken Auge, das wirkt, als wäre die Pupille eines bösen Tages einfach herausgeplumpst. Meine Antwort, daß es mir ganz gut gefalle, entlockt ihm ein schallendes Gelächter. »Ägypten ist die Hölle. Unter König Faruk war das Leben gut. Nicht wegen ihm, wohl eher ihm zum Trotz. Der Kerl war auf unsere Kosten in Südfrankreich hinter den Weibern her.« Er kichert. »Das Schöne war, daß es wenig Menschen gab. Seit Faruk hat sich die Bevölkerung verfünffacht! Ade schöne Gärten, niedrige Preise, ruhiger Nil, ade saubere Stadt!« Ade Hotels, wo die Toiletten gereinigt werden, füge ich in Gedanken hinzu. »Jetzt ist es ein Schweinestall. Die Regierung ist korrupt, die Menschen sind korrupt, und überall stinkt's. Nach Menschen!« Unerwartet hart schlägt er mit der Faust auf den Holztresen. »Junger Mann! Weißt du, was Ägypten braucht?« Er gönnt mir eine kurze Bedenkzeit, indem er einen Klacks bräunlich-grauen Schleim auf den Boden spuckt, der wie eine gestrandete Qualle unter der gelborangenen Beleuchtung schimmert.

»Einen Krieg! Nicht gegen Libyen oder den Sudan, die überrennen wir im Nu. Nein, gegen Israel, oder besser noch: Amerika. Alle an die Front!« Im Foyer hallt seine Stimme. Schon dreimal ist sein Neffe mit unerschütterlicher Ruhe herein- und wieder hinausspaziert. Der Onkel hält offenbar öfter seine Vorträge. »Möge Allah mich am Leben erhalten, bis es wieder Krieg gibt!« Dann verstummt er. Durch ein geöffnetes Fenster dringt das nie endende Hupkonzert. Eine Fliege tippelt über seine Stirn, der Ventilator schnurrt sanft vor sich hin. Als ich aufstehe, drückt der Alte seine krustige Hand in die meine. »Danke, daß du dir Zeit genommen hast, einem alten Mann zuzuhören. Möge Allah dich behüten.«

»Schorsch! Du hast mir gefehlt!« Aus einer dunklen Ecke huscht Tantâwî auf mich zu. Er trägt Jeans und einen neu aussehenden Pullover mit dem Aufdruck: *The Academy Club, for Winers only.* »Schorsch! Wie geht es dir, du hast mir gefehlt!« Seine frisch gewaschenen Haare glänzen im Licht einer windschiefen Laterne. »Du mir auch Tantâwî, wie geht es dir?«

»Allah sei gepriesen. Allah sei gepriesen, ich bin so froh, dich zu sehen. Du hast mir gefehlt. Wie geht es dir?« Ich sage, daß es mir blendend geht, mal abgesehen von der Hitze. Er lacht gutmütig. »Natürlich, daran seid ihr Europäer nicht gewöhnt. Aber zurück zu den wichtigen Dingen: Wie geht es dir? Ich bin so froh, dich zu sehen. Geht es dir auch so?« Noch einmal bestätige ich, es gehe mir blendend. »Allah sei gepriesen. Allah sei gepriesen. Als ich auf meiner Uhr sah, daß du zu spät warst, dachte ich: Ganz bestimmt

54

hat Schorsch einen guten Grund. Allah sei gepriesen, daß du wohlbehalten angekommen bist.«

Zu spät? Es ist sechs nach acht! Was sind schon sechs Minuten bei einer Fahrt von einer Dreiviertelstunde quer durch ein total verstopftes Kairo? Das ist übrigens merkwürdig: Als 'Imâd mich am ersten Abend zweimal versetzte, schlußfolgerte ich sofort: Ägypter sind nicht zuverlässig. Wer von beiden ist hier die Ausnahme? 'Imâd oder Tantâwî? Oder gibt es gar keine Regel? Zur Entschuldigung erzähle ich etwas vom Verkehr. Das ist wirklich ein Problem, pflichtet Tantâwî mir bei. »Deshalb gehe ich immer rechtzeitig los. Wie auch immer, wie geht es dir?« Ein drittes Mal teile ich ihm mit, es gehe mir – Allah sei gepriesen – bestens. »Allah sei gepriesen«, wiederholt Tantâwî. »Sehr gut, daß du die richtigen Ausdrücke aus dem Koran verwendest, Schorsch. Was möchtest du trinken?«

Man gewöhnt sich eigentlich nicht richtig daran: die umständlichen Begrüßungsformalitäten. Drei-, viermal dieselbe Frage. In Holland nehmen die Förmlichkeiten in dem Maße ab, wie der Kontakt intimer wird. Hier scheinen sie jedoch ein Ausdruck von Zuneigung zu sein. Wir sind beim Krämer von Tantâwîs Cousin. Nur in den reichen Vierteln gibt es Supermärkte, woanders muß man sich seine Einkäufe zusammenlesen – Brot beim Bäcker, Fleisch beim Metzger usw. Andere, unverderbliche Waren bekommt man beim Krämer. Bis auf die Christen, die ihre Läden sonntags schließen, haben sie die ganze Woche über geöffnet. Es sind kleine Kioske am Straßenrand, selten größer als zwei mal vier Meter. An den Wänden sind Kartons bis unter die Decke gestapelt, in der Mitte steht ein kleiner Tresen. Sie führen Waschmittel, Tee, Eier, Spielzeugtelefone, *Peace-Fighter*-Wasserpistolen, Toilettenpapier, Wecker, Billigparfüms und manchmal Bier. Unverzichtbar ist die Kühltruhe mit Limonaden und Mangoeis für ein paar Groschen. Viele Kairoer trinken täglich ein paar Cola beim Krämer. Man trinkt sie an Ort und Stelle, so daß die leeren Flaschen gleich wieder in den Kasten wandern. Neben der Kasse steht ein Plastikzylinder mit Süßigkeiten. Bei Mangel an Wechselgeld bekommt man den Unterschied in Bonbons ausgezahlt.

»Tantâwî, eigentlich habe ich eben noch gegessen und getrunken. Ich glaube, daß ich kurz passe.«

»Unmöglich! Du mußt eine Limo trinken. Cola oder Fanta?« Als ich wiederhole, daß ich im Moment nichts möchte, zieht er eine Miene, als hätte er gerade in einen faulen Apfel gebissen. »Schorsch, du *mußt* eine Limo trinken.« Nach weiteren zwei Versuchen, abzulehnen, gebe ich nach. Seine Einladung ist ein Zeichen der Gastfreundschaft. Wenn ich die ablehne, lehne ich damit auch ihn ab. Ich streiche mit der Hand über meinen Bauch, klemme einen Fettwulst zwischen Daumen und Zeigefinger und ziehe ihn durch mein T-Shirt vor. »Schau, ihr Ägypter habt mich jetzt schon gemästet.« Doch Tantâwî findet, daß ich von Tag zu Tag besser aussehe. Ich entgegne, daß holländische Mädchen eher sportliche, schlanke Typen bevorzugen. Er lacht tadelnd: »Schorsch, du denkst auch immer nur an Mädchen. Was ist nun wichtiger, deine Gesundheit oder Mädchen?« Aber viel essen ist doch auch schlecht? Tantâwî runzelt die Stirn. Viel essen ist gesund. Ein Mensch braucht täglich mindestens hundert Gramm Zucker und hundert Gramm Öl.

Ich frage ihn, wo er das her hat. »Schorsch! Westliche Gelehrte haben diese Tatsache erwiesen. Wir lernen diese Dinge schon in der Grundschule.« Ich nicke mit dem Kopf. Wir wollen Unterhosen für mich kaufen, Tantâwî wird für mich feilschen. Vom gesparten Geld trinken wir in unserem angestammten Kaffeehaus Tee. Aus einer Lautsprecheranlage erklingt der Ruf zum Abendgebet. Ich merke, daß

Tantâwî unruhig wird. Zuerst wiegelt er ab – wie könnte er bloß seinen Gast im Stich lassen? Als ich insistiere, fährt er auf. »Wirklich, Schorsch? Ich wollte nicht davon anfangen, denn ich dachte ... Ich wollte nicht, naja ...« Sichtlich erleichtert huscht er in seinen weißen Turnschuhen in die Moschee.

Als Tantâwî wieder zurück ist, erzählt er mir von seinem Leben. Ich rauche eine Wasserpfeife, alleine, denn Tantâwî meint, Rauchen mache dick und beeinträchtige das Konzentrationsvermögen. »Mit siebzehn lebte ich in Sünde«, hebt Tantâwî feierlich an. »Allah sei gepriesen, daß Allah mich durch eine Vision wieder auf den Pfad der Tugend zurückbrachte, weg von Roberta.« Die Sünde, so stellt sich heraus, war seine Arbeit als Papyrusverkäufer bei den Pyramiden. »Es war ein guter Job, doch durch den ständigen Kontakt zu Ausländern vernachlässigte ich meinen Glauben. Um mich durchschlagen zu können, mußte ich außerdem viel Bodybuilding machen. Mein Studium litt darunter.« Es fällt nicht leicht, sich Tantâwî als Papyrusverkäufer vorzustellen. Sie sind eine Plage. Sie verfolgen dich, zerren an deinen Klamotten und halten dir währenddessen Bildchen von Pharaonen auf Papyrusimitat unter die Nase. Einzig durch Gewalt, verbale, oder sogar besser physische, kann man sie abschütteln. Meistens hat man bis dahin schon genug von den Pyramiden.

Das Geld, das Tantâwî verdiente, steckte er in Roberta, ein italienisches Mädchen, das vor vier Jahren im Rahmen eines kulturellen Austauschprojekts seine Brieffreundin geworden war. Als sie ihm ein Paßbild schickte, verliebte sich der sechzehnjährige Tantâwî hoffnungslos in sie. Den ganzen Tag studierte er ihr Foto und las ihre kurzen Briefe. Er arbeitete, soviel er konnte, und schickte ihr jeden Monat Geschenke. Jeden Abend schrieb er ihr einen glühenden, doch anständigen Liebesbrief. Regelmäßig schlug er vor, sie in Italien zu besuchen, aber Roberta ging nie darauf ein. Sie schrieb ihm überhaupt selten, doch das empfand er eher als positiv. Er steht eher auf schüchterne Mädchen. Nach einem halben Jahr hatte sich Tantâwî ein halbes Ticket zusammengespart, und er dachte ernsthaft darüber nach, sein kleines Grundstück außerhalb von Kairo zu verkaufen. An ihrem Geburtstag wollte er Roberta anrufen und ihr von seinen Plänen berichten.

In der Nacht zuvor hatte Tantâwî einen Traum. Roberta liebte ihn nicht, sie benutzte ihn nur, wegen der Geschenke. Als er sie am nächsten Tag anrief, platzte er mitten in ihre Geburtstagsfeier. Es dauerte eine Weile, bevor er Roberta an die Strippe bekam, und danach dauerte es noch eine Weile, bis sie begriff, daß er es war. »Die Leitungen nach Ägypten sind ganz schlecht«, sagt Tantâwî. Das Gespräch verlief, wie der Traum es prophezeit hatte. Roberta war gar nicht froh, daß Tantâwî für ein Ticket sparte. Sie hatte schon einen Freund. Mit Tränen in den Augen stürzte er aus der Telefonzelle. Er erzählte die ganze Geschichte seinem »Scheich«, einer Art Pastor der Muslime. Dieser freute sich über Tantâwîs Besuch, denn die Monate zuvor hatte er ihn nur noch beim Freitagsgebet gesehen. Und dabei war er doch so fromm gewesen. Der Scheich erklärte ihm, daß Roberta ein Teufel sei, der ihn von Allah abbringen wolle. Allah aber liebe seine Gläubigen und habe Tantâwî durch eine Vision gewarnt. Robertas Briefe und Fotos wurden verbrannt, und seitdem führt Tantâwî ein vorbildliches religiöses Leben.

Einen Monat lang trafen wir uns immer beim Krämer seines Cousins, heute bin ich zum ersten Mal bei Tantâwî zu Hause in Bulâq ad-Dakrûr. Ich bekomme meine erste Innenansicht eines Hauses in den Slums. Und tatsächlich,

Tantâwî haust in einer Baracke, wie man sie aus Filmen von Spendenorganisationen kennt. »*Hier wohnt Tantâwî. Tantâwî ist unterprivilegiert und arm dran, bitte überweisen Sie jetzt Ihre Spende.*«

Auf meine verschämten Rufe hin – es gibt keine Klingeln – kommt Tantâwî sofort herunter. »Friede sei mit dir, Schorsch, wie geht es dir? Allah sei gepriesen, daß ich dich wiedersehe. Habe ich dir auch gefehlt?« Wir klettern die unbeleuchtete Betontreppe hoch, und Tantâwî bedeutet mir zu warten. Er muß nachsehen, ob seine Mutter und seine Schwestern vielleicht in der Küche sind. Wenn ja, müssen sie dort erst verschwinden, denn sein Zimmer ist nur durch die Küche zu erreichen.

Bulâq ad-Dakrûr ist eines der ärmsten Viertel Kairos. Vor fünfzehn Jahren war hier nur Bauland, jetzt leben hier eine Million Menschen. Auf vielen Stadtplänen ist es gar nicht vermerkt. Bulâq grenzt an den von der gehobenen Mittelschicht bewohnten Stadtteil el-Dokki mit seinen geschmackvollen Villen, Restaurants und glänzenden Autos unter schattenspendenden Bäumen. Die Bahnstrecke nach Süden und eine drei Meter hohe Mauer trennen die beiden Welten. Der Weg nach Bulâq führt durch einen Durchlaß in der Mauer und dann über eine Bahnüberführung. Natürlich benutzen viele Kinder lieber die Abkürzung über die Gleise, so daß fast jeder in Bulâq jemanden kennt, der von einem unbeleuchteten Zug erfaßt wurde.

Eine zweite Überführung bringt einen über einen zehn Meter breiten Graben, einen ehemaligen Bewässerungskanal, der heute als Mülldeponie genutzt wird. Der Gestank ist unerträglich. Ein Teil der Abfälle modert im Wasser vor sich hin, der Rest ist daneben zu einem gärenden Deich aufgeschüttet, in dem Hunde, Ratten und Straßenkinder herumwühlen. Hinter der Brücke stehen die kleinen Selbständigen: Schuhputzer, Streichholz-, Socken- und Par-

fümverkäufer sowie Obsthändler. Je nach Saison wird der
üble Geruch des Grabens vom Duft reifer Mangos, aroma-
tischer Feigen oder safttriefender Apfelsinen und Melonen
überlagert. Hat man die Händler hinter sich gelassen, steht
man auf der halb befestigten Hauptstraße. Auf beiden
Seiten befinden sich mit Textilien oder Bürobedarf voll-
gepackte Läden, ferner viele Bäcker und Metzgereien,
Restaurants und kleine Saftbars und, zu meiner Verwunderung, ein Juwelier und ein Elektronikgeschäft mit
Fernsehern, Videogeräten und Hi-Fi-Anlagen. Über den
verstopften Hauptstraßen hängen Girlanden, Aushänge-
schilder und stimmungsvolle Lämpchen in Dutzenden von
Farben. Die Nebenstraßen sind eng und ungepflastert,
vier- oder fünfstöckige Häuser sind dicht an dicht hinge-
klotzt. Die meisten von ihnen sehen nicht gerade aus, als
würden sie das nächste Jahrzehnt überdauern. Tantâwîs
Adresse lautet: »Das neunte Haus links, schräg gegenüber
von der Moschee der Hingabe.« Im Zweifelsfall fragt der
Postbote einfach einen der Anwohner.

Alles in allem macht das Viertel einen ziemlich unerträg-
lichen Eindruck. Den Blicken entzogen bleibt freilich die
Tatsache, daß trotz des hektischen Bautempos und des ex-
plosionsartigen Bevölkerungszuwachses fast jedes Haus
über fließend Wasser, Gas, Strom und Telefon verfügt. Nur
kommt die Versorgung regelmäßig zum Erliegen, oft mehr-
mals täglich. Ansonsten gibt es zu wenig Schulen, Jobs und
Krankenhäuser, doch niemand leidet Hunger.

»Schorsch, daß ich dich in so einem einfachen Haus
empfangen muß … Es ist dir anzusehen, daß du es schrecklich findest.« Tantâwîs Zimmer ist mit zwei Betten und einem Schrank vollgestellt, man kann sich kaum noch darin
bewegen. Die Decke ist rissig, der Boden aus Beton. An
den blauen Wänden hängen Poster von ägyptischen Sän-
gern und ein Kalender von *scharika at-ta'mîn*, einer Versi-

cherungsgesellschaft. Diesem Ding begegnet man wirklich überall: Oben die neunundneunzig Namen Allahs, unten die Abreißzettel mit dem Datum. Tantâwî bietet mir einen Platz auf der Bettkante an. Nach meiner Beteuerung, sein Zimmer sei keinesfalls schrecklich, entgegnet er: »Schorsch, das sagst du nur, um mich nicht zu verletzen.« Nach meiner erneuten Versicherung des Gegenteils holt er Tee. Ich frage, in welchem der beiden Betten er schläft. »Das Bett, auf dem ich jetzt sitze. Aber meistens schlafe ich auf einer Matte auf dem Boden, das finde ich angenehmer.« Und wer schläft in diesem Bett?

»Mein großer Bruder. Er ist sechsundzwanzig, also sechs Jahre älter als ich. Er arbeitet als Nachtwächter und schläft tagsüber.« Wo ist sein Bruder jetzt? Breit grinsend zeigt Tantâwî in meine Richtung. »Er liegt hinter dir und schläft.« Als ich mich zu Tantwai herübergesetzt habe, erzähl ich ihm flüsternd von meinem Aids-Abenteuer im Krankenhaus: Die Uni verlangte nicht irgendeine medizinische Bescheinigung, sondern einen Aidstest. »Mit Leuten aus dem Westen gehen wir kein Risiko ein«, reagierte die Krankenschwester auf meine schockierte Miene. »Falls Sie Aids haben, müssen Sie das Land innerhalb von 24 Stunden verlassen, und werden Sie sofort unter militärische Aufsicht gestellt, da Sie sonst noch andere anstecken könnten.« Das Wort für Aids ist im Arabischen dasselbe, und es kam mir vor, als hätte sie es in einen tiefen Brunnen hineingeschrien: Der ganze Wartesaal hallte. »Aids, Ausländer, Europäer, Aids, Aids, AIDS!« Die Blutabnahme sollte in einem unauffindbaren Zimmer vorgenommen werden. Schließlich zeigte mir ein freundlicher Arzt den Weg. Kurz bevor wir hineingingen, kam so ein Wägelchen vorbei, das Hotels für den Zimmerservice benutzen. Es war mit einem zu kleinen, grauweißen Laken bedeckt, unter dem zwei gelbliche Kinderfüße herausragten. Drinnen nahm ich Platz zwischen einem Haufen oberägyptischer Bauern mit Geschwüren, Pickeln und offenen Wunden im Gesicht. Mein Nachbar saß dort schon seit drei Tagen, immer wieder sagte man ihm, er sei morgen als erster dran. Ausländer werden bevorzugt behandelt, prophezeite er ohne Bitternis. Der Assistenzarzt las mein Formular und rief: »Jemand für einen AIDSTEST!«

Als ich am nächsten Tag, heute morgen also, zitternd den Testraum betrat, hatte ich die schlimmste Nacht meines Lebens hinter mir. Binnen 24 Stunden ausgewiesen und binnen einiger Jahre tot – diese Aussicht bringt jeden um den Schlaf. »Tag Mutti, alles in Ordnung in Hilversum? Nein, hier eigentlich nicht. Ich habe Aids und bin in drei Stunden in Schiphol.« Aber es warteten keine Militärs auf mich. Statt dessen gratulierte mir ein Assistenzarzt. Er hatte sich den Befund schon mal angeguckt, während ich mich vor der Tür herumdrückte. »Willkommen in Ägypten.« Zum ersten Mal fühlte ich mich heute nicht willkommen in diesem Land … die Selbstverständlichkeit und sogar das Vergnügen, mit dem man meinte, mich erniedrigen zu dürfen. Ich kam mir vor wie ein Hund in Quarantäne.

»Schorsch! Wie schrecklich für dich«, findet Tantâwî, »aber Ägypten muß sich vor ausländischen Krankheiten schützen.« Ich runzle die Stirn, und Tantâwî sagt: »Aids wird von Ausländern nach Ägypten eingeschleppt.« Er macht eine Unter-uns-gesagt-und-unter-dem-Siegel-der-Verschwiegenheit-Miene: »Es gibt Gerüchte, daß Israel uns jüdische Mädchen mit Aids schickt. Ich fürchte, das stimmt.« Er seufzt. »Schorsch! Ich habe es selbst in *Rûz al-Yûsuf*, in *Achbâr al-Hawâdith*, in allen möglichen Zeitungen gelesen. Es ist eine erwiesene Tatsache.« Ich rühre in meinem Tee. *Achbâr al-Hawâdith* – Vermischte Nachrichten – ist ein abgeschmacktes Boulevardblatt, doch *Rûz al-Yûsuf* ist die wichtigste Wochenzeitung Ägyptens. Holländer glauben auch, was in ihren Magazinen steht. »Weißt du, Schorsch«, bricht Tantâwî das Schweigen, »früher hatte ich furchtbare Angst vor Aids. Die Regierung hat gesagt, daß alle Ausländer infiziert wären und daß man sich schon durch Händeschütteln anstecken könnte. Bei den Pyramiden habe ich mich mit zwei Australiern angefreundet. Sie boten mir etwas zu essen an, aber ich traute mich nicht, es anzunehmen. Erst später erfuhr ich, daß Aids nur durch abartige Sexualpraktiken unter Männern übertragen wird.«

Sprechen-Sie-Deutsch-Sâlih platzt mit lauter Stimme herein. Tantâwîs Bruder grunzt, Sâlih kümmert das nicht. Er ist ein bißchen verwirrt. Dreimal hat er heute deutsche Touristen angesprochen, und jedesmal stiefelten sie ihm, heftig kopfschüttelnd, davon. »Die Touristen kommen doch, um Land und Leute kennenzulernen, oder? Jetzt möchte ich mal mit ihnen plaudern, sogar in ihrer eigenen Sprache, und dann machen sie sich aus dem Staub ...« Er grübelt vor sich hin, Tantâwî kocht Tee. »Wenn ich in Europa Urlaub machen würde, freute ich mich auch darüber, auf ägyptisch angesprochen zu werden. Warum reagieren diese Leute nur so?«

Natürlich kenne ich die Antwort: weil manche Ägypter sich Touristen gegenüber unmöglich benehmen. Auch ich beschleunige meine Schritte, wenn so ein Schelm mich fragt: »*Hey man, you speak English?*« In neun von zehn Fällen schleppt so einer dich schnurstracks zu seinem Parfüm-, Papyrus- oder irgendeinem anderen Krimskramsladen. Aber im zehnten Fall handelt es sich um einen herzensguten Menschen wie Tantâwî oder Sâlih. Das ist wirklich der Fluch des Tourismus: Er verdirbt die Menschen, die von ihm leben, bis ins Mark. Warum sollte man sich in einer Fabrik abrackern, wenn man Touristen ausnehmen und damit ein Vielfaches verdienen kann? Ärzte und Ingenieure arbeiten mit ihren Sprachkenntnissen lieber in der Tourismusbranche als in dem Fach, in dem sie, gegen nicht geringe Kosten, ausgebildet wurden. Fluch Nummer zwei ist das Zerrbild von Ägypten, das sich den Reisenden bietet. Kairo ist, abseits der Sehenswürdigkeiten, eine Oase der Sicherheit, Gemütlichkeit und Rücksicht. Doch viele Reisende verlassen die Stadt mit in die Netzhaut gebrannten Bildern von brüllenden Taxifahrern, zudringlichen Kamelverleihern und bettelnden Jungen. Die Belästigung von Touristen geht heutzutage so weit, daß die Regierung die Bevölkerung in Fernsehspots dazu aufruft, Reisende anständig zu behandeln. »Vielleicht hatten sie es eilig«, sage ich ausweichend. Sâlih nickt: »Ich habe gelesen, daß Europäer ein hektisches Leben führen.«

Heute abend wird Tantâwî mir erklären, wie das mit dem Kopftuch ist. Aber vorher werde ich noch quasi nebenbei von einem Taxifahrer erniedrigt. Wie immer habe ich auf die Frage »Muslim?« geantwortet: »Nein, Christ.« In Wirklichkeit bin ich Atheist, oder eigentlich Agnostiker, doch in der arabischen Welt behält man das lieber für sich. Atheisten fürchteten nämlich keine Polizei. Dächten sie, ungesehen einen Mord oder einen Raub begehen zu können, würden sie es tun. Den Gläubigen drohte dagegen immer noch die Strafe Gottes. »Laß mich vorausschicken, daß ich euch respektiere«, sagt der Taxifahrer mit schalkhaft leuchtenden Augen. »Aber erzähl mir mal, wie ist das möglich? Gott ist eins, und Gott ist drei. Er ist unteilbar und göttlich, aber er hat einen Sohn, der auch wieder Gott ist. *Feen mama?* Wo ist die Mama von Jesus?« Er tippt mir aufs Knie. Ich soll genau aufpassen. »Wie soll das gehen? Ich lese viel über das Christentum. Faszinierend, daß ihr an solch einen offensichtlichen Nonsens glauben könnt.«
Ich schweige eisern und lasse mich gar nicht erst auf diesen aussichtslosen Kampf ein. Mir wird jedoch langsam

klar, warum Christen sich zum Islam bekehren: Er macht irgendwie mehr Sinn. Keine heilige Dreifaltigkeit, unbefleckte Empfängnis oder Auseinandersetzungen über den göttlichen Jesus – gerade wegen diesem Punkt hatten sich ja die Kopten, die ägyptischen Christen, abgespalten. Vereinfachend kann man sagen, daß die meisten Muslime den Islam als die Vervollkommnung des Christen- und Judentums betrachten. Allah begann damit, den Juden eine Reihe von Propheten zu schicken. Leider übermittelten diese Seinen Willen falsch und manipulierten Sein Wort. Als Er sah, daß es nicht gut war, schickte Er Jesus, der nicht Sein Sohn war, sondern ein Prophet. Auch diesmal ging es schief, wie schon aus den verschiedenen Evangelien, den zahllosen apokryphen Texten und den unzähligen Abspaltungen im Christentum hervorgeht. Kein Wunder, daß es mit einer so vagen Religion in Europa zu so vielen Glaubenskriegen kam, sagen manche Muslime. Schließlich sandte Allah die definitive Offenbarung, den Koran, an Mohammed, den letzten Propheten. Im Koran spricht Allah direkt zu den Gläubigen. Er gibt ihnen also keinen Propheten zum Vorbild, sondern eine lange Rede in dichterischer Form und von seltener Schönheit. Viele Muslime vertreten eine evolutionäre Perspektive, in der Asien, Afrika und der Nahe Osten bereits muslimisch sind, Europa jedoch *noch* nicht. Genauso wie europäische Zeitungen aus ihrer Perspektive häufig schreiben, im traditionellen Ägypten spiele die Religion *noch* eine bedeutende Rolle.

»Jetzt, wo wir schon darüber reden«, fährt der Taxifahrer mit seinem Siegeszug fort, »ihr habt doch Katholiken in den Niederlanden? Haha! Das mit der Hostie und dem Wein. Wie könnt ihr einerseits technisch so fortschrittlich sein und andererseits diesen Hokuspokus glauben?« Ich wünschte mir, wir hätten das Fahrtziel schon erreicht, aber wir stehen hoffnungslos im Stau. Unter dem Koran auf dem Armaturenbrett holt er eine Broschüre hervor. »Liest du Arabisch?« Ich nicke. Er zeigt mir eine Stelle. »Hier, das stammt aus unserer heiligen Schrift.« Nach einigen Zeilen, in denen die Christen eins auf den Deckel bekommen, lege ich sie weg. Es ist zu dunkel, ich werde zu Hause weiterlesen. »Versprich es mir – ich weiß ja, daß ein Versprechen für einen Christen genauso viel gilt wie für einen Muslim.«

Tantâwî wartet schon auf mich an der Brücke nach Bulâq, und zusammen machen wir einen Spaziergang zum Kaffeehaus. An einem Transformatorenhäuschen klebt ein Poster. Außer in Wahlkampfzeiten sind Plakate und Graffiti in Kairo eine Seltenheit, nur die Fundamentalisten kleistern überall *al-islam huwa al-hall* an die Wände – »Der Islam ist die Lösung«. Auf dem Poster senkt ein Mädchen mit Kopftuch vor einem dezenten blauen Hintergrund schüchtern die Augen zu Boden. Darunter steht in schwungvollen Lettern: »Das Kopftuch ist ein Zeichen der Reinheit.«
    Tantâwî erweist sich als leidenschaftlicher Verfechter des Kopftuchs. Und zwar aus purem Eigeninteresse. »Laß es mich mit einem Beispiel erklären«, sagt er. »Habe ich das Recht, hier zu rauchen? Nein, denn du würdest darunter leiden. Ähnlich ist es mit dem Kopftuch. Es ist eine psychologische und physiologische Tatsache, daß Frauen sündhafte Gedanken hervorrufen. Als Mann habe ich einen Anspruch darauf, vor diesen Verlockungen geschützt zu werden. Die Freiheit hört immer da auf, wo sie anderen schadet.« Aber bedeutet die Kopftuchpflicht nicht eine Einschränkung der Freiheit? »Natürlich nicht! Was ist das Wichtigste an einer Frau?«
    Laß mich mal überlegen. Ihr Charakter? »Falsch. Denk doch mal nach ...« Eine Bande Knirpse springt um uns herum. »*Welcome in Egybt, whats yourname?*« Tantâwî macht eine entschuldigende Geste. Meine Erwiderung, daß

so etwas täglich vorkommt und daß ich es ganz witzig finde, beruhigt Tantâwî. »Wenn ich nach Holland fahren würde«, sagt er achselzuckend, »würde ich zwischen all den großen blonden Holländern genauso auffallen. Dann würden die Menschen auch ›Welcome mister‹ rufen.«

»Das Wichtigste ist natürlich ihre Ehre!« fährt Tantâwî fort. »Wenn sie ihre Ehre verliert, was ist sie dann noch wert? Wenn ich sie einfach so nehmen könnte, warum sollte ich sie dann heiraten? Warum jahrelang arbeiten, um ihr eine Wohnung, eine Aussteuer und einen Ehering zu kaufen, wenn du sie so haben kannst?«

»Man könnte doch aus Liebe zusammenbleiben?« Tantâwî ist da anderer Meinung. »Es ist eine Tatsache, daß eine Frau auf Dauer langweilig wird und daß ein Mann sich nach anderen Frauen umsehen wird. Wenn er nicht durch eine Ehe fest gebunden ist, verläßt er sie. Wer wird dann für die Kinder sorgen? Die Familie bricht zusammen, und damit die Gesellschaft. Deshalb gebietet der Herr das Kopftuch. So behütet er die Gesellschaft vor Chaos und Anarchie.«

Ich erzähle ihm, daß einige meiner Bekannten der Meinung seien, der Islam unterdrücke Frauen. Entsetzt schaut er mich an. »Meinen sie das wirklich? Der Islam hat den Frauen gerade als erstes die Gleichheit geschenkt. Zuvor hatten die Araber ihre neugeborenen Töchter getötet, weil sie Söhne haben wollten. Der Koran sagt: Allah beurteilt Männer und Frauen gleich nach ihren Taten.« Ich frage, ob es stimmt, daß vor einem islamischen Gericht die Aussage eines Mannes doppelt zählt. Tantâwî meint, das hätte nichts mit Gleichheit zu tun. Männer hätten einfach ein leistungsfähigeres Gehirn. »Das ist wissenschaftlich erwiesen, Schorsch, von westlichen Gelehrten. Frauen bringen die Dinge leicht durcheinander, und in einem Gerichtsverfahren darf man nun einmal kein Risiko eingehen.« Darf seine zukünftige Frau außer Haus arbeiten? »Denk doch

67

mal nach«, lacht Tantâwî. »Wer soll die Kinder großziehen? Stell dir das vor: ein Mann, der die Hausarbeit macht – absurd!«

Eine Woche später bekomme ich Indizien über die Herkunft von Tantâwîs Ansichten zur Hilflosigkeit des Mannes und zur weiblichen Verführungskraft, als er mich zu einem Kinoabend einlädt. Für ein Viertel des regulären Eintrittspreises in einem modernen Kino sehen wir zwei alte ägyptische und zwei westliche Filme. Es ist ein altes und heruntergekommenes Filmtheater, das in den Ecken nach Urin stinkt. Insistieren ist sinnlos, ebenso wie ‘Imâd besteht Tantâwî darauf zu bezahlen. Tantâwî zieht einen ganzen Stapel Fünfpiasterstücke aus der Tasche, doch der Betrag stimmt genau. Wahrscheinlich hat er zu Hause alles schon abgezählt.

Wie immer gibt es erst einmal Propaganda. Meist handelt es sich um Reportagen: »Staatspräsident Mubârak eröffnet Milchfabrik«, »Staatspräsident Mubârak eröffnet Textilfabrik« oder »Staatspräsident Mubârak trifft den syrischen Präsidenten Assad«. Diesmal wird ein neues U-Bahn-Projekt vorgestellt, ganz sachlich und neutral. In einigen Jahren soll die Strecke fertiggestellt sein, wenigstens ist das beabsichtigt. Der erste ägyptische Film heißt *Flucht nach oben* und handelt vom maskierten Einbrecher Ali. Im Glauben, niemand sei zu Hause, bricht er bei einer Frau namens Marwa ein. Doch Marwa stand nur gerade unter der Dusche, und als sie das Wohnzimmer betritt, rutscht ihr vor Schreck das Handtuch herunter (wir sehen, wie es auf ihren Zehen landet). Ali vergewaltigt sie und flieht dann in einem Bus. Gerade als er ausgestiegen ist, explodiert der Bus und geht in Flammen auf. Alle denken, daß Ali umgekommen ist, und mit ihm der Polizist Muhammed, der ihm auf der Spur war.

Pause. Es ist recht schwer, dem Plot zu folgen, weil wir immer wieder von Limonade- und Sandwichverkäufern aufgeschreckt werden. Während der ganzen Vorstellung rufen sie »Sandwichèt, Bebs!«. Bebs ist Pepsi für ein Volk ohne P. Hin und wieder gibt es ein kleines Handgemenge. Tantâwî weigert sich zu sagen, weswegen. Im Saal sitzen ausschließlich Männer – gut ein Viertel von ihnen schläft.

Nach der Pause schließt sich Ali als Mann ohne Vergangenheit dem organisierten Verbrechen an. Er bekommt ein Facelifting und bringt es durch Korruption zum Vizevorsitzenden einer Oppositionspartei. In dieser Rolle trifft er zu seinem Entsetzen auf Marwa, die mittlerweile als Journalistin arbeitet. Sie erkennt ihn nicht, bei der Vergewaltigung war er maskiert. Die beiden fangen ein Verhältnis an, und Ali lernt seinen kleinen Sohn kennen. Als Ali ins Parlament gewählt wird, holt das Schicksal ihn ein. Polizist Muhammed erkennt ihn im Fernsehen und informiert seine Vorgesetzten. Doch kurz vor seiner Demaskierung wird Ali niedergeschossen. Blutend liegt er in Marwas Armen und beichtet ihr alles. Weinend vergibt sie ihm. Ali stirbt.

Tantâwî ist von dem Film gerührt. Vergewaltigung muß mit der Todesstrafe geahndet werden, betont er. Denn die Tat traumatisiert das Opfer, und zudem verliert die Frau mit der geschändeten Jungfräulichkeit den Respekt ihrer Umgebung. Aber es kann nie und nimmer Alis Absicht gewesen sein, Marwa zu vergewaltigen. Eine Tragödie, daß er sie nackt antraf. Völlig zu Recht hat sie ihm also vergeben.

Zeit für einen westlichen Film. Eine Karateproduktion aus den Siebzigern: Gerechtigkeit um jeden Preis. Anderthalb Stunden lang kicken ein CIA-Agent und ein bissiges japanisches Fräulein deutsche Spione zusammen. Als die beiden Helden sich umarmen, schlägt Tantâwî die Hand vor die Augen. Meistens läßt der ägyptische Zensor in

westlichen Filmen ein bißchen nacktes Fleisch durchgehen: Arme und Unterschenkel. Diesmal sehen wir einen
BH. »Unser Herr verbietet uns den Anblick von nackten
Frauen«, sagt Tantâwî. »Wenn ich die Augen schließe, habe
ich keine Gedanken, die mich vom Studium ablenken.«

Der dritte Film handelt von einem gewissen Ahmed
'Abd al-'Azîz, der fünfundachtzig Minuten lang mit Drogen dealt, Frauen vergewaltigt und Sachen klaut. Am Ende
wird er von einem grundehrlichen Polizisten verhaftet,
doch die letzte Einstellung zeigt, wie er lächelnd in seinen
Mercedes steigt. Auf der Leinwand erscheint die Mittei-
lung: »Kurz nach der Festnahme von 'Abd al-'Azîz kam
ein Anruf des Ministeriums. Fünf Minuten später war Ahmed 'Abd al-'Azîz wieder ein freier Mann – dieser Film be-
ruht auf einer wahren Begebenheit.« Buhrufe aus dem Saal.
»Korruption ist ein großes Problem in Ägypten, und es ist
gut, daß Filmemacher dagegen protestieren«, sagt Tantâwî.
»Aber 'Abd al-'Azîz wird seinen verdienten Lohn schon
noch bekommen. Wenn der Liebe Herr ihn zur Rechen-
schaft zieht.«

Schon seit fünf Stunden kleben wir an unseren Sitzen,
aber ich will lieber nicht vorschlagen zu gehen. Tantâwî hat
mich ja eingeladen. So muß ich mitverfolgen, wie Chuck
Norris sich mit einer Bande Kinderpornoproduzenten an-
legt. Wie sehr ihn sein schwarzer Chef auch verwarnt, Bulle Chuck läßt es sich nicht nehmen, bei jeder Gelegenheit
Verdächtige fertigzumachen. Auch hat Chuck die Nase
voll von seinem Kollegen – schon wieder ein Neger, der
Dienst nach Vorschrift schiebt, nichts riskiert und, so wird
suggeriert, vielleicht sogar schwul ist. Tantâwî kichert. Als
sein Partner durch einen kleinen Unfall den Löffel abgibt,
brummt Chuck über seiner Leiche: »Deine Sorte hat Amerika noch nie was gebracht.« Zusammen mit seinem neuen
tapferen weißen Partner metzelt Chuck anschließend das

Porno-Imperium nieder, wobei Amsterdam noch ehrenvolle Erwähnung als Residenz des allerschlimmsten *Bad guy* findet. Drei Viertel des ausländischen Filmangebots in Ägypten handeln von Karatehelden, die Schurken zu Klump treten. Was für ein Bild westlicher Umgangsformen sollen die Ägypter sich daraus eigentlich machen?

Endlich stehen wir wieder draußen vor dem Kino. Ein Wort des Dankes weist Tantâwî zurück: Freunde bedanken sich nicht beieinander. Nach langem Drängen nimmt er wenigstens Geld für den Bus an. Sonst müßte er laufen, denn er hat alles für das Kino ausgegeben. Als der völlig überfüllte Bus kommt, spurtet Tantâwî hinterher. In der Kurve verringert der Bus die Geschwindigkeit, und mit einem ordentlichen Satz springt er auf. Mit einer Hand am Einsteigbügel hängend, winkt er mir noch zu. Dann wird er von hilfsbereiten Fahrgästen hineingezogen.

Das Nullsternehotel mit seinen Mücken, Fliegen, Flöhen und dem herzzerreißend aufheulenden Wassertank stellt meine gute Laune immer mehr auf die Probe. Ägypten kennt grob gesprochen zwei Arten der Unterbringung. Da gibt es zunächst die Vielsternekategorie, die sich so westlich wie möglich präsentiert. Klimaanlage, Zimmerservice und Swimmingpool, Minibar in den Zimmern und Nutten in der Lobby. In den Hotels der anderen Art übernachten »normale« Ägypter, wenn sie auf Reisen sind. Die Ausstattung der Zimmer ist schlicht, mit gemeinschaftlichem Bad und Klo, manchmal mit einem Ventilator. Sie sind um ein Fünfzigfaches billiger als Zimmer in einem Sternehotel, und man trifft dort oft interessante Leute. Zudem kann man sich einbilden, dort das wahre Ägypten kennenzulernen. Doch nach ein, zwei Monaten vergeht einem irgendwann der Spaß, und ich sehe mich vor die Frage gestellt: Wie findet man in Kairo eine Wohnung?

Die eine Möglichkeit wäre, zum *simsâr* zu gehen, einem Makler für möblierte Appartements. Der Haken ist, daß sie saftige Gebühren berechnen und häufig mit dem Vermieter unter einer Decke stecken. Sie schlagen dreihundert Pfund auf die Miete auf und teilen sich den Gewinn. Die andere Möglichkeit ist, sich selber auf die Suche zu machen. »Wer ein Arschloch ist in Kairo, wird Hausbesitzer, und wer Hausbesitzer ist in Kairo, wird ein Arschloch.« Diese Weisheit stammt von Cameron, einem amerikanischen Studienkollegen. Camerons Vermieter schoß den Vogel ab. In Rechnung gestellte Geräte wie Klimaanlage, Fernseher und Video wurden nie geliefert. Dreimal entwendete er Geld aus Camerons Wohnung. Von diesem zur Rede gestellt, behauptete er, daß er die Wohnungstür offen vorgefunden hätte. Cameron müsse eben vorsichtiger sein, wenn er seine Wohnung verläßt. Der Höhepunkt kam, als Cameron auszog.

Gas, Wasser, Licht, Müllabfuhr und Telefon waren, so stellte sich heraus, doch nicht inklusive. Dazu kamen die Kosten für angeblich entstandene Schäden und für eine Putzfrau, die sich nie hatte blicken lassen. Kurzum: Die Kaution blieb, wo sie war, in der Tasche des Hausbesitzers. Zurückgelehnt auf der Couch, die Hände lässig hinter dem Kopf verschränkt, schaute der Hausbesitzer Cameron triumphierend an, als wollte er sagen: *Und was willst du dagegen unternehmen, Bürschchen?* Ein Gerichtsverfahren würde sich in Ägypten über Jahre hinziehen. Völlig ratlos rief Cameron seine Botschaft an, doch bis auf einen ägyptischen Telefonisten machten alle Mitarbeiter schon Feierabend. Der Telefonist erklärte ihm, daß die Botschaft sich normalerweise nicht um solche Fälle kümmerte, daß er aber gerne bereit wäre, sich als erster Botschaftssekretär auszugeben. Wer weiß, vielleicht könnte er etwas erreichen. Cameron gab den Hörer weiter an den Hausbesitzer, der kein Wort Englisch sprach, und sah, wie dieser während des folgenden Gesprächs verblaßte. Der Hausbesitzer zog seine Brieftasche und blätterte achtzig Zehnpfundscheine hin. Camerons Erleichterung schwand sofort wieder, als sich herausstellte, daß alle Scheine zerfetzt und damit wertlos waren. »Du hast sie mir selbst gegeben!« empörte sich der Vermieter. Ein weiteres Telefonat mit der Botschaft konnte auch dieses Mißverständnis klären.

Ich war also erleichtert, daß Tantâwî mir eine Wohnung besorgen konnte. Die Beziehungen zwischen Tantâwîs Familie und dem Vermieter würden derartige Unverfrorenheiten natürlich ausschließen. »Schorsch, der Sohn des Mannes ist ein alter Schulkamerad«, sagt Tantâwî, um mich zu beruhigen. Und tatsächlich gestaltet sich das Gespräch mit ʿAbd ar-Rahmân, dem Hausbesitzer, ganz locker. Die geräumige Neubauwohnung bietet einen bezaubernden Blick über Haram, das riesige Viertel zwischen dem westlichen Nilufer und den Pyramiden. Ich bin definitiv begeistert, als ich das Bad sehe. Es gibt sie! Eine westliche Kloschüssel.

Toiletten ägyptischer Machart sind mir denn doch ein zu abenteuerlicher kultureller Sprung. Ich bin hier, um möglichst wie die »normalen« Ägypter zu leben, aber es gibt auch Grenzen. In ägyptischen Toiletten gibt es kein Klopapier. Statt dessen ragt aus dem Wasser, in das die Exkremente plumpsen, ein Eisenröhrchen hoch. Mit dem Wasserstrahl, den man ihm entlocken kann, spritzt man die Poritze sauber. Hartnäckige Reste entfernt man mit dem linken Zeigefinger – daher wird ein Händeschütteln oder Schulterklopfen mit links als ziemlich unmanierlich empfunden. Ich habe zwei Versuche gewagt. Beim ersten Mal hatte ich vergessen, daß man das Wasser vorher eine Weile fließen lassen sollte, da immer ein Teil der Exkremente auf der Öffnung des Röhrchens liegenbleibt. Dann spritzt man eben alles dahin zurück, wo es herkam. Beim zweiten Mal schoß plötzlich soviel Wasser aus dem harmlosen Röhrchen, daß ich bis zu meinem Bauchnabel pitschnaß war. Mit triefender Hose aus der Toilette zu steigen und dabei ein Pokerface aufzusetzen, das schaffe ich einfach nicht. Allah sei deshalb gepriesen, daß ich diese Experimente in der Abgeschiedenheit meines Hotels durchgeführt habe, wo ich mich unbemerkt von der Toilette auf dem Flur zurück in mein Zimmer schleichen konnte. Seitdem schleppe ich immer und überall Klopapier mit mir herum. Übrigens finden viele Ägypter den Toilettenbesuch westlichen Stils genauso unhygienisch wie ich den ägyptischen. Sie sind der Meinung, daß man die Chose mit Klopapier nicht bereinigen könne.

Mit einem freundschaftlichen Händedruck besiegele ich die Einigung mit 'Abd ar-Rahmân. Ohne Gasherd, Fernseher, Möbel und Telefon wirkt die Wohnung zwar etwas nackt, aber das wird morgen, spätestens übermorgen behoben sein. Ein bißchen schmerzt das Fehlen einer warmen Dusche.

Zu unserem nächsten Treffen kommt Tantâwî zum ersten Mal zu spät. Er entschuldigt sich tausendfach für sein »undemokratisches Benehmen«. Er war bei dem Scheich, der ihn von seiner italienischen Brieffreundin kuriert hat. Mit vier anderen jungen Männern führt Tantâwî bei diesem Mann jeden Freitag ein Gespräch über den Islam. Zwei aus der Gruppe haben ein Motorrad. Nach der Predigt steigen sie zu fünft auf und fahren zu einer Moschee, jede Woche zu einer anderen. Tantâwî hat sich verspätet, weil sie in einem Stau festsaßen.

Ich frage, was er mit »undemokratischem Benehmen« meint. »Demokratie ist der gesittete Umgang zwischen dem einen Menschen und dem anderen. Ist dieser Umgang demokratisch, ist es die Gesellschaft ebenfalls. Leider hat Ägypten momentan keine Demokratie, weil westliche Gesetze gelten, und nicht das islamische Recht, die scharia.« Westliche Gesetze sind das Werk von Menschen, und Menschen machen Fehler, so Tantâwî. Die scharia dagegen komme von Allah. »Stell dir vor, jemand hat einen Mord verübt«, sagt Tantâwî. »Aus der Anwendung des einschlägigen scharia-Artikels ergibt sich dann immer ein gerechtes Urteil. Die scharia ist ja der Wille Allahs, und Er ist gerecht. Außerdem erstreckt sich die scharia auf alle Aspekte des menschlichen Lebens, denn wie könnte der Unfehlbare etwas vergessen?«

Ich frage ihn, ob er den Westen für demokratisch hält. Tantâwî nickt. Aber im Westen gelten doch von Menschenhand geschriebene Gesetze? »Das ist eine hübsche Frage, Schorsch«, lobt mich Tantâwî. Er hält einen leeren Teebecher hoch. »Stell dir vor, ich gieße hier Wasser rein, und mehr Wasser, und immer mehr. Was passiert dann? Der Becher läuft über. Das gleiche gilt für eure Demokratie. Im Westen gibt es davon zuviel. Männer können Männer heiraten, Menschen essen Schweinefleisch, trinken Alkohol …«

Ist das nicht jedermanns freie Entscheidung? Er schüttelt den Kopf. »Diese Leute folgen ihren niederen Instinkten und Bedürfnissen, ohne darüber nachzudenken, ob es gut oder schlecht ist, was sie tun. Wenn ein Drogensüchtiger in Westeuropa die Freiheit fordert, Drogen nehmen zu dürfen, ist das dann sein gutes Recht? Wir nennen das nicht Freiheit, sondern Selbstzerstörung.« ʿImâds Ablehnung der Demokratie als ein westliches, kolonialistisches Instrument hält Tantâwî für Unsinn. »Das ist ein ziemlich dummer Bekannter, den du da hast. Das meint er nur, weil dîmûqrâtiyya aus dem Englischen stammt. Aber der Islam schaut nicht auf die Herkunft der Dinge, sondern darauf, ob sie gut sind. Die Demokratie ist etwas Gutes. Vor allem

Amerika ist demokratisch. In Ägypten und in Europa darf man zwar Kritik äußern, aber nur an anderen Ländern. Gestern habe ich von einem Amerikaner gelesen, der seinen eigenen Präsidenten schonungslos angegriffen hat. Großartig! Deshalb begrüße ich es, wenn westliche Firmen nach Ägypten kommen. Sie lehren die Ägypter, sich zu benehmen, pünktlich zu sein und hart zu arbeiten. Sie setzen der Korruption ein Ende und befördern das Gute.«

Tantâwî leidet nicht darunter, daß sein Land das islamische Recht nicht anwendet. »Solange ich es in meinem eigenen Leben anwende, verspüre ich große Ruhe. Ich respektiere meine Umwelt, behandle alle demokratisch, und deshalb bin ich glücklich.« Und was ist mit den Gruppierungen, die die *scharia* mit Gewalt durchsetzen wollen? Er schaut mich verwundert an. Die Fundamentalisten, die auf die Polizei, auf Christen und westliche Touristen schießen … »Ach so!« ruft Tantâwî. »Die Terroristen! Die haben überhaupt nichts vom Islam verstanden. Wenn man eine Situation nicht versteht, dann beurteilt man sie falsch und handelt ungerecht. Die Tatsache, daß diese Leute Unrecht tun, ist der Beweis dafür, daß sie den Islam nicht verstehen. Sie wollen den Islam auch nicht verstehen, sie sind verblendet und dürsten nur nach Macht.«

Wir trinken noch eine Tasse Tee. Ich bemerke, daß dies unser erstes Gespräch über Politik ist. »Ich bin ein Mann, der sich auf sein Studium konzentriert«, lächelt Tantâwî bescheiden, »die Politik ist nicht mein Ding. Wenn du dir ein Theaterstück anguckst, kletterst du dann auf die Bühne, um mitzumachen? Mit der Politik ist es das gleiche.« Wird er zur nächsten Wahl gehen? Er schüttelt verneinend den Kopf. »Ich weiß nichts über die Kandidaten. Die können von mir aus alles mögliche versprechen, aber werden sie sich daran halten? Ich unterstütze alles, was recht ist. Im übrigen finde ich es nicht gut, sich hinter nur eine Partei zu stellen. Die Parteien bilden einen Staat im Staate.« Ich schaue erstaunt auf. »Manche behaupten, die Demokratie sei ein Mehrparteiensystem.« Er kichert und sagt: »Demokratie ist Meinungsvielfalt, nicht Parteienvielfalt! Auf einem Schiff gibt es doch auch nur einen Kapitän?«

Unter der blassen Herbstsonne tuckert einige Tage später ein überfülltes und bedenklich an Metallermüdung erkranktes Schiffchen über den Nil. Wir fahren nach al-Qanâtir, dem beliebtesten Ausflugsziel der Kairoer. Die Fahrt wurde von Tantâwîs Azhar-Universität zum Auftakt des Sommersemesters organisiert. Tantâwî meinte, es wäre nett, seinen niederländischen Freund mitzunehmen, damit er gleich seine Freunde kennenlernen kann. Und die ihn.

Ich bin sehr gespannt auf Tantâwîs Freunde. Die Azhar-Universität gehört zur Azhar-Moschee, der wichtigsten religiösen Einrichtung der Sunniten. Von grob geschätzten achthundert Millionen Muslimen weltweit sind etwa achtzig Prozent Sunniten und zwanzig Schiiten. Die Unterschiede sind hauptsächlich theologischer Art, Angehörige der verschiedenen Glaubensrichtungen können jeweils in den Moscheen der anderen beten. An der Azhar-Universität, der ältesten der Welt, finden sich Muslime aus aller Welt ein, um den Koran zu studieren. Bei dieser Schrift handelt es sich ja um Gottes unverfälschtes, unübersetzbares Wort – Beten geht deshalb auch nur auf arabisch. Der Lehrplan besteht zu einem Viertel aus Koran-Seminaren, und im Unterschied zur Universität von Kairo, an der ich mich immatrikuliert habe, findet der Unterricht nach Geschlechtern getrennt statt. Nur Muslime werden zur Azhar-Universität zugelassen. Viele Journalisten und Wissenschaftler halten sie für eine Hochburg des Fundamentalismus. Azhar-Gelehrte bezeichnen Hamas-Selbstmordattentäter als »Märtyrer«, betrachten die Beschneidung von

Frauen als unerläßlich und würden die Hinrichtung des wegen Abtrünnigkeit verurteilten Korangelehrten Abû Zayd begrüßen. Was steht zu erwarten, wenn Jugendliche aus den ärmsten Vierteln von solchen Scharfmachern unterrichtet werden? Im Falle Tantâwîs ein bescheidener und gewissenhafter Student, doch vielleicht bildet er auch bloß die Ausnahme, die die fundamentalistische Regel bestätigt.

Während ich allen Mitreisenden auf dem Schiff vorgestellt werde, gondeln wir dahin und lassen allmählich die Stadtgrenze hinter uns. Dicke Schwaden Nilnebel versperren die Aussicht auf die Lehmhütten an den Ufern. Wenn ich dem Reiseführer glauben darf, wohnen dort Bananenbauern, deren Lebensweise sich in den letzten siebentausend Jahren kaum verändert hat. Nur bauen sie seit 1800 Jahren keine Pyramiden mehr. Alle auf dem Schiff haben sich in Schale geworfen. Haargel, blankgeputzte Schuhe und Make-up. Aus großen Taschen zaubern die Mädchen Sandwiches, Süßigkeiten und Getränke hervor. Die Jungen vertreiben die Zeit mit Singen und werfen mit Papierkügelchen. Mitgebrachte Kassettenrecorder produzieren eine Kakophonie von Klängen, alle paar Sekunden blitzt eine Kamera. Muhammed-Bärte erkenne ich keine.

Aus einem Lautsprecher auf dem Deck erklingt eine laute Stimme: »Im Namen Allahs, dem barmherzigen Erbarmer.« Dann setzt die Band ein. Die Musik ist aufpeitschend, und die verschleierten Mädchen schunkeln und klatschen auf den Bänken, bis das ganze Boot ins Schaukeln gerät. Auf dem Unterdeck fordern die Jungen sich gegenseitig zum *dirty dancing* auf. Unterleib reibt sich an Unterleib, Oberkörper neigen sich einladend nach hinten.

»Gibt es bei euch auch Schwule?« scheint mir jetzt eine geeignete Frage an Tantâwî zu sein. Freundlich lächelnd erklärt er es mir noch einmal: »Homosexuelle gibt es im Westen, hier ist sowas *harâm*! Verboten!« Die Tänzer können sich im übrigen sehen lassen. Was für gelenkige Körper – das ständige Beten, Sichverbeugen und In-die-Knie-Gehen hat offenkundig Vorteile. Alle lachen, flirten und essen. Singen und tanzen, ist das überhaupt erlaubt? Tantâwî grinst. »Schorsch, sei doch nicht immer so ernst. Wir dürfen uns auch mal austoben. Heute abend gleichen wir das wieder aus mit einem extra Gebet.«

Wir sind da. Bei al-Qanâtir geht der Nil ins Delta über. Ägyptische Könige und die Engländer haben an dieser Stelle einen Komplex von Staudämmen, den »Barrage du Nil«, gebaut. Es gibt Fußballplätze, herrliche Gärten und einen Vergnügungspark. Dieser ist das Ziel unserer Fahrt. Beim Aussteigen laufen wir einem Haufen kleiner Burschen in die Arme, die meterlange Zuckerrohrstengel zum Kauen verkaufen. Ein Stück weiter warten die Esel-, Pferde- und Fahrradverleiher schon ungeduldig darauf, die Schiffsladung Kunden zu empfangen. Ägypter in der Rolle von Touristen, für mich ein ungewöhnlicher Anblick. Ausflügler passen nicht in mein Bild der dritten Welt.

Der Vergnügungspark mit Schaukel, Rutsche, Wippe, Punchingball und Schießbude ist etwa so groß wie drei Tennisplätze. Am Rand dreht sich um ein zehn Meter hohes Gerüst ein großer Reifen aus Stahl, an dessen Speichen eiserne, wackelige Schalen aufgehängt sind – das Riesenrad. Im Gartenrestaurant sitzen die Mädchen links, die Jungen rechts. Nur wenige trauen sich jeweils auf die andere Seite. Ununterbrochen werden verstohlene Blicke ausgetauscht. Die Mädchen richten verführerisch ihre Kopftücher, die Jungen stoßen ihre Nachbarn an und winken. Tantâwî macht eine Handbewegung. Los, signalisiert er, dieses Herumflirten ist zu nichts gut. Wir spazieren am Nilufer entlang und bewundern die unendlichen Schattierungen des Grüns.

Auf der Rückfahrt nach Kairo hat sich der Ansturm etwas gelegt. Alle wissen, daß der Fremde aus dem Westen zu Tantâwî gehört. Er strahlt. In einer ruhigen Ecke auf dem Unterdeck stehen wir am Geländer, das Kinn auf die Hände gestützt, und schauen über das Wasser. Es ist gegen halb fünf, der letzte Streifen roter Sonne verschwindet hinter den Palmen. Mitten in dieser Beschaulichkeit wird mir klar, woher das Unbehagen rührt, das mich den ganzen Tag nicht losgelassen hat: Ich habe in der letzten Nacht geträumt, daß mein Vater im Sterben lag. Während des ganzes Traums war ich dabei, unter Tränen vergeblich ein Tikket nach Holland zu buchen. Ich erzähle Tantâwî davon. Entsetzt dreht er sich zu mir um. »Das muß der Teufel gewesen sein«, erklärt er nach längerem Schweigen. »Alpträume und Träume mit einem sündigen oder bösen Inhalt werden dir vom Teufel in den Kopf gesetzt. Wenn mir so etwas passiert, lese ich immer im Koran.«

Was? Ich vergesse für einen Moment meinen sterbenden Vater. Sündige Träume kommen vom Teufel? Einen feuchten Traum führt Tantâwî auf den Satan zurück? Die grüne Uferlandschaft wechselt jetzt von Minute zu Minute die Farbe. Schweigend lassen wir das Schauspiel auf uns einwirken. In einem wackeligen Boot fischen vier Knaben im Nil, einer haut mit einem Brett auf die Wasseroberfläche, die anderen machen sich an einem Netz zu schaffen. Etwas weiter starrt ein Mann im Schneidersitz regungslos ans andere Ufer.

»Du liebst deine Eltern offenbar sehr, Schorsch«, sagt Tantâwî. »Das ist gut so, die Familie ist das Wichtigste im Leben.« Er zitiert einen Koranvers. »Wenn der Teufel mich mit dem Tod peinigt, vertraue ich auf Allah. Dieser gibt und nimmt, wenn die Zeit dazu gekommen ist.« Feierlich zitiert er einen weiteren Vers. Langsam erreichen wir wieder die Außenbezirke von Kairo. Tantâwî entschuldigt sich und geht hinauf aufs Oberdeck. Ich fühle, wie müde ich bin. Nach so einem Alptraum brauche ich Trost, keinen Koranvers.

Vom Oberdeck wehen mir Fetzen meines Lieblingssongs zu: *Riga'în,* »Wir kehren zurück«, von Ägyptens Megastar Omar Diyyâb – Omar der (Herzens)Schmelzer. Mit einem breiten Grinsen trippelt Tantâwî auf mich zu. »*Riga'în!* Um dich aufzumuntern.« Er lotst mich an der Hand mit nach oben. Bevor ich mich's versehe, lächle ich und klatsche zur Musik. Dem ausländischen Gast zu Ehren wird *Pump up the jam* angestimmt, aber das lassen sich die Azhar-Studenten nicht bieten. »*Baladak, baladak!*« skandieren sie, »eigenes Land«. Brav macht die Band sich wieder an die Schlager aus der Heimat. Studentengaudi in Kairo: feiern von zehn bis sechs. Tagsüber, wohlgemerkt.

Soll das jetzt, nach dem Zusammenbruch des Kommunismus, die neue Bedrohung des Westens sein? überlege ich im Taxi auf dem Weg in meine unglückselige Wohnung (noch immer fehlen Herd, Telefon, warme Dusche und Fernseher). Willy Claes, ehemaliger Nato-Generalsekretär, scheint jedenfalls dieser Meinung zu sein. Er bezeichnete den Islam, und insbesondere den Fundamentalismus, als den neuen Feind. In Holland hat man seine Äußerung lächelnd abgetan als fadenscheinige Legitimation für einen ausgedienten Verein. Hier aber schlug Claes' Bemerkung ein wie eine Bombe. Man stelle sich das vor, nicht die politische Führung, die Doktrin oder das Land der Menschen, sondern ihr Glaube wurde zum neuen Feind ausgerufen. Wie wird das bei den Muslimen angekommen sein, die gerade im Golfkrieg gesehen hatten, wie schlimm der Westen wüten kann? Und abgesehen davon, falls diese Azhar-Studenten die Hochburg unseres neuen Feindes bilden sollen, dann scheint mir, daß Herr Claes Gespenster sieht.

Gerade als ich glaube, daß mit Tantâwî klappen wird, was mit 'Imâd danebengegangen ist, taucht ein Problem auf. Ich rufe ihn aus einer Telefonzelle an und höre, daß aus dem für heute abend geplanten Treffen nichts wird. Diesmal kein euphorisches »Wie geht es dir, du hast mir gefehlt«. »Eine Familienangelegenheit, Schorsch.« Etwas Ernstes? »Ja, Schorsch, sehr ernst.« Schweigen. Ist es unhöflich, nachzubohren? Oder das Gegenteil?

»Ein Sterbefall, Schorsch.« Erneutes Schweigen. »Mein Bruder, Schorsch. Allah hat ihn zu sich gerufen.« Vorgestern war sein Bruder mit stechenden Brustschmerzen aufgewacht. Er hatte früher schon Herzprobleme gehabt, aber diesmal war es etwas anderes. Er rief seine Mutter, die ihn sofort durch die Gasse, über den Graben und die Bahngleise und durch das Loch im Zaun zur Hauptstraße und in ein Taxi schleppte. Krankenwagen sind langsam und teuer. Tantâwîs Bruder landete in Imbâba, ein Armenviertel wie sein heimatliches Bulâq – allerdings gibt es hier ein Krankenhaus.

Eine Stunde später war er tot, und innerhalb von vierundzwanzig Stunden war er begraben. Gerade lag er noch bei dir im Schlafzimmer, im nächsten Moment ist er hinüber. Hätte sein Bruder in einem besseren Krankenhaus gerettet werden können? Tantâwî wird es nie erfahren, aber ich halte es für unwahrscheinlich, daß die überarbeiteten Ärzte sich mit einem unversicherten Herzpatienten aus einem Elendsviertel allzuviel Mühe gegeben haben.

»Allah habe ihn selig«, sagt Tantâwî. »Er hat immer seine Gründe, wenn er jemanden zu sich nimmt. Wer weiß, welche Leiden meinen Bruder sonst noch alles erwartet hätten.« Tantâwî muß an den ausführlichen Trauerfeierlichkeiten teilnehmen, also werden wir uns in den nächsten drei Wochen kaum sehen können. Allerdings wäre ihm sehr damit geholfen, wenn er sich meinen Kassettenrecorder ausleihen dürfte – für sein Studium soll er ein Band mit einem Radio- und Fernsehprogramm zusammenstellen. Er möchte nicht hereinkommen. Ich nicke verständnisvoll, händige ihm den Recorder aus, und mit einem kurzen Gruß verschwindet Tantâwî wieder im finsteren Treppenhaus. Ein bißchen schmerzt es mich schon, daß ich nicht zur Beerdigung eingeladen bin.

Es vergehen Wochen, bis ich Tantâwî wiedersehe. Während dieser Zeit bin ich tief unglücklich. In bester Kairoer Hausbesitzertradition habe ich immer noch kein Telefon, keinen Herd, keine warme Dusche und keinen Fernseher. Das Hochhaus, in dem sich meine dürftig isolierte Wohnung befindet, ist unbewohnt, bis auf den Hundebesitzer über mir. Ich will Tantâwî nicht damit behelligen. Die Trauer nimmt ihn völlig in Anspruch, sagt er, als ich ihn anrufe. Manchmal habe ich nur seine Mutter am Apparat, die mir erzählt, er sei gerade zum Sport gegangen. Oder ins Kaffeehaus. Habe ich einen Fehler gemacht?

Wie auch immer, ich hätte gerne meinen Kassettenrecorder wieder und forciere ein Treffen. Ich ertrage es nicht länger, für meine Unterhaltung auf den ägyptischen UKW-Funk angewiesen zu sein. Ich habe die Schnauze voll von dem Nachrichtensender mit seinen endlosen Regierungsmitteilungen, Propagandasendungen, medizinischen, wissenschaftlichen und historischen Informationen und den Gesprächen mit Hörern über die Schönheit des arabischen Kulturguts. Zum Gähnen ist das Koranradio mit seinen pausenlos ausgestrahlten Vorträgen und Kommentaren. Richtig krank werde ich vom Jugend- und Sportsender, der Zuhörer mit einer schwindelerregenden Menge Erkennungsmelodien zuschüttet. Bei den beiden fremdsprachigen Rundfunkstationen schließlich läuft zuviel schief, als daß man sie in Ruhe genießen könnte. Regelmäßig herrscht mitten in den deutschen, französischen oder englischen Nachrichten für eine Viertelstunde Funkstille. Oder sie spielen eine Stunde lang ein und dasselbe Lied. Die arabischsprachigen Sender werden von Gebetsaufrufen unterbrochen, während für eine Ansprache von Mubârak alle Stationen gleichgeschaltet werden. Nur nachts lohnt es sich, Radio zu hören, dann gibt es Hörspiele oder auch Diskussionen mit Zuhörern: einfache Ägypter, die von ihren Sorgen und Glücksmomenten reden.

»Schorsch, etwas Schreckliches ist passiert. Ich schäme mich in Grund und Boden. Selbstverständlich komme ich für den ganzen Schaden auf.« Nervös fährt er sich mit der Hand durchs Kraushaar. »Es war ein Unfall.« Schnell geht er in die Küche. Wir sitzen im Zimmer seines Cousins, der in Saudi-Arabien als Fahrer arbeitet. Vorläufig möchte Tantâwî nicht in dem Zimmer schlafen, wo sein Bruder lag. »Es war mein kleiner Bruder«, sagt er, während er den Tee serviert. Vorsichtig nimmt er einen Karton. »Ich zahle natürlich alles.« Er ist ein einziges Nervenbündel und schüttet meinen Tee voll mit Zucker. »Auweia!« Er schlägt sich vor den Kopf. »Jetzt habe ich dir auch noch den Tee versaut. Ich hole dir einen neuen.«

Ein winzig kleiner Sprung unten rechts. Tantâwîs kleiner Bruder hat den Recorder umgestoßen. Am liebsten würde ich ausrufen: »Tantâwî, lieber Idiot, was juckt mich so ein Kratzer!«, aber das klingt womöglich zu protzig und gönnerhaft. Also sage ich, daß wir, wenn er noch funktioniert, nicht mehr darüber reden wollen. Erleichtert drückt Tantâwî die Play-Taste. Korangesang füllt den Raum. Wir holen beide tief Luft, und es wird wieder so gemütlich wie früher.

4 Ein guter Mann
schlägt manchmal seine Frau

»Du hast also schon mal eine Frau nackt gesehen?«

Ich schätze ihn auf Ende zwanzig. Er verkauft Tee am Flughafen, und während sein Kollege Wechselgeld holt, halten wir ein Schwätzchen. »Komplett?« Er hält die Hände vor die Brust und macht eine Bewegung nach unten. Wie kommt man mit dem Typen vom Teestand bloß auf nackte Frauen? Das ist gar nicht so schwer. Meine ägyptischen Altersgenossen sind durchaus bereit, mit mir über ihre Ideale zu reden, zum Fundamentalismus haben sie eine Meinung, und in der Tat, das Tagesgeschehen ist ihnen wichtig. Doch was sie wirklich beschäftigt, ist Liebe, Beziehungen und Sex. Als ich erzähle, daß ich eine holländische Freundin abhole, die auf der Durchreise für einen Tag in Kairo landet, drängt sich die Frage bald auf.

»Wirst du es mit ihr treiben?« Meine Antwort, daß niederländische Männer und Frauen auch einfach Freunde sein können, entlockt ihnen ein verschmitztes Grinsen. So ein weißer Lustmolch. Man kann es ihnen auch nicht erklären, stelle ich immer wieder fest. In Ägypten gibt es so etwas wie eine »nichtkörperliche Freundschaft zum anderen Geschlecht« schlicht und ergreifend nicht. Wenn ein Mädchen sagt, sie möchte mit einem nur befreundet sein, bedeutet das nur, daß sie nicht so einfach rumzukriegen ist.

Da braucht es dann noch ein paar Geschenke und Schmeicheleien.

Das Flugzeug hat Verspätung, also sage ich: »Ich habe nicht nur nackte Frauen gesehen, ich habe es auch schon mal gemacht!« Ich werde plötzlich von Neugierigen umringt. Gehen die Holländer wirklich mir nichts, dir nichts miteinander ins Bett? Liegen die Frauen nackt am Strand, wie auf dem Präsentierteller, und was macht man da? Ob ich was organisieren kann? In der Ankunftshalle wird mein Gast belagert. Als ich sie zur Begrüßung auf beide Wangen küsse, erklingt am Teestand Applaus. Für einen Kuß in der Öffentlichkeit kann man in Ägypten verhaftet werden – auf Zusammenleben ohne Trauschein steht Gefängnisstrafe. Auf der Taxifahrt zu meiner Wohnung kriegen wir uns nicht ein vor Lachen. Natürlich sind alle Kulturen gleichberechtigt, und wir haben davor einen Heidenrespekt, aber ist die sexuelle Apartheid nicht einfach zu dumm? Jedenfalls verpaßt man so die wunderbarsten Freundschaften. In der festen Überzeugung, sexuell erwachsene Jugendliche zu sein, preisen wir die holländische Heimat und loben einander über den platonischen Klee. Später in dieser Nacht überdenke ich die Dinge in meinem großen kalten leeren Bett. Erst dann fällt mir ein, daß ich am Teestand mein Wechselgeld gar nicht bekommen habe.

In der nagelneuen Mubârak-Bibliothek lerne ich gerade Vokabeln, als ich mit Maher und Hazem Bekanntschaft mache. Durch sie werde ich in eine *schilla* eingeführt. Der harte Kern der *schilla*, sowohl Jungen als Mädchen, kennt sich noch aus der Schule. Sie studieren an verschiedenen Fakultäten und treffen sich nach dem Unterricht unter der Kuppel auf dem zentralen Platz. Maher ist ein vierundzwanzigjähriger Erstsemester der Soziologie und wird der Grübler genannt. Zuvor arbeitete er als T-Shirt-Verkäufer und bei einem Forschungsinstitut, über das er sich in Schweigen hüllt. Hazem ist zweiundzwanzig, steht kurz vor Abschluß seines Jurastudiums und bezeichnet sich als Liberalen. Er ist ein bulliger Kerl, mißt einen Meter neunzig und wiegt über hundert Kilo. Dabei ist er geschmeidig wie ein Gummiband, was sich durch seinen schwarzen Gürtel in Kung-Fu erklärt. Hazem kleidet sich ordentlich, aber unauffällig, trägt einen kleinen, viereckigen Schnurrbart und sehr kurze Haare. Er engagiert sich in der Liberalen Partei, der er seinen Spitznamen verdankt. Hazem und Maher stammen beide aus Haram, dem Viertel, in dem auch meine erbärmliche Wohnung liegt (immer noch ohne Telefon, Herd, warmes Wasser, Fernseher und Möbel). Nur wohnen sie acht Kilometer von mir entfernt.

Über die *schilla* lerne ich endlich auch Frauen kennen. 'Imâd und Tantâwî hielten sich von Liebe, Sex und Beziehungen fern. Gilt das etwa für alle jungen Ägypter?

Die ganze *schilla* möchte das weiße Kuriosum kennenlernen, und es folgt eine chaotische Befragung. Alle stellen ihre Fragen auf einmal, und jeder fordert Antworten, auch wenn ich noch mitten in einer anderen Geschichte stecke. Die Mädchen lassen sich von den Jungen übertönen. Bist du Muslim? Haßt du den Islam? Welche Sprache sprechen die Menschen in Holland? Was hältst du von Ägypten, Israel, den USA, Mubârak, dem Golfkrieg? Sind die Niederlande ein Industrieland oder ein Agrarstaat? Warum hast du Ägypten für deinen Auslandsaufenthalt gewählt? Maher und Hazem machen ein zufriedenes Gesicht. Der Kontakt zum fast einzigen Studenten aus dem Westen läuft nur über sie. Ein freches Mädchen, Dalya, erhebt ihre Stimme: »Männer und Frauen gehen im Westen anders miteinander um, oder? Bei uns ist das 'aib, eine Schande. Hier hat man nur eine Liebe in seinem Leben.« Hazem fragt mit seinem Brummbaß: »Joris! Hast du eine Freundin in Holland?«

Atemlose Stille.

»Ja, hatte ich, bis vor kurzem.« Eine neue Flut von Fragen prasselt auf mich nieder. Ist das normal? Wußte ihr Vater davon? Werden wir heiraten? Ich erwidere, daß wir Schluß gemacht haben, wir haben uns zu kurz vor meiner Abreise kennengelernt. »Habt ihr euch denn nicht geliebt?« fragt Hazem verdutzt, während er ein Päckchen Zigaretten herumgehen läßt. Er bietet sie nur den Jungen an, denn ein anständiges ägyptisches Mädchen raucht nicht. Ich sage, daß wir uns zwar nett fanden, aber aufgrund von zwei schönen Wochen ein Jahr lang aufeinander zu warten … Dalya schnauft: »Ägypter warten zehn Jahre, wenn es sein muß! Was du machst, hat nichts mit Liebe zu tun, das ist ja wie bei den Affen. Ihr seid wie Roboter, mal eben zusammen, dann trennen sich eure Wege wieder.«

»Dalya *'aib*«, weist Hazem sie zurecht. »Du bist ein Mädchen.« Dalya errötet. »Wenn sie in einem Jahr mit einem anderen zusammen ist«, fährt Hazem fort, »dann bist du natürlich total wütend?« Jemand aus der Gruppe möchte mit mir reden, aber Hazem versperrt ihm den Weg. Zuerst die Antwort. »Was? Du meinst, *wütend* ist nicht das richtige Wort?« wiederholt er ungläubig, »du wärst eher *betrübt*?« Die *schilla* schüttelt mißbilligend den Kopf. »Betrübtheit bedeutet Schwäche«, ruft Hazem. »Wenn eine Frau dich verläßt, bist du rasend, wütend, außer dir.« Die Mädchen nicken zustimmend. Ein schwacher Mann ist kein *Mann*.

Nach einer erschöpfenden Stunde nimmt Maher mich für eine »dringliche Angelegenheit« zur Seite. Wir wandern über das großzügige Universitätsgelände. Zwischen den Gebäuden fahren Autos im Schrittempo. Mit endlosen Schläuchen sprengen Gärtner die Rasen. Boden und Klima sind in Ägypten so günstig, daß zu jeder Jahreszeit Pflanzen und Bäume blühen. »Wirklich?« Er sieht mich fassungslos an. »Innerhalb von zwei Wochen geben sich holländische Mädchen hin? Was? Du hast gleich in der ersten Nacht mit ihr geschlafen?« Er wischt sich ein paar Schweißperlen von der Stirn. So etwas ist hier unmöglich, erzählt er kopfschüttelnd. Es stellt sich heraus, daß er – Hurra! – eine Freundin hat, Gihân. In den zwei Jahren, die sie mittlerweile zusammen sind, hat er einmal ihre Hand gehalten, auf der Nilbrücke. Sie ist achtzehn, sechs Jahre jünger als er. Gihâns Eltern wissen nichts davon. Würde ihre Liaison entdeckt, könnte Maher eine Heirat vergessen – Gihân würde jeder weitere Kontakt untersagt, aus Furcht oder auch nur, um den Eindruck zu vermeiden, sie könnte ihre »Ehre« verloren haben. Jetzt zu heiraten ist undenkbar: Maher besitzt keinen Piaster. Etwa alle zwei Wochen schleicht sich Gihân unter einem Vorwand aus dem Haus. Wenn ihre Eltern nicht da sind, ruft sie ihn an, aber Maher hat kein Telefon, also wird es ziemlich umständlich. Meistens sagt sie Hazem telefonisch, wann sie wieder zurückrufen wird. Hazem holt dann Maher, und zusammen warten sie anschließend in Hazems Zimmer ab. Natürlich kann noch alles mögliche dazwischenkommen, und so passiert es regelmäßig, daß Gihân doch nicht anruft. »Das sind schlimme Abende«, sagt Maher traurig.

Manchmal kann er nicht an sich halten und ruft sie bei Hazem oder aus einer Telefonzelle an. Wenn seine Geliebte abhebt, überschüttet er sie mit romantischen Lobpreisungen. Sie tut so, als würde sie mit einer Freundin sprechen, wobei sie peinlichst auf die richtige Duzform achtgeben muß, denn das Arabische kennt eine weibliche und eine männliche. Wenn ihre Eltern ans Telefon gehen, murmelt Maher »falsch verbunden«. »Schon mindestens zehnmal habe ich, ohne daß sie es wußten, mit meinen zukünftigen Schwiegereltern gesprochen«, kichert er.

»Siehst du, wie schizophren unser Leben hier ist?« fährt er mit plötzlicher Heftigkeit fort. »Glauben diese Eltern wirklich, daß ihre Tochter sich nicht mit Jungen trifft? Wie haben sie sich denn kennengelernt? Aber lieber machen sie sich selbst was vor, mit der Folge, daß junge Leute den Schluß ziehen, es sei erlaubt oder gar empfehlenswert zu flunkern.« Mit seinem Turnschuh kickt er gegen einen Kieselstein. Bis sie heiraten, wird es wohl bei Händchenhalten bleiben, erwartet Maher. Gihân achtet sehr auf ihre Ehre, und da gibt Maher ihr recht. Ein Mädchen, das in Ägypten ihre Jungfräulichkeit verliert, ist so gut wie geliefert. Kein Mann würde sie noch wollen. »Stell dir vor, mir würde etwas zustoßen. Dann könnte sie nie einen anderen heiraten. Es ist ein Beweis meiner Liebe, nicht mit ihr zu schlafen.« Er lächelt verschämt. »Wenn sie mich dazu drängen würde? Schwierig, ich habe schließlich auch meine Hormone.« Nach einer Pause sagt er resolut: »Nein, das Risiko wäre für sie zu groß.«

Zweimal in seinem Leben hat Maher »es« getrieben. Einmal im sauteuren Bordell und Kasino bei ihm um die Ecke. Das andere Mal saß er bei seinem Nachbarn und schaute fern. Da rief ein gemeinsamer Bekannter an mit der Nachricht, seine Eltern wären nicht da und er hätte eine Frau organisiert! Maher und sein Nachbar eilten zu ihrem Bekannten. Da dieser die Frau organisiert hatte, durfte er zuerst ran. Danach war Maher an der Reihe, dann der Nachbar. Die Nutte war von der Straße der Arabischen Liga aufgelesen worden. »Dort stehen die reihenweise«, sagt Maher teilnahmslos. »Manche machen es für Geld, andere für eine gute Mahlzeit. Es gibt sogar welche, die überhaupt kein Geld wollen. Die leben nun mal so. Unsere bekam eine Pizza. Kondome? Davon wird man impotent.«

Maher bestätigt, daß viele Ägypter, ledige wie verheiratete, zu den Huren gehen. Insgeheim, natürlich, und auch ich muß Mahers Eskapaden für mich behalten. »Da hast du wieder diese Schizophrenie! Viele tun es, jedermann weiß es, niemand redet darüber. Und während des Fastenmonats Ramadan werden die Bordelle und Kasinos geschlossen! Wenn man als Gesellschaft schon Prostitution erlaubt, sollte man sie immer in aller Offenheit erlauben.« Der Soziologiestudent in Maher kommt langsam auf Touren. »Diese Schizophrenie ist unser größtes Problem. Wir sprechen Dialekt, aber schreiben Hocharabisch. Wir sollten eigentlich fünfmal am Tag beten, tun es aber höchstens einmal.« Er kniet sich hin und schnürt die Schnürsenkel seiner abgetretenen Schuhe auf. »Oder die Universitätswahlen zum Beispiel. Die ganzen Studentinnen, die hier in knappen Jeans und engen T-Shirts den Typen hinterherrennen, wählen die Fundamentalisten. Und tragen während des Ramadans ein Kopftuch.« Beim Gedanken, daß Gihân von seinem Hurenbesuch erfahren könnte, kichert Maher nervös. »Sie würde zusammenbrechen. Ich bin ihr weißer Prinz, oi oi oi.« Er gibt zu, daß er ihr gegenüber manchmal etwas durchblicken läßt. »So setze ich sie unter Druck, damit sie wenigstens einen Tick weiter geht als Händchenhalten.« Mit Erfolg? *Zift!* Kein bißchen.

Da fällt ihm etwas ein. »Weißt du, wie dieser Freund heißt, der die Nutte organisiert hat? Islam! Das war sein Vorname!« Wir müssen beide lachen.

Am nächsten Abend gehe ich zu Maher, um *fatîr* zu essen, Pfannkuchen aus Öl und Blätterteig. »Moment«, bedeutet er, als wir vor seiner Tür stehen, und rennt hoch. Er sieht nach, ob seine Mutter nicht zufällig oben ist, denn sie fände es 'aib, wenn ich sie sehen würde. »So ist sie nun mal«, sagt Maher achselzuckend. Die Luft ist rein, und wir steigen die Betontreppe hinauf. Mahers Familie muß mit einer Witwenrente von hundertfünfzig Pfund auskommen, das Haus ist entsprechend spartanisch: kein Telefon oder warmes Wasser. Oben wohnen Maher und sein Bruder, unten seine Mutter. Das Treppenhaus hat kein Dach. Wenn es regnet, bringen sie ganz schnell die dort abgestellten Sachen in Sicherheit. Gut, daß es manchmal ein ganzes Jahr über nicht regnet.

Mahers Bruder Omar ist auch da. Er macht eine Ausbildung als Empfangschef an der Hochschule für Tourismus. »Wie findest du meine neue Frisur?« Er streicht mit den Fingerspitzen unsicher über die kurzgeschorenen Haare. »Schön? Gottlob, meine Mutter ist wütend. Ich sehe aus wie ein Amerikaner, meint sie.« Maher reibt sich die Augen. Als er von meiner unglückseligen Wohnungssituation erfuhr, bot er mir sofort an, bei ihm einzuziehen. Aber seine Mutter ist dagegen. Sie möchte keine Weißen in ihrem Haus. »Mama regt sich völlig umsonst auf. Ich sehe gar nicht aus wie einer aus dem Westen.«

Maher ist gerade aus dem Nildorf zurückgekehrt, wo seine Familie ursprünglich herkommt. Ein Onkel war gestorben, und da sein Vater tot ist, mußte Maher als ältester Sohn die Beileidsbezeugungen entgegennehmen. Für Trauerfeierlichkeiten errichten die Ägypter auf der Straße große rote Zelte. Ein *Imam* oder Vorbeter trägt Koranverse vor, während die Männer auf Stühlen sitzen und vor sich hin starren. »In Ägypten sind die Unterschiede zwischen Stadt und Land riesig«, erzählt Maher, während er Zeitungen auf dem Fußboden ausbreitet. Wir setzen uns auf den Boden, die Zeitungen bilden die Tischdecke. »Die Bauern sind so stur und konservativ, sogar die Religion kommt erst an zweiter Stelle nach ihren eigenen Traditionen. Ich halte es höchstens ein paar Stunden bei ihnen aus. Und jetzt will ich gar nicht mehr hinfahren.«

Vor fünf Jahren kam Mahers ältere Schwester mit Hamdi nach Hause, einem Buchhalter aus dem Nildorf. »Wir fanden ihn entsetzlich«, sagt Maher mit vollem Mund, »aber mein Vater sagte: ›Wenn du dir sicher bist, sind wir einverstanden‹. Hamdis Konservatismus paßte überhaupt nicht zu meiner Schwester, aber gut, wir beraten sie nur, am Ende entscheidet sie.« Erleichtert über die Zustimmung, begann seine Schwester die Verhandlungen mit Hamdi über Brautgeschenk, Wohnung und Ehering. Inzwischen hatte sie eine Stelle als Lehrerin gefunden – sie schien ausgesorgt zu haben. Bis ihre Schule einen Ausflug zu irgendeiner Ausgrabung organisierte. »Das kommt gar nicht in Frage«, sagte ihr Hamdi. »Ich will nicht, daß meine Zukünftige sich herumtreibt.« Sie bekamen einen Riesenkrach. Mahers Schwester fragte Hamdi, was er ihr alles noch zu verbieten gedachte, und da hatte es sich mit der Verlobung erledigt. »Wir waren natürlich froh«, lacht Maher, »so ein Typ in der Familie …« Aber sie waren ihn noch nicht los. Die Tradition verlangt, daß Hamdi bei jedem Sterbefall in Mahers Familie sein Beileid bekundet.

Und welche Frechheit hat Hamdi sich jetzt bereits zum zweiten Mal erlaubt? Wutschnaufend stopft Maher den Pfannkuchen in sich hinein. »Also, der stellt sich neben uns in die Reihe der Trauernden und nimmt mit unbeweglicher Miene die Beileidsbezeugungen entgegen. Aber uns gibt er nicht einmal die Hand! Indem er den trauernden Freund der Familie spielt, rettet er seine Ehre. Wir sind Luft für ihn.«

An der Fakultät warte ich zweimal vergebens auf einen Professor. Die Studenten finden es nicht schlimm. »Er hat bestimmt einen guten Grund.« Irritiert verlasse ich das Gebäude. Bei der *schilla* ist die Stimmung besser. Die Mädchen haben mich gestern in der Stadt gesehen. Wieso haben sie mich nicht gegrüßt? Empört schlagen sie die Hand vor den Mund. »Dich in der Öffentlichkeit grüßen? *'Aib!*« Der

Tag plätschert dahin mit Fußball, internationaler Politik, dem Islam und den wichtigsten Exportprodukten der Niederlande. Auf einmal finden wir uns in einem ausgewachsenen Mißverständnis wieder.

Hazems Blick fiel auf meine Mappe, aus der zufällig ein Brief aus Holland herausragt. »Was für witzige Briefmarken«, sagt er anerkennend. »He! Ist das da eine nackte Frau?« Staunend studiert er die Marke mit einem Standbild aus der freizügigen Literaturverfilmung *Türkische Früchte*. »Ist das normal?« Er reicht den Brief herum, aber nur unter den Jungs, denn anständige Mädchen wollen solche Dinge nicht sehen, 'aib. Hängen in Holland wirklich Plakate in den Straßen mit nackten Frauen? Hazem seufzt. »Kein Wunder, daß ihr soviel Aids und kaputte Ehen habt. Wer ist denn das?« fragt er und zeigt auf den Namen der Absenderin. Ich erzähle ihm, daß sie die Freundin meines besten Freundes ist. Alle glucksen vor sich hin, und Hazem tönt mit aufrichtiger Empörung: »Das ist ja niederträchtig, mit der Geliebten deines besten Freundes Briefe zu wechseln!« Als ich entgegne, dieser lese die Briefe ebenfalls und in Holland sei es nichts Ungewöhnliches, mit den Partnern seiner Freunde zu korrespondieren, läßt Hazem resigniert den Kopf sinken. »Ich glaube nicht, daß ich euch jemals auch nur annähernd verstehen werde.« Beifälliges Kopfnicken in der Runde.

Andersherum gilt das nicht weniger. So kann ich einfach nicht verstehen, daß die *schilla* nicht versteht, daß eine unverheiratete Frau aus freien Stücken mit jemandem ins Bett gehen könnte. Hure oder Jungfrau, das ist hier die Alternative. Ein erneutes fruchtloses Gespräch über diese Materie findet statt, als sich herausstellt, daß Maher die Geschichte von meinem Sommerabenteuer mit einer Schwedin aus dem Sprachkurs an Hazem weitererzählt hat.

»Also, ihr wart zusammen im Zimmer, und dann?« ruft Hazem aufgeregt. Ich schaue ihn mit einem fragenden Blick an. »Und dann habt ihr euch ausgezogen, was? Hat sie ihre Klamotten selber ausgezogen, oder hast du das gemacht?« Vergeblich versucht Maher, zu intervenieren oder wenigstens Hazems Lautstärke zu dämpfen. »Und dann?«

»Das hat er dir doch längst erzählt«, erwidere ich und zeige vorwurfsvoll auf Maher. Dieser schaut mich zerknirscht an. »Und dann habt ihr es miteinander getrieben?« Ich nicke zur Bestätigung, woraufhin Hazem eine Pirouette dreht und mit den Fäusten auf die Brust trommelt. »Und weiter?« Ich antworte weiter nichts, weiter verschnaufen, nach Luft schnappen und schlafen. »Nein, vorher, vor dem Schlafengehen.«

»Tja, da, da haben wir eben miteinander geschlafen.«

»Jaja, aber … wie?« Meine Güte. Will er jetzt hören, daß ich in sie eingedrungen bin? Er springt auf. »Du bist in sie eingedrungen! Wie ist es möglich? Daß sie das zugelassen hat!« Er möchte es doch genau wissen. »Du hast gesagt, sie hat es nicht für Geld gemacht?« »Nein, Hazem, wie oft muß ich dir noch erklären, daß im Westen Jugendliche, Männer und Frauen, manchmal, nicht immer und nicht mit jedem, freiwillig miteinander schlafen? Weil sie Lust haben und sich zueinander hingezogen fühlen?« Er nickt: Jaja, das hast du schon mal gesagt. »Schorsch, du bist doch mein Freund, oder?« Ich bejahe. »Sag mal ehrlich, wenn ich an dem Abend dabeigewesen wäre, hättest du sie dann mit mir geteilt?«

Die Sonne ist schon wieder hinter dem Horizont versunken, und Maher und ich bleiben als letzte übrig. Mit seiner Freundin Gihân gibt es Stunk, Maher ist schlecht gelaunt. Gestern mußte er arbeiten. Sein Chef ist immer noch nicht aufgetaucht, und Maher kam eine Dreiviertelstunde zu spät zu einem Treffen mit Gihân. Als er endlich da war, war sie schon wieder weg. Mindestens zehnmal hat er sie angerufen, aber immer bekommt er nur ihre Eltern an die Strippe. Heute morgen ist sie selber rangegangen, doch als Maher sich zu erkennen gab, legte sie sofort wieder auf. »Falsch verbunden.« Hazem rät zu einer Funkstille. Wenn Maher ihr so hinterherläuft, macht er sich zum Narren. Sie wird schon wiederkommen. »So läuft es immer«, sagt Maher gelassen. »Ägyptische Mädchen machen aus allem ein Problem. Du mußt dich wahnsinnig anstrengen, um ihre Liebe zu gewinnen. Je schwieriger, desto begehrenswerter. Wenn du sie dann heiratest, weißt du, daß du der einzige bist, schließlich war sie unmöglich rumzukriegen. Auch die Jungs wollen es so. Ein Mädchen, das sich ohne viel Aufhebens hingibt, verliert jeden Respekt. Die wird gleich wieder sitzengelassen.«

Ein Freund von Maher kommt auf uns zu: Ibrahim. Dieser junge Mann mit der arabischen Variante des Namens Abraham scheint Politische Wissenschaften im selben Semester zu studieren wie ich. Ich habe ihn noch nie gesehen. »Ich gehe prinzipiell nicht in die Vorlesungen«, sagt er. »Dort sitzen nur häßliche Mädchen. Ich mag keine häßlichen Mädchen.« Er lacht laut auf. »Siehst du den Typen neben dem Mädchen in dem engen T-Shirt?« bedeutet Ibrahim diskret. »Das ist mein bester Freund Muhammed. Das Mädchen ist seine Freundin. Jeden Tag befummelt er sie in seinem Auto. Sie glaubt, daß er sie heiraten wird, aber er will nicht, denn sie ist häßlich. Sie haben schon alles miteinander gemacht, nur nicht das eine. *Hiyya lissa ma-itfatta-hitsh*« – sie ist noch ungeöffnet. Ibrahim brüllt vor Lachen. Er erzählt, daß er im letzten Sommer bei einem Busunternehmer in Deutschland gearbeitet hat, der Reisen nach Zandvoort organisierte. Sein Vater arbeitet für EgyptAir in der Schweiz, so daß er ein Visum bekommen konnte. »Die

Mädchen!« strahlt er. »Leider habe ich sechzehn Stunden am Tag gearbeitet. Aber was für eine Augenweide.«

Hat er an der Uni irgendwelche Erfolge zu verbuchen? Schicksalsergeben schüttelt er den Kopf. »Siehst du das Mädchen dort?« Ich sehe eine bildhübsche Kleopatra, mit bernsteinfarbener Haut, kohlrabenschwarzem Haar und unschuldigem Blick. »Einmal saß ich mit ihr in der Bibliothek, wir lasen in derselben Zeitung. Ich sagte: Ich möchte dir etwas sagen, aber ich fürchte, du wirst mir böse sein. Darauf sie: Sag's doch. Aber ich sagte: Du wirst mich für ein Schandmaul halten.« Er unterbricht seine Geschichte und sagt: »So bereitet man in Ägypten eine Liebeserklärung vor.« Er fährt fort: »So ging es eine Weile hin und her, und dann sagte sie: Wenn du wirklich ein Schandmaul bist, dann werde ich sagen, sag so was nie wieder! Also sagte ich ihr: Du bist sehr schön. Weißt du, was sie antwortete?« Er wirft einen Blick rüber zu seiner Schönen. »Sag so was nie wieder!« Er kichert. »Sie grüßt mich nicht einmal mehr.« Andere Frauen? »Es gibt hier ein Mädchen, das in mich verknallt ist. Aber sie ist eine Kreuzung zwischen einem Drachen und einem Panzer.« Ibrahim zuckt mit seinen schmalen Schultern. Er bringt es höchstens auf sechzig Kilo.

Am nächsten Tag schwebt Maher wieder auf Wolke siebzehn: Seine Freundin Gihân hat ihm verziehen. Er hat eine Runde McDonald's springen lassen, nicht wie üblich eine *large coke*, sondern ein komplettes *happy meal*. »Ein Loch in meinem Geldbeutel«, seufzt er. »Normalerweise mache ich so was nur an Feiertagen.« Am Ende des Abends fragte Gihân, ob er an der Universität auch mit Mädchen redet. Seine Bejahung machte sie rasend. Er mußte ihr versprechen, nur noch mit Jungs umzugehen. Maher ist glücklich: »Das ist ihre Art zu sagen: Ich liebe dich. Eifersucht ist ein Liebesbeweis.«

97

Nichts ist, wie es scheint. Eine neue Seite von Liebe und Ehe lerne ich durch Herrn Ali kennen, einen kleinen Mann Anfang dreißig mit einer glänzenden Haut, Pausbacken und haselnußbraunen Falkenaugen. Er kleidet sich einfach, aber gepflegt, und verströmt eine unbedrohliche Art von Selbstvertrauen. »Herr Ali ist Journalist bei der Oppositionszeitung *al-Wafd*«, erzählt Hazem. Die *Wafd*-Partei geht zurück auf das Jahr 1922, als sie die nominelle Unabhängigkeit Ägyptens von den Briten erkämpfte. Seit 1977, als wieder politische Parteien zugelassen wurden, tritt die *Wafd* für wirtschaftliche Liberalisierung und Demokratie nach westlichem Vorbild ein. Wie die meisten Oppositionsparteien hat sie eine eigene Zeitung – Parteispitze und Redaktion sind kommunizierende Röhren. Im übrigen wird die *Wafd* selbst von einer einzigen Familie beherrscht, die die Abstimmungen auf Parteitagen mit ähnlichen Margen gewinnt wie Mubârak seine Präsidentschaftswahlen. »Habt ihr bei euch auch wirkliche Oppositionszeitungen?« fragt mich Hazem.

Herr Ali genießt sichtlich Respekt in der *schilla*. Obwohl sie ihn duzen, wird er *ustâz* genannt, eine Anrede, die sowohl Professor wie Herr bedeutet. Wenn er das Wort ergreift, schweigen die anderen. Wir tauschen Höflichkeiten aus, was sich etwas mühselig gestaltet, da Herr Ali sich höllisch komplizierter hocharabischer Redewendungen bedient – eine Weise, seine Gelehrsamkeit zur Schau zu tragen. Er löchert mich mit Fragen über Mubârak, Außenpolitik, Menschenrechtsverletzungen und andere Klippen, die ich wegen des angeblich omnipräsenten Geheimdiensts lieber umschiffe.

Als Herr Ali wieder gegangen ist, erkundige ich mich behutsam danach, was ein prominenter Oppositionsjournalist inmitten einer Gruppe unpolitischer, bettelarmer Studenten verloren hat. Ich habe aber wohl irgend etwas verpaßt. Außer Hazem sind jetzt plötzlich auch seine Kumpels Sâmih, Taufîq und Mustafa liberal. »Ein Liberaler lügt nicht«, sagt Sâmih feierlich.

Maher denkt sich seinen Teil. Ich hätte die Herren letztes Jahr sehen sollen! Da waren sie wie die Fundamentalisten. Schnurstracks von der Fakultät nach Hause, studieren, beten und ständig nur den Islam im Munde. Doch einmal Mitglied in der *schilla*, haben sie ihren Glauben, schwupp! – Maher tut, als würde er etwas fallenlassen – vergessen. »Den ganzen Tag waren sie hinter den Mädchen her«, erinnert er sich. »Und jetzt sind sie Liberale. Ich habe Taufîq gefragt, ob er denn belesen genug ist, um so eine Wahl zu treffen. Da hat er mir eine komplette Lektion in Geschichte erteilt, in genau den Worten, die Herr Ali benutzt hatte. Taufîq zufolge gibt es zwei Möglichkeiten. Entweder man ist liberal und demokratisch, oder man ist kommunistisch oder regierungstreu und gegen die Demokratie. Ich durfte es mir auswählen.« Er wischt den Schweiß von seinem Schnurrbart. »Das ägyptische Volk verfällt von einer simplen Lösung in die andere. Weißt du, was Begin, der ehemalige Präsident von Israel, zu sagen pflegte? ›Das Problem der Araber ist, daß sie nicht lesen.‹ Genau auf den Punkt. Taufîq und seine Kumpels lernen ein paar Parolen auswendig, und damit hat es sich.« Rekrutieren die Fundamentalisten ihre Anhänger auch so? Maher denkt nach. »Es gibt ernstzunehmende Leute wie ʿImâd. Aber die meisten stürzen sich da genauso blind rein.«

Am nächsten Tag ist Herr Ali wieder da. Er kommt, um über den Parteitag der Jungen Liberalen zu reden, der demnächst in Mansûra, im Nildelta, stattfinden soll. Sâmih wird dort einen Vortrag über Israel halten, Hazem einen über die Arbeitslosigkeit. »Du kommst genau pünktlich, oder?« tadelt Herr Ali Sâmih. Alle lachen, Sâmih ist nicht gerade ein Frühaufsteher. Herr Ali fängt vom neuen Bericht des Human Rights Watch an: Mit der Fortdauer des Ausnahmezustands wird die Situation in den Gefängnissen zunehmend unmenschlich, Tausende verbringen ohne Anklage Jahre in Untersuchungshaft. Was halte ich davon?

»Äh, ich müßte den Bericht erst einmal lesen«, versuche ich. Herr Ali sieht mich an. »Ich bin natürlich gegen Ungerechtigkeit«, sage ich schnell. »Ich bin froh, daß dich die Menschenrechte interessieren. Würdest du meine Verhaftung bei Amnesty International melden?« Nach meiner Bejahung gibt er allen die Hand und verschwindet. Kommt er nur, um den Parteitag zu besprechen? Hat er kein Telefon? Soll er doch in seiner Zeitung über diesen Human-Rights-Bericht schreiben, anstatt mich so komisch auszufragen.

Hazem und Sâmih müssen ihre Vorträge noch zu Papier bringen, und zusammen machen wir uns auf die Suche nach einer Schreibmaschine. Das Viertel rund um die Universität lebt ausschließlich von den Studenten. Saftbars, Fastfoodlokale, Läden mit Bürobedarf, Copyshops, ein Einschweißservice für Studentenausweise, der unvermeidliche Musikkassettenstand und Kaffeehäuser. Hier kann man auch handgeschriebene Dokumente abtippen lassen.

In einer Gasse landen wir bei einer in kanariengelb gehaltenen Spelunke. Das Rattern der uralten Maschinen bildet einen House-Beat, während nebenbei ein Band mit tierisch lauter Koranrezitation läuft. Hier ist es aber zu teuer. Die *Wafd* hat zwar versprochen, die Kosten zu übernehmen, aber man weiß ja nie. Eine Stunde lang suchen wir nach einem billigeren Anbieter. In einem Laden nach dem anderen, pflichtschuldig ein Schwätzchen halten, verhandeln, und auf zum nächsten. Es ist warm und staubig. Als Hazem sich mit einem Papiertaschentuch über die Stirn wischt, ist es plötzlich voller grauer Streifen. »Das wird alles nichts«, sagt Sâmih und zündet sich gelassen eine Zigarette an. »Meine Handschrift ist nicht gerade leserlich«, gibt Hazem mit sorgenvoller Miene zu bedenken. »Bestimmt kann ich am Ende vor lauter Nervosität meine eigene Geschichte nicht lesen.«

Es dämmert. Das Universitätsgelände leert sich, auf dem Rasen unter einer Palme sitzt noch ein Pärchen: sie, mit Kopftuch, ihm um eine Vierteldrehung zugewandt, er, in Bundfaltenhose und geblümtem Seidenhemd, mit dem Körper uns, mit dem Kopf ihr zugewandt. Um Haaresbreite hätten sie sich berührt, aber nicht ganz, und das ist auch gut so, denn wer an der Universität beim Küssen erwischt wird, verwirkt in ganz Ägypten sein Recht zu studieren. Der Himmel ist mit purpurnen Zuckerwattewölkchen übersät, der Vollmond strahlt, und das frisch gesprengte Gras duftet süßlich. Es wäre das perfekte Bild eines tropischen Sonnenuntergangs, wenn da nicht zwei nagelneue Autos ein kleines Rennen austragen würden. Sicher, auf dem Gelände gilt ein Tempolimit, doch jeder ist käuflich. Gas geben, bremsen, nicht umsonst gibt es eine Hupe, und die dröhnende Musik läßt sich vielleicht noch ein bißchen lauter aufdrehen. Fehlt nur noch, daß es westliche Popmusik ist. »Siehst du die Aufkleber von der Betriebswirtschaftsfakultät?« fragt Hazem geknickt. »Das sind Söhnchen von reichen Händlern. Die zahlen sich dumm und dusselig, damit sie hier mit ihrem Auto rumkurven dürfen. Da kannst du mal sehen, wie die Regierung unseren Wohlstand verteilt.« Wie um Hazems Worte zu bestätigen, ruckelt in diesem Moment einer meiner Professoren in seinem Lada vorbei. Im Takt des stotternden Motors wippt das graue Haupt dieses international renommierten Wissenschaftlers zwischen Armaturenbrett und Kopfstütze auf und ab.

In meiner spartanischen Wohnung – wie ich diesen Vermieter hasse! – beschleicht mich ein unruhiges Gefühl.
Wiederholt bin ich vor Oppositionstypen gewarnt worden. Du gerätst in Schwierigkeiten, weil du mit ihnen gesehen wirst, oder, schlimmer noch: Sie arbeiten selbst für den
Geheimdienst. Sie stellen dir hunderttausend Fragen, um
dir kompromittierende Aussagen zu entlocken. Sagst du
nichts, erfinden sie einfach welche. Mit Berichten über dich
können sie ein bißchen dazuverdienen oder sich gar für
eine Beförderung empfehlen. Überraschend wäre es nicht,
wenn der Sicherheitsdienst jemanden auf mich ansetzen
würde. Wer sagt, daß ich kein israelischer Agent bin, mit
dem Auftrag, aus all den zukünftigen Politikern, Diplomaten und Journalisten Spitzel anzuwerben? Ich sollte ihn
wohl lieber meiden, diesen Herrn Ali.

Die Parteitagung der Jungen Liberalen ist vorbei. »Wir
sind die ganze Nacht aufgeblieben«, beichtet Sâmih, mich
leutselig außer Hörweite der anderen ziehend. »Ich habe
Bier getrunken! Danach haben wir an alle Türen des Hotels gehämmert.« Hazem tritt hinzu. Bei den Worten
»Bier« und »an Türen hämmern« verdreht er die Augen.
»Ist das alles, was er erzählt hat? Nichts über unsere Pa-
pers?« »Meine Rede über Israel war ein überwältigender
Erfolg«, unterbricht ihn Sâmih. »Ich habe eine gründliche
Untersuchung der Kriegsverbrechen von '67 und '73 ge-
fordert. Wegen der Beziehungen zu Israel will die Regierung diese Dinge unter den Teppich kehren.« Er schaut
finster drein. »Kriegsverbrechen« verweist auf die Hinrichtung ägyptischer Kriegsgefangener durch israelische
Truppen. Auf die Knie in den Sand, Genickschuß. Die Israelis konnten die Gefangenen nicht mitnehmen, bei Frei-
lassung hätten diese aber ihre Positionen verraten. Die Affäre beschäftigt die Oppositionspresse nachhaltig. Auch

das israelische Argument für einen Schlußstrich unter diese Vergangenheit erhitzt die Gemüter: Das sei alles schon so lange her. »Israel spürt in aller Welt alte Nazis auf, aber Kriegsverbrechen gegen Araber sollen verjährt sein«, sagt Sâmih aufgeregt.

Schilla-Mitglied Dalya ruft Sâmih zu: »Hazem sagt, du hast auf der Tagung Bier getrunken.« Unangenehm überrascht kneift Sâmih die Augen zu. »Das sagt ausgerechnet er.«

»Ich habe nur einen Schluck genommen«, ruft Hazem empört, »und den habe ich sofort ins Waschbecken ausgespuckt. Ungenießbar, das Zeug.«

»Also, Sâmih, hast du jetzt ein Glas getrunken oder nicht?«

»Es hat mir überhaupt nicht geschmeckt«, sagt Sâmih. Dalya lacht hämisch. »Ich habe nicht gefragt, ob es dir geschmeckt hat, Sâmih, sondern ob du ein ganzes Glas getrunken hast.« Sâmihs Gesichtszüge erstarren. »ʿAib, Dalya, ein Mädchen spricht nicht über solche Dinge.« Dalya schlägt die Augen nieder. »Schorsch«, ruft Sâmih, »laß uns einen Tee trinken.« Und er zerrt Hazem und mich mit.

Vor dem Teestand erwarten mich bereits Maher und Herr Ali. Mißlaunig kickt der sonst so beherrschte Herr Ali Steinchen durch die Gegend. Hazem fragt, ob ich mich an Chadîdja erinnere. »Hübsches Mädchen, recht klein, gut gekleidet … sie heißt nach der ersten Frau des Propheten. Ja, die mit den rosigen Bäckchen«, bestätigt er erleichtert. Es stellt sich heraus, daß Herr Ali dieser Wirtschaftsstudentin seit Monaten den Hof macht. Stundenlang haben sie sich unter einer Palme oder auf den Treppen eines Unigebäudes unterhalten. Einmal haben sie sogar heimlich ein Getränk im Hilton zu sich genommen. »Unser Beisammensein war so harmonisch, daß ich schon ihren Vater auf eine Verbindung ansprechen wollte«, seufzt Herr

Ali und zündet sich mit der alten gleich eine neue Zigarette an.

Wir werden von einem Freund Mahers aufgeschreckt. Ob wir es schon gehört hätten? Eine Studentin ist hysterisch weggeführt worden, als sie erfuhr, daß der Sicherheitsdienst ihren Bruder bei einer Demonstration vor der israelischen Botschaft niedergeschossen hat. Als wir alle »Nein!« und »Um Himmels willen« gesagt haben, rennt er weiter, in vollen Zügen seine Rolle genießend. »Mein Gedanke war, daß Chadîdja alle Seiten meiner Persönlichkeit kennenlernen sollte. Deswegen gab ich ihr einige meiner Gedichte und Kurzgeschichten. Das versteht sich doch?!« Herr Ali gewinnt langsam die Fassung wieder. »In einer der Geschichten sagt ein reiches Mädchen zu ihrem armen Liebhaber: ›Zieh deine Lumpen lieber aus, Kleider verhüllen nur unsere wahre Natur.‹«

Dieser Satz droht ihm nun einen Strich durch die Verlobung zu machen. »Herr Ali wollte darstellen, daß die Klassengegensätze, wie schlimm sie auch sein mögen, die wahre Liebe nicht ausschließen«, erklärt Hazem. Chadîdja sah das anders. Porno! Herr Ali wolle sie mit seinen schlüpfrigen Geschichten verführen! Ihr ganzer Freundeskreis ist einer Meinung: Herr Ali sei ein alter geiler Bock, der Chadîdjas Ehre schänden wolle. Das ganze Gerede von einer Verlobung sei nur eine Finte. »Alles wegen einer einzigen Zeile in fünfzehn Seiten«, sagt Maher. »Es war doch nur ein literarisches Stilmittel.«

Leider haben solche Nuancen in Chadîdjas Kreisen keine Bedeutung. Sie sieht gut aus und kommt aus einem guten Haus – die Verehrer stehen bei ihr Schlange. »Das größte Problem ist ihre beste Freundin Amani«, fährt Hazem fort. »Dieses sudanesische Mädchen, von dem du gesagt hast, sie hätte fast denselben Namen wie eine italienische Klamottenmarke. Ja, die. Weil sie eine Schwarze ist,

findet sie natürlich keiner attraktiv. Sie ist neidisch auf
Chadîdja, wegen der Aufmerksamkeit, die sie bekommt.
Deshalb zickt die am lautesten herum.«

»Schorsch, wir glauben ...« Da kommt verflixt schon
wieder dieser Freund von Maher. Die Geschichte mit der
hysterischen Studentin erweist sich als schwer übertrieben.
Es ist kein einziger Schuß gefallen. Es gab zwar eine Demo,
aber dort waren nur sechs Leute. Schnell eilt er weiter, um
die gute Nachricht zu verbreiten. »So was kommt oft vor«,
sagt Hazem. »Ohne verläßliche Instanzen entstehen die
wildesten Gerüchte.«

»Schorsch, wir glauben, daß Amani dich sehr nett findet.
Du sollst ihr Vertrauen gewinnen, und dann wie beiläufig
diese Angelegenheit zur Sprache bringen. Du verstehst
natürlich, daß dabei sehr viel Taktgefühl gefragt ist.« Ich
werfe einen Blick auf den prominenten Oppositionsjour-
nalisten. Er ist völlig fertig. Auf unserem gemeinsamen
Spaziergang zurück zur Uni fragt er mich, ob ich den marokkanischen Soziologen Guessous kenne. Guessous zufolge kann die arabische Welt mit drei Phänomenen nicht
nüchtern umgehen: Macht, Religion und Sex. »Politische
Diktatur, religiöse Dogmatik und ein gestörtes Verhältnis
zwischen den Geschlechtern, das sind die eingerosteten
Angeln, in denen sich unsere Lebenswelt dreht«, konsta-
tiert Herr Ali düster. »Die Eliten können auf abweichende
Ansichten nur mit Repression oder Ausschluß reagieren.
Zwischen den Geschlechtern ist es das gleiche. Wäre mir
die Möglichkeit gegeben, es ihr zu erklären ... aber mir
wird jeder Kontakt zu ihr verwehrt.« Seine Augen blitzen.
»Hast du hier jemals ein zivilisiertes und rationales Gespräch geführt?« Er wischt sich die Stirn. »Deshalb sind
wir hier süchtig nach Essen und Sport. Wenigstens darüber
können die Leute sich ohne Streit unterhalten.«

Während Herr Ali rechtzeitig zu einem Termin in die

Redaktion eilt, erläutert Maher das Drama. Herr Ali hat sich aus einfachen Verhältnissen zu einem vielversprechenden Schriftsteller innerhalb der *Wafd* hochgearbeitet. Aber was bedeutet schon Erfolg, wenn einem die Liebe fehlt? Schon seit Jahren ist Herr Ali auf der Suche, und jetzt scheint ihm das Liebesglück wieder durch die Lappen zu gehen. »Er hat aber auch einen ziemlichen Bock geschossen«, meint Maher. »Bei zwölf Jahren Altersunterschied ... Wie soll ein Mädchen so ein gravitätisches und zwei- oder dreideutiges Stück Prosa denn sonst verstehen?« Eine Versöhnung scheint ausgeschlossen. Auch Chadîdjas Freunde haben die Geschichte gelesen. Würde sie jetzt noch mit Herrn Ali gesehen, würden alle denken: Die haben es miteinander getrieben. Ich nicke, der Groschen ist gefallen. Die zahllosen Dreißiger, die im Anzug an der Uni herumstreunen, sind keine Dozenten, die sich mal nett unter die Studenten mischen. Es sind arrivierte Männer auf Brautschau.

Wir werden von Taufîq unterbrochen, der trotz eines vorlesungsfreien Tages doch kurz vorbeischaut. Haben wir es schon gehört? Ein Mädchen ist vom Zentralen Sicherheitsdienst abgeführt worden, nachdem ihr eifersüchtiger Vater auf den Typen geschossen hat, der neben ihr saß!

Am Abend wartet ein Kinobesuch. Der Film heißt *Estakouza*, »Ein Krebs«, und ist eine Bearbeitung von Shakespeares *Der Widerspenstigen Zähmung*. Die Geschichte dreht sich um Ahmed und Emira. Die blonde, ein Meter achtzig große Emira ist Einzelkind und wird erzogen wie ein Junge: Sie hat eine große Klappe und einen schwarzen Gürtel in Karate. Ahmed ist sanftmütig und hat Schwierigkeiten, sich durchzusetzen. Gleich bei ihrer ersten Begegnung sucht Emira Streit. Ein Wortwechsel eskaliert, sie versetzt ihm einen gezielten Kung-Fu-Kick, er wird impotent. Als er ihr daraufhin mit einer wahnsinnig hohen Schadensersatzforderung droht, hat sein Arzt eine bessere Idee. Um seine Männlichkeit wiederzugewinnen, soll Ahmed möglichst viel Zeit in der Gegenwart von Frauen verbringen. Widerwillig stimmt Emira zu – sie wird für drei Monate Ahmeds Ehefrau spielen.

Es wird ein Drama. Emira behandelt Ahmed wie Dreck, und wie sehr er auch auf sie einredet, sie wird immer hinterhältiger. Eines Tages lädt sie ihn scheinheilig zu einer romantischen Vergnügungsfahrt ein. Sie möchte mit dem Schnellboot zu einer unbewohnten Insel fahren. Glückstrahlend stimmt Ahmed zu: Siehste, einfach Verständnis zeigen, und die Frauen kommen von alleine zur Vernunft. »Schließ die Augen, ich habe eine Überraschung für dich«, haucht Emira ihm ins Ohr, nachdem sie auf der Insel gelandet sind. Als er die Augen aufmacht, ist sie auf und davon mit dem Boot. Zufällig vorbeifahrende Fischer retten Ahmed vor dem Tod durch Unterkühlung. Dann reicht es ihm. Er fängt an, Emira herumzukommandieren und zu schlagen. Zuerst reizt sie ihn noch mehr, doch als Ahmed andere Frauen für sich tanzen läßt, schwenkt sie um. Sie verführt ihn und entschuldigt sich. Jeder kennt jetzt seinen Platz, und wenn sie nicht gestorben sind, dann leben sie noch heute.

In der Presse gab es nur Verrisse. Es hieß, mit den zahllosen Shots von russischen Bikini-Blondinen würde die Regisseurin (!) zu sehr auf billige Effekte setzen.

Anderntags sind zum ersten Mal nur die weiblichen *Schilla*-Mitglieder anwesend. Ich frage, ob sie *Estakouza* gesehen haben und wie das nun ist mit dem Schlagen.

Allgemeines Gekicher. »Natürlich ist es nicht angenehm«, sagt Dalya halb im Ernst, halb zum Spaß, »aber es ist unvermeidlich, wenn dein Mann dich wirklich liebt.« Eine Freundin ergänzt: »Männer sind emotionale Wesen.

Wenn er verrückt nach mir ist und mich dann mit einem anderen reden sieht, dann wird er eifersüchtig. Manchmal so sehr, daß er die Beherrschung verliert. Wer seine Frau wirklich liebt, will sie ganz für sich haben. Ein Mann, der seine Frau nie schlägt, kann kein guter Mann sein.« Dalya stimmt dem zu: »Ein guter Mann schlägt dich nur, wenn du es verdient hast. Leider gibt es aber auch viele schlechte Ehemänner, die ohne Grund losschlagen. Das ist ein großes Problem in Ägypten.«

Was halten sie davon, wenn Frauen außer Haus einer Arbeit nachgehen? »Schau«, sagt Dalya, »Männer und Frauen sind gleich, aber nicht identisch. Es liegt in der Natur des Mannes, Geld zu verdienen. Das ist seine Aufgabe. Frauen wollen für andere sorgen. Ich muß ihn daheim so verwöhnen, daß er zu keinem Moment an andere Frauen denkt.« Ich erzähle, nicht wenige Niederländer seien der Ansicht, daß die arabische Frau unterdrückt werde.

Wieder dieses befreiende Lachen. Unterdrückt? Von wem? Sie wollen einfach einen guten Mann. Dalya: »Die Niederländer werden selbst unterdrückt. Es ist widernatürlich, wenn Frauen außer Haus arbeiten. Guck dir doch an, wie viele Selbstmorde, uneheliche Kinder und Schwangerschaften, Alkoholiker, Drogensüchtige, Abtreibungen und so weiter es im Westen gibt. Das hat man davon. Die niederländischen Frauen *glauben*, sie würden nicht unterdrückt, weil sie es nicht besser wissen.«

Eine der niederländischen Frauen, die es nicht besser wissen, ist meine Schwester Vera. Sie ist einundzwanzig und macht gerade Urlaub hier in Ägypten. Heute stelle ich sie der *schilla* vor. »Wenn ich meine unverheiratete Schwester mit einem Mann erwischen würde, würde ich sie umbringen«, sagt Hazem dezidiert. Es will ihm einfach nicht in den Kopf, daß mein Vater und ich es Vera »erlauben«,

Freunde zu haben. Was, wenn Vera mit so einem Typen ins Bett geht? Er fragt ganz vorsichtig. »›Gesund‹ findest du das?« Er ist entsetzt. »Liebst du deine Schwester überhaupt? Was, wenn sie sich Krankheiten einfängt? Man kann sich nie darauf verlassen, daß die Leute Kondome benutzen. Außerdem lösen die Dinger ernste psychische Störungen aus, weil sie die Lust stark beeinträchtigen …«

»Wärst du böse, wenn Hazem deine Schwester heiraten würde?« unterbricht ihn Maher. Ich erwidere, daß ich bei gegenseitiger Liebe nichts daran auszusetzen hätte. Hazem setzt ein fettes Grinsen auf. Würde er Vera ihre Freiheit gönnen? Indigniert schaut er mich an. »Natürlich! Sie wäre völlig frei und gleichberechtigt.« Beinhaltet die Freiheit, die er meint, daß sie, um nur ein Beispiel zu nennen, in kurzen Hosen herumlaufen dürfte? Hazem sieht mich an, als hätte ich sie nicht alle. »Selbstverständlich nicht! Unnatürliches Benehmen kann ich nicht gutheißen, damit schadet sie sich doch nur selbst.«

Es ist ein richtiges Unternehmen, Vera an den Militärs vor dem Universitätstor vorbeizuschleusen. Sie ist tatsächlich etwas jung für eine renommierte Nahost-Expertin. »Joris, was für eine Schönheit, ich möchte sie heiraten!« ruft Sâmih auf arabisch. Mit derselben herzlichen Gier, mit der ich einst aufgenommen wurde, stürzt sich die *schilla* jetzt auf Vera. Hazem fragt, ob er Vera mit ins Ägyptische Museum nehmen darf. Das soll er sie fragen, sage ich. Mitten in ein Gespräch zwischen Dalya und Vera platzt Hazem auf englisch mit seiner Baßstimme: »Vera, wenn dein Bruder morgen in die Vorlesung geht, fahren wir ins Ägyptische Museum. Das haben wir eben ausgemacht.« Vera wirft mir einen leicht panischen Blick zu: »Äh, das ist ein ganz lieber Vorschlag, aber ich denke, daß ich morgen mal ausschlafe.«

»Nein, ich hole dich um acht Uhr ab. Am Nachmittag gehen wir nach Alt-Kairo und abends ins islamische Viertel und dann zur Totenstadt und ins christliche Kairo. Und wenn ihr eure Reise zum Sinai um fünf Tage kürzt, kann ich euch noch mehr von den fünfhundert Sehenswürdigkeiten zeigen, die es hier gibt. Oder mögt ihr mich nicht und macht das alles lieber alleine?«

Subtil antwortet Vera, daß sei keine Frage des Mögens, sondern sie und ich hätten uns einfach eine Menge zu erzählen. Sâmih versucht, sich in das Gespräch einzuklinken, indem er Vera nach ihrer Meinung über Ägypten fragt. »He, Sâmih!« dröhnt Hazem in stolzem Arabisch, »zu spät, Junge, sie geht morgen schon mit mir ins Ägyptische Museum.« Bevor Vera den Mund aufmachen kann, trollt sich Sâmih. »Das ist dann abgemacht, ihr verkürzt eure Reise, und um acht hole ich Vera ab.« Als Ausrede erfinden wir irgendwelche Verabredungen mit fiktiven Freunden aus dem Westen. So wurde auch ich am Anfang behandelt: Gastfreundschaft und Hilfsbereitschaft in eins mit einem erdrückenden Besitzanspruch. Eigenartig, wie schnell man solche negativen Eindrücke vergißt.

Um die bereits angenommene Einladung von Dalya kommen wir jedoch nicht herum. In meiner grenzenlosen Naivität hatte ich unterstellt, sie hätte uns beiden gegolten, doch nur Vera ist willkommen. »Den ersten Mann, den ich mit nach Hause nehme, werde ich heiraten«, sagt Dalya lachend. »Wenn du mitkämst, würde mein Vater zuerst dich und dann mich verprügeln.«

Durch den wild hupenden Verkehr spazieren Hazem und ich zu Dalyas Wohnung, um Vera abzuholen. Eine Vollmondnacht. Der islamische Kalender rechnet mit dem Mondjahr, daher ist ein islamisches Jahr um elf Tage kürzer als bei uns. Der Beginn der islamischen Zeitrechnung wurde von Muhammed im Jahre 622 n. Chr. veranlaßt, im Jahr 21 000 werden die Araber uns einholen. »Ich habe immer zu meiner Freundin gesagt, sie wäre schöner als der vierzehnte des Monats«, sagt Hazem, nach oben zeigend. Da alle Monate gleich lang sind, ist immer am vierzehnten Vollmond.

»Wußtest du, daß die alten Ägypter schon auf dem Mond waren?« fragt Hazem, als er mich in den nächtlichen Himmel starren sieht. »Dort sind Hieroglyphen gefunden worden«, pariert er meinen staunenden Blick. »Die alten Ägypter verfügten über verblüffende astronomische Erkenntnisse. Zu Beginn des Frühlings fielen beim Tempel von Abu Simbel die Sonnenstrahlen punktgenau auf eine bestimmte Säule. Wegen des Baus des Assuandamms und des dadurch entstehenden Nassersees haben westliche Gelehrte Abu Simbel an einer anderen Stelle wiedererrichtet. Nicht einmal mit Hilfe modernster Technik ist es ihnen gelungen, den Tempel so zu verorten, daß die Sonne zum selben Zeitpunkt die Säule anstrahlt.« Wir werden von einem Treck Kamele überholt. Für die Tiere muß es verwirrend sein – Tausende von Kilometern durch die ausgestorbene und totenstille Wüste zu ziehen, um schließlich mitten in diesem hupenden Chaos zu landen. Aber sollten sie tatsächlich verwirrt sein, verstehen sie es, dies gut zu verbergen. Mit dem coolen Blick, der Kamelen eigen ist, trotten sie graziös schaukelnd dahin. Mit einem der Tiere habe ich kurz Blickkontakt, aber dann schaut es, breit mampfend, sofort wieder weg. Sie werden zur Schlachtbank geführt. Hazem fragt, wie es eigentlich ist, aus einem Land zu kommen, wo es noch so wenig Geschichte oder Kultur gibt.

»Keine Geschichte …?« überlege ich leicht pikiert. »Als Staat bestehen die Niederlande seit 1580. Und vor dieser Zeit lebten dort auch schon Menschen. Amerika, dort haben sie keine Kultur.«

»1580, also vierhundert Jahre, mal schauen, das ist siebzehnmal jünger als Ägypten. Naja, du kannst ja nichts da-

für.« Er verschwindet in einem Blumenladen. Der Blumen-
händler hat an allen vier Wänden Koranverse aufgehängt,
und hinter der Theke prangt ein Riesenposter von Mekka.
Auf dem Pepsi-Cola-Schild steht *Zum Gebet geschlossen*,
auf arabisch und englisch. Hazem kauft drei Orchideen für
meine Schwester. »Findest du das nicht etwas verlogen?
Wenn du deine Schwester mit einem Mann überraschen
würdest, würdest du sie umbringen, während du dich mit
Blumen an meine Schwester ranmachst.« Ich ernte einen
verständnislosen Blick. »Du hast doch nichts dagegen?«

An seine Freundin vom vierzehnten des Monats denkt
Hazem nur ungerne zurück. Vier Jahre lang liebten sie
sich, bis sie dieses Jahr zur Uni ging. Zu einer Verabredung
kam sie eine Stunde zu spät, und als sie endlich da war, ent-
schuldigte sie sich nach fünf Minuten, um sich draußen mit
ein paar Jungs zu unterhalten. Nach einer Stunde war sie
immer noch nicht zurück, und seitdem hat Hazem sie nie
wieder angeschaut, »auch wenn sie am Anfang immer wieder angerufen hat«. Mittlerweile sieht er sich nach einer
neuen Liebschaft um. Verschiedene Mädchen sollen sich
schon angeboten haben, aber er möchte die Angelegenheit
nicht übers Knie brechen.

Vera ist speiübel. Sie hat so viel gegessen wie sonst in einer
ganzen Woche. Abwinken war sinnlos, die Gänge nahmen
kein Ende. »Ich muß mich noch an die Idee gewöhnen, daß
ich soeben eine Suppenschüssel Öl mit grüner Rotze gelöf-
felt habe«, sagt sie, als wir wieder zu Hause sind. Das war
mulûchiyya, ein »typisch ägyptisches Gericht« aus klein-
gehacktem Spinat und Öl. Eine Delikatesse, so die Meinung der ganzen *schilla*. Als ihre Magenschmerzen sich gelegt haben, berichtet Vera von dem Abend. Dalya und ihre
Familie leben in einer Dreizimmerwohnung. Sie teilt ein
Zimmer von neun Quadratmetern mit ihrer zehn Jahre

jüngeren Schwester. Nur für Besorgungen und Unibesuche darf sie raus, die restliche Zeit arbeitet sie im Haushalt und sieht fern. Eine Klimaanlage besitzen sie nicht, und während des Sommers hält sich die Hitze zwischen den eng aneinander gebauten Häusern bis in die Nacht. Hobbys sind verboten. Sie studiert fleißig, bekommt gute Noten und ist eine der wenigen Frauen, die unaufgefordert von den interessanten Seiten ihres Studiums erzählen. Ob sie jedoch ihr biochemisches Wissen jemals im Beruf anwenden wird, ist bei allem Enthusiasmus eher unwahrscheinlich. »Sie *will* nicht außer Haus arbeiten!« macht Vera ihrer Verwunderung Luft. »Sie *will* daheim bleiben.« Am meisten wundert sich Vera über Dalyas Verteidigung der arrangierten Ehe. Wer aus Liebe heiratet, erwartet zuviel vom anderen, meint Dalya. Die Liebe verschwindet früher oder später, und was bleibt dann für die Ehe? Es sei besser, jemanden zu heiraten, der zu dir und deiner Familie paßt. Wenn Dalya nicht bis zum Studienabschluß selbst einen Mann findet, wird ihre Familie einen für sie suchen. Ein wohlhabender Cousin in Saudi-Arabien macht sich schon bereit. »Wie schrecklich«, sagte Vera, im Glauben, ihr damit moralisch zur Seite zu stehen. Doch Dalya reagierte stolz und trotzig: So seien eben die Traditionen und Bräuche, und sie liebe ihr Land von ganzem Herzen.

Völlig ratlos sagte Vera, daß Dalya vielleicht *glaube*, eine arrangierte Ehe und ein Leben zwischen Bett und Herd gut zu finden, daß sie aber *eigentlich* arbeiten und sich entfalten wolle. Darauf gab ihr Dalya zur Antwort, daß Vera vielleicht *glaube*, vor der Ehe Freunde haben zu wollen, daß sie jedoch *eigentlich* lieber rein geblieben wäre. Dazu sei es aber jetzt zu spät, also würde Vera vorgeben, sie hätte es so gewollt.

Hazems Versuche, Vera rumzukriegen, waren nur ein Spiel. Er war nämlich schon dabei, sich in eine der drei Mädchen zu verknallen, die ihm in den letzten anderthalb Monaten ihre Liebe erklärt haben. Jetzt hat er seine Wahl getroffen. Er liebt Wisâma. Sie studiert im ersten Semester Arabisch und trägt ein Kopftuch um ihre schwedisch-weiß anmutende Pfirsichhaut. Sie treffen sich regelmäßig zu einem Tête-à-tête unter einer Palme. Wisâma stammt aus gutem Hause und wohnt im bürgerlichen el-Dokki, dem Stadtteil, der an das Viertel von Tantâwî dem Frommen grenzt. Ihr Vater ist ein pensionierter Filmregisseur, der in Saudi-Arabien gut verdient hat. Heute verbringt er seine Tage damit, seine Tochter zu überwachen. Morgens bringt er sie in seinem Mercedes zur Uni, und pünktlich zum Ende des letzten Seminars ist er wieder da, um sie nach Hause zu fahren. Wisâma hat ihm einen getürkten Stundenplan gegeben.

Auf die Geliebten wartet eine schwierige Hindernisstrecke. Wisâmas Vater würde seine Tochter niemals einem wie Hazem geben. Kein Geld, keine Wohnung, keine gute Familie. Deshalb halten sie ihre Liebe vor ihm geheim. Ihre Hoffnung ist Hazems Cousin, der bei der Staatsanwaltschaft arbeitet. Erstens werden die Leute dort gut bezahlt, damit sie den Verlockungen des Schmiergeldes widerstehen, und zweitens bekommen die Mitarbeiter der Staatsanwaltschaft viel Schmiergeld. Wenn Hazem sich dort eine Stelle beschaffen könnte, würde Wisâmas Vater bestimmt in eine Heirat einwilligen. Beziehungen zum Justizapparat können nie schaden. Aber der Weg für Hazem ist noch lang. Er muß noch ein Semester studieren, dann seinen Wehrdienst ableisten und ein einjähriges Bewerbungsverfahren durchstehen. Wer weiß, welche Pläne Wisâmas Vater bis dahin hat. Daran denken sie lieber gar nicht.

Kontakte außerhalb der Universität sind so gut wie un-

möglich. Sogar Besuche der Mubârak-Bibliothek hat Wisâmas Vater ihr verboten. Das ist ein herber Rückschlag,
denn dort pflegte Hazem ihre Treffen einzufädeln. Wisâma
anzurufen ist natürlich ausgeschlossen, andersherum geht
es nur, wenn ihre Eltern nicht zu Hause sind. Da die Mutter
nicht viel anders behandelt wird als die Tochter, kommen
solche Gelegenheiten selten vor. Briefe werden geöffnet.

»Es ist eine ehrbare Liebe!« stellt Hazem klar, als ich ihm
gratuliere. »Ich fasse sie nicht an, bevor wir nicht verheiratet sind. Wir nennen das: durch die Vordertür eintreten.«
Zeit für eine Predigt über die verkommenen Sitten im Westen haben wir nicht. Wisâma schwänzt eine Vorlesung
und möchte mit Hazem spazierengehen.

Stell dir vor, ich möchte auch so was, so eine ägyptische
Freundin. Wie stelle ich das an? Hazem reagiert streng ab-
weisend und gar beleidigt: Pfoten weg von unseren Frauen.
Und außerdem, es wäre sinnlos, denn eine Muslimin darf
sowieso keinen Ungläubigen heiraten. Maher weiht mich
aber mit Vergnügen ein. »Wenn du auf der Straße ein nettes
Mädchen siehst, folgst du ihr und machst: ›Pst.‹ Dann gehst
du schneller und flüsterst im Vorbeigehen: ›Wie schön du
bist, du bist die Schönste, die ich je gesehen habe.‹ Du läßt
sie vorbeiziehen und wiederholst das Ritual. Wenn sie dich
nett findet, fängt sie ein Gespräch an.« Und was sage ich ihr
dann? »Du machst ihr tausend Komplimente. Daß ihre
Augen rein sind wie der Mond, ihre Haut zart wie Seide,
daß du mehr Tränen um sie vergießen wirst, als es Wasser-
tropfen im Nil gibt. Ich kann dir eine Liste besorgen.«

»Eine gute Frage ist auch, ob sie ihr Studienfach
selbst ausgewählt hat«, fährt Maher fort. »Das gibt dir
Aufschluß darüber, wieviel Freiheit ihr die Eltern lassen.
Du kannst sie fragen, ob sie irgendeinen Film gesehen hat,
der noch nicht als Video rausgekommen ist. So erfährst du,

ob sie ausgehen darf. Eine gute Methode, um ein bißchen in ihrer Persönlichkeit zu stochern, ist ihr Sternzeichen. Nach ein, zwei Unterhaltungen sprichst du über Zukunftspläne, deinen sozialen Hintergrund und die Eigenschaften, die deine Zukünftige haben soll.« Und wie soll ich wissen, ob ich sie im Sack habe? »Das spürst du, aber einen Volltreffer hast du gelandet, wenn sie sagt, daß sie bald Kinder möchte. Das ist das Kennwort für: Ich platze vor Geilheit.«

Im Appartement von Hazems Bruder, der in Kuwait lebt und arbeitet, verfolge ich am Wochenende Lektion zwei von Mahers Kurs in ägyptischer Anmache: die Erforschung von Filmen voller ägyptischer Romantik. Hazem quartiert sich häufiger in diesem Appartement ein. Nebst Fernsehen, Video und einer guten Küche bietet es ihm die Möglichkeit, sich einmal zurückzuziehen. Als ich in die kaputte und armselige Straße einbiege, befürchte ich das Schlimmste, aber auch hier trifft zu, was schon für Tantâwîs Viertel Bulâq galt: außen pfui, innen hui.

Zu meinem Erstaunen entpuppt sich Hazem als leidenschaftlicher Koch, und schon bald rührt er in einem Topf mit *mulûchiyya*, Veras Lieblingsgericht. Maher sagt: »Wußtest du, daß es in Holland ganz normal ist, wenn an einem Wochenende wie diesem auch Frauen dabei sind? Das hat Joris erzählt. Dort würde niemand das mißbilligen.« Hazem nickt. »Hier ist das ʿaib. Man würde gleich Schlechtes von uns denken.« Maher schnaubt. »Lächerlich, oder? Es ist bescheuert, daß unverheiratete Frauen und Männer hier nicht zusammen in einem Zimmer sitzen können. Dabei wäre es doch mit Frauen viel schöner. Jetzt müssen wir selber kochen, spülen, aufräumen … das ist doch total albern?« Als er das Essen aufträgt, sagt Hazem, es sei ausgeschlossen, daß er nach der Heirat mit Wisâma jemals wieder kochen wird. »Das wollen Frauen nicht. Jedes Geschlecht äußert seine Liebe auf eigene Weise.«

Der erste Film heißt *Gelüste* und ist relativ neu. Die Gattin eines impotenten Mannes flüchtet sich in Phantasien von einem Traumprinzen. Eines Tages begegnet sie ihm in der Wirklichkeit, und nach langen Seelenqualen unterbreitet sie dem Gatten, daß sie mit ihrem Traummann schlafen möchte. Ihr Mann, der in jeder Einstellung ein Buch in der Hand hält, antwortet: »Wir können das Problem zusammen lösen oder getrennt. Zusammen bedeutet, daß du die Dinge akzeptierst. Die andere Option ist, daß du deiner Begierde folgst. Dann werde ich mich von dir scheiden lassen.« Die Kamera zoomt an ihr schmachtendes Gesicht heran, die Musik schwillt an, und sie fällt in Ohnmacht. Sie geht zu ihrem Traummann. Als er verspricht, sie zu heiraten, gibt sie sich ihm hin. Leider zeigt er dann sein wahres Gesicht: Sie wird gezwungen, als Putzfrau den Boden zu schrubben in seinem durch einen hohen Zaun von der Außenwelt abgeriegelten Bordell. Am Abend nimmt ein Schwarzer sie auf brutale Weise. Einer der Freier ist ein Freund ihres Mannes. Als sie mit ihm ins Bett gehen soll, erschlägt sie ihn mit einer Whiskyflasche und flieht. Aber der Traumprinz fängt sie mit einem Lasso ein und schleift sie hinter seinem Pferd zurück ins Bordell. Dort erliegt sie ihren Verletzungen.

»Was ist denn das für ein Ende?« fragt Maher empört, »haben die etwa mittendrin den Regisseur gewechselt? Der Anfang war ja klasse. Finde ich mutig, wie der moderne ägyptische Film Tabus bricht. Gut war auch, wie der Ehemann reagiert. Nicht wie ein hirnloser Macho, sondern vernünftig und verständnisvoll. Aber der Schluß? Der ist ja wie aus einem indischen Film, wo auch immer alle in einem Lasso enden.« Hazem ist dagegen sehr vom Schicksal der läufigen Gattin angetan. »Sie hätte zu Hause bleiben sollen, bei ihrem Mann. Wer blind seiner Lust nachgibt, wird gestraft. Hast du gesehen, wie sie an ihre Kinder dachte, als der Neger auftauchte?«

Maher glaubt, daß mir der nächste Film bestimmt besser gefallen wird, denn der ist mit 'Abd al-Halîm Hâfiz, dem ägyptischen Herzensbrecher der sechziger Jahre. Er ist schon seit Jahren tot, aber im Radio laufen immer noch jeden Tag seine Lieder. In Kairo gibt es ein Café mit vielen Hâfiz-Andenken, und seine Filme kommen regelmäßig im Fernsehen. In *Liebe im Sommer* von 1968 spielt Hâfiz den Kairoer Jurastudenten Hamdi. In den Sommerferien besucht Hamdi seine Geliebte Rânyâ an der Mittelmeerküste. In Großaufnahme singt er ihr bei Sonnenuntergang von seiner Liebe. Gerührt nimmt Rânyâ seine Hand, doch gerade als Hamdi sie küssen will, erscheinen plötzlich ihre Freunde. Alle zusammen gehen sie am Abend aus. Die meisten trinken ein Bier, Mädchen tanzen mit Jungs und tragen keine Kopftücher. So geht das eine ganze Woche, doch immer wenn Hamdi glaubt, mit Rânyâ allein sein zu können, tauchen ihre Freunde wieder auf. Dann hat Hamdi die Schnauze voll. »Entweder du gehst mit mir zum Strand, so wie es sich heutzutage für Geliebte gehört, oder mit uns ist es aus«, sagt er mit tränennassen Augen. Rânyâ erklärt ihm ihre Liebe, will aber nicht mit ihm allein zum Strand. Hamdi kommt ziemlich schnell auf den Hund. Er raucht und trinkt und läßt sich mit einer abgehalfterten Bauchtänzerin ein. Rânyâ und ihre Freunde scheint er ganz vergessen zu haben, und umgekehrt. Nach einer guten Woche wird er von der Bauchtänzerin vor die Tür gesetzt. Reumütig kehrt er zurück zu Rânyâ. »Ich hatte kein Recht, dich unter Druck zu setzen«, fleht er sie an, »ich bereue es.« Schluchzend antwortet Rânyâ: »Auch ich bereue, was ich getan habe. In diesen modernen Zeiten ist es doch natürlich, wenn ein Mädchen sich mit ihrem Liebhaber zurückzieht. Komm, laß uns zum Strand gehen.« Freudig überrascht nimmt Hamdi Rânyâs Hand und singt zum Schluß ein romantisches Lied:

Für den Mond empfind' ich Mitleid,
so sehr verblaßt seine Schönheit
im Licht deiner Augen.

Hazem fährt hoch und spult das Video zurück. Maher hat einen Stift gezückt und notiert den Satz. »Ägyptische Mädchen sind verrückt nach romantischer Poesie«, erklärt er. »Hazem und ich lernen Liebeserklärungen aus Filmen auswendig.« Beide haben akuten Bedarf an neuem Material. Demnächst findet das Kleine Fest statt. Die jungen Männer laden ihre Mädchen dann zu einem Ausflug ein und überschütten sie mit Komplimenten und glühenden Gedichten. Hazem kann es kaum abwarten. Er hat Wisâma schon seit über einer Woche nicht gesprochen. Täglich legt er Briefe unter einen vereinbarten Stein, die sie, wenn sie mit ihrem kleinen Bruder spazierengeht, abholt. Oft geht etwas schief, die Hälfte seiner Briefe kommt nicht an. Eine bessere Alternative ist das Kaffeehaus gegenüber dem Hochhaus, in dem Wisâma lebt. Hazem ist dort mittlerweile Stammgast. So oft wie möglich steht Wisâma vor dem Fenster, scheinbar ins Leere starrend, aber in Wirklichkeit Hazems Blick suchend. »Einmal Augenkontakt, und der Tag ist gerettet«, sagt Hazem verträumt.

»Das Kleine Fest wird mich noch teuer zu stehen kommen«, sagt Maher lachend. »Wenn ich Gihân in ein schäbiges Kaffeehaus führe, wird sie rasend. Und sie will bestimmt ein komplettes Menü und nicht nur etwas trinken.« Wohin geht er mit ihr? »McDonald's, Kentucky Fried Chicken, Pizza Hut vielleicht … auf jeden Fall in einen schicken Laden.«

5 Sonnenuntergang im Osten

Ein Amateur-Kafka, aber das bei fünfunddreißig Grad und ohne Rauchverbot. Zwei Stunden in einer schwitzenden Schlange wegen einer Marke im Wert von vier Pfennig. Wegen der falschen Marke. Widerliche Toiletten. »Nein, Sie ungeduldiger Imperialist, holen Sie sich zuerst eine Unterschrift an dem Schalter dort. Tut mir leid, dieser Herr ist heute nicht da. Oder vielleicht doch. Fragen Sie Frau Salîma, die kommt in einer Stunde. So Gott will.« Wie rettet ein Mensch sich vor solchen bürokratischen Erniedrigungen? Maher der Grübler wird es mir ebenso erklären, wie er mir erklären wird, wie sein unfundamentalistisches Gegrübel über den Islam zum Bruch mit seinem besten Freund führte.

Meine erste Bekanntschaft mit der berüchtigten ägyptischen Bürokratie mache ich, als ich mich wegen meines Stipendiums beim Bildungsministerium melden soll. »Ganz einfach. Nach rechts, nach links, geradeaus«, zeigt mir ein freundlicher Greis. Überall in Kairo sitzen gebräunte Männer unbestimmten Alters in langen Gewändern, den *gallâbiyyas*, vor ihren Häusern. Sie trinken Tee, rauchen eine Wasserpfeife und sehen nach dem Rechten. Sie kennen die Gegend wie ihre Westentasche und sind ein wahrer Segen für herumirrende Taxifahrer. Nach rechts, nach links, geradeaus geht es zu einem heruntergekommenen zehnstöckigen Lagerhaus. Rings um die schiefhängenden Fensterläden verhüllen dicke Staubschichten den bröckelnden Putz. Ein Schild mit der Aufschrift »Bildungsministerium« setzt meinem ungläubigen Staunen ein Ende. Durch die Drehtür gelange ich auf einen schmalen, von nackten Glühbirnen beleuchteten Flur und lande in einem heillosen Gewühl schubsender und zerrender Ägypter. Das ist die Schlange vor dem einzigen Fahrstuhl. Der Tumult gerät außer Kontrolle, und das Ende vom Lied ist, daß der Fahrstuhl abgeschaltet wird. Zeternd drängeln alle zur Treppe.

Zweiter Stock, siebter, vierter, zehnter. Schluß jetzt! Jetzt wird mir endlich jemand sagen, wo sich die Abteilung für ausländische Studenten wirklich befindet! Desinteressiert hört sich der Beamte den erbosten Weißen an. Mit geübter Hand faltet er ein Papierflugzeug. Ich solle doch lieber mit seinem Chef sprechen, am Ende vom Flur links, hinter dem Typen, der auf einem Gaskocher Tee brüht. Ach so, ist der Chef nicht da?

»BanBasten, Gulliet! WM 1990! Riekaard! Erinnerst du dich an das Spiel Niederlande-Ägypten? 1:1! Ihr wolltet uns mit links besiegen, was? Ihr habt wohl gedacht, wir reiten noch Kamele. So 8:0, 10:0 hättet ihr euch so vorgestellt.« Ein neuer Beamter strahlt vor Stolz. Endlich naht Hilfe – Fußball ist vielleicht die einzige echte Weltsprache. Der freundliche junge Mann hat einen Abschluß in Jura. Er arbeitet hier, weil er keine andere Stelle finden konnte und weil die ägyptische Regierung bis vor kurzem allen Universitätsabsolventen einen Arbeitsplatz garantierte – wieder so eine Errungenschaft aus der Nasser-Ära. Er verdient sechzig Pfund, ein Drittel dessen, was die ägyptische Regierung mir monatlich versprochen hat. »Die Abteilung für ausländische Studenten? Die ist in einem anderen Gebäude! Geradeaus, nach links, dann nach rechts, es ist ganz leicht zu finden, Mahmûd-Mansûrstraße 3.«

Der Greis grüßt mich wieder freundlich, als ich zum zweiten Mal vorbeilaufe. Wo ist Hausnummer 3? Bei Hausnummer 6 werde ich schließlich fündig. Der Fahrstuhl ist, selbstredend, außer Betrieb. Auf der Treppe muß ich aufpassen, um nicht über die spielenden Kleinkinder zu stolpern. Die Beamten hier sind schlimmer. Die meisten wollen mich dorthin zurückschicken, wo ich herkomme, einige haben überhaupt keine Ahnung, und der Rest gibt willkürliche Anweisungen. Allgemein gilt, daß alle Verantwortung auf Personen geschoben wird, die nicht anwesend sind. Es handelt sich mehrheitlich um lahmarschige Frauen um die vierzig. Sie beschäftigen sich mit Quatschen, Telefonieren, Zeitungslektüre, Essen oder mit gar nichts. Warum sollten sie auch? Ihre Arbeit ist gleichermaßen geisttötend wie sinnlos, und ihr Gehalt wird immer niedrig sein, egal ob sie arbeiten oder nicht. Einkommensgleichheit befördert die Solidarität, argumentierte einst Nasser. Fast alle Frauen tragen ein Kopftuch, während aus den Belegschaftsfotos auf den Fluren hervorgeht, daß unter den Beamtinnen bis 1975 kein einziges Kopftuch vorkam.

Beim richtigen Beamten zur richtigen Zeit am richtigen Ort ist alles nur eine Frage von fünf Minuten: Das Stipendium ist da, jeden Monat zwischen dem Sechsten und Sechzehnten muß ich zu einer Bank im Stadtzentrum. Reisepaß und Studentenausweis soll ich mitbringen, plus zwei Groschen Servicekosten. Dann in der Bank zuerst für einen Stempel und eine Marke anstehen, dann in die Schlange vor dem Kassenschalter. Und hoffen, daß mein Name in auffindbarer Weise ins Arabische übertragen wurde, sonst darf ich am nächsten Tag wiederkommen. Erstaunlich, auf wieviele Weisen man Luyendijk auf arabisch buchstabieren kann.

In derselben Woche hat auch Maher der Grübler seine Probleme mit Korruption und Bürokratie. Er ist gestern in einen Nagel getreten, und die Wunde hat zu eitern begonnen. Auf das Angebot, den Schaden in Augenschein zu nehmen, verzichte ich. »Ich glaube nicht, daß ich zum Arzt gehe«, sagt Maher. »Wenn ich auf dem Sohlenrand gehe, spüre ich kaum etwas. Außerdem habe ich eine Salbe.« Als Student könnte Maher sich an die Uniklinik wenden, aber darauf hat er keine Lust. »Stundenlang warten, damit man auf eine Warteliste kommt. Wenn man endlich oben auf der Liste steht, dann sagen sie: Komm ein andermal wieder.« Er macht eine Geste, als zählte er Geldscheine. »Die Lösung ist Schmiergeld, aber dann kann ich genausogut zu einem richtigen Arzt gehen.« Was soviel kosten würde wie die monatliche Rente, von der Mahers Mutter die Familie ernährt.

Als ich mich über die Bürokratie beschwere, schlägt Maher lachend vor, uns *Shish kebab und Terrorismus* anzugukken, einen Film von 'Adîl Imâm, dem beliebtesten Schauspieler Ägyptens, der auch den Film *Nachtvögel* über den Fundamentalismus gedreht hat. *Shish kebab und Terrorismus* handelt von der *mugamma* und war monatelang ein Kassenschlager. Die *mugamma* ist die zentrale bürokratische Behörde auf dem Platz der Befreiung, sozusagen. Jeder ägyptische Bürger, der etwas von den Behörden will, muß sich dorthin begeben, z. B. wenn er seine Kinder umschulen, die Stelle wechseln oder ins Ausland reisen möchte.

Hauptdarsteller Rânî muß wegen einer Lappalie zur *mugamma*. Tagelang wird er von Pontius zu Pilatus geschickt und unverschämt behandelt. Irgendwann fällt einem der Wachsoldaten das Maschinengewehr herunter. Zuvorkommend hebt Rânî es auf, doch als er es dem Soldaten reichen will, ist dieser bereits lauthals schreiend geflohen: »Terroristen! Terroristen!« Alle stürzen in heilloser

Panik aus dem Gebäude, Rânî starrt verdutzt auf das Gewehr. Er geht in ein Zimmer, wo sich die Anwesenden sofort ergeben. Während der Sicherheitsdienst das Gebäude umstellt, schließt Rânî Freundschaft mit seinen »Geiseln«. Eigentlich sitzen doch alle nur in einem Boot, Beamte wie Bürger. Sie wollen es sich einmal gutgehen lassen und bestellen beim Sicherheitsdienst eine riesige Portion *Shish kebab*. So löst sich alles in Wohlgefallen auf.

Ich selbst muß zur *mugamma* für eine Aufenthaltsgenehmigung. Schon wieder diese Nicht-Abfertigung, nur sitzen die Beamten hier hinter Glas – man kann nur hoffen, daß sie sich bequemen, einem zu helfen. Ich hatte mir noch fest vorgenommen, mich nicht zu ärgern, aber binnen einer Viertelstunde koche ich vor Wut. In Ägypten kursieren zahllose Verschwörungstheorien über ausländische Geheimdienste, die hierzulande die Entwicklungen hintertreiben würden. Ob an diesen Theorien etwas dran ist, läßt sich schwerlich feststellen, solche Dienste sind nicht umsonst geheim. Aber in der *mugamma* sind es doch wirklich die Ägypter selbst, die für das Schlamassel verantwortlich sind, ganz ohne Zutun ausländischer Sabotage.

Nach unzähligen Marken, Formularen, Unterschriften, sieben Paßbildern und drei Tagen Wartezeit ist es soweit: ein unleserlicher Stempel in der Größe eines Groschens. In der tiefen Hoffnung, sie auf immer meiden zu können, werfe ich einen letzten Blick auf die *mugamma*. Ein düsterer Betonklotz, erbaut in einem Bogen, so als wolle er mit seinen Flügeln alle ägyptischen Bürger zusammentreiben. Stalin machte ihnen den Bau in den fünfziger Jahren zum Geschenk, als Ausdruck der Sympathie des Sowjetvolks für die Ägypter. Also schönen Dank noch mal, Jossif!

Maher hat seinen Fuß doch behandeln lassen, das Geld hat er von seiner Mutter geliehen. Er erzählt von seiner schlimmsten Erfahrung mit der Bürokratie. Vor neun Monaten stellte sich zu seiner Freude heraus, daß er aufgrund eines Rückenleidens vom Wehrdienst befreit wurde. Nur gab es ein kleines Problem mit seinen Papieren, wohl wegen eines Schreibfehlers. Er wurde auf die Behörde zitiert, um das Problem zu klären. Um das Verkehrsaufkommen zu streuen, sind einige Ressorts in die Außenbezirke von Kairo verlegt worden, darunter das für Wehrpflichtangelegenheiten. Drei Monate lang saß Maher jede Woche im Bus, eine Stunde hin, eine Stunde zurück, um die Angelegenheit zu regeln. Das Problem wurde aber immer nur größer: neue Fehler in seiner Akte, inkorrekte Unterschriften. »Mehrere Stunden anstehen, um dann zu hören: Kommen Sie nächste Woche wieder«, erinnert er sich. »Ich konnte nichts machen, aber hätte ich nichts unternommen, wäre ich für drei Jahre eingezogen worden. Drei Jahre! Dabei mußte ich doch gar nicht, ich war doch untauglich.« Schließlich lief ihm ein ehemaliger Kollege seines Vaters über den Weg, dem er die Geschichte erzählte. »Hättest du mir doch was gesagt!« rief dieser gleich und schlug Maher auf die Schulter.

Am nächsten Morgen ging Maher in seinen besten Klamotten zum Polizeipräsidium. Der Kollege des Vaters schrieb einen Wisch, führte ein kurzes Telefonat und ließ einen Soldaten kommen. »Maher, dieser Herr begleitet dich, für den Fall, daß jemand dich aufhalten möchte. Du gehst jetzt schnurstracks zum Direktor. Worauf wartest du noch?« In drei Minuten war die Sache erledigt. Maher lacht: »Hätte ich diesen Mann doch drei Monate früher getroffen. Oder stell dir vor, ich wäre ihm gar nicht begegnet, dann würde ich immer noch Schlange stehen auf der Behörde. Oder ich wäre heute irgendwo in der Libyschen

Wüste stationiert, dreihundert Kilometer vom nächsten Dorf.«

»Maher«, sage ich womöglich zu hitzig, »warum unternimmt niemand etwas dagegen? Warum haut nicht mal jemand mit der Faust auf den Tisch und sagt: Jetzt reicht's aber!« Maher sieht mich verwirrt an. »Was können die kleinen Beamten schon dafür? Daß die Vorschriften unzulänglich und bürokratisch sind, ist ja nicht ihr Fehler. Ich bin mir sicher, daß sie mir durchaus helfen wollten, aber es einfach nicht konnten. Diese Büros sind ja auch nicht zum Aushalten, vor allem im Sommer. Stell dir vor, du müßtest dort arbeiten. Einmal die Woche dort zu sein hat mir schon gereicht.«

Ich sage, daß die Menschen hier einfach zu nett und zu verständnisvoll sind. Er lacht erneut: »So hatte ich es noch gar nicht betrachtet. Klingt jedenfalls besser als das, was die Opposition immer schreibt: daß wir zuwenig Selbstachtung hätten und uns deshalb von Israel, dem Westen und unseren politischen Führern auf der Nase herumtanzen ließen.«

Aufräumen mit der Bürokratie also? Ich bekomme später eine Lektion in Sachen Demut, als Ajax Amsterdam im Finale des Europacups der Landesmeister gegen Juventus Turin spielt. Seit des ersten Vorrundenspiels haben Maher, Hazem und ich in den Zeitungen die sportlichen Leistungen des Amsterdamer Fußballklubs verfolgt. Groß war unsere Freude, als Ajax das Endspiel erreichte, noch größer, als wir erfahren, daß das ägyptische Fernsehen das Spiel direkt übertragen wird. Wir verabreden uns bei Maher. »Sollten sie das Spiel unverhofft doch nicht senden, dann kenne ich noch jemanden, der über seine Satellitenschüssel Eurosport reinkriegt«, sagt Hazem entschieden. Er will nichts dem Zufall überlassen. »Komm doch eine halbe Stunde vor Anpfiff. Bis dahin müssen Maher und ich lernen.«

In Ägypten ist jetzt die Zeit der Prüfungen. Hunderttausende Studenten lernen ellenlange Texte auswendig. Im Radio geben Ärzte und Psychologen Tips für eine optimale Konzentration. Die meisten Studenten pauken von Sonnenuntergang bis zur Morgendämmerung. Dann ist es kühl und einigermaßen ruhig. Der Nachteil ist nur, daß die Prüfungen um neun Uhr früh anfangen, gerade zu einer Uhrzeit, zu der alle sich angewöhnt haben zu schlafen.

Wie ein Pharao liegt Maher auf der Couch, einen Arm um seinen kleinen Bruder geschlungen. Sie sind sechzehn Jahre auseinander, zu einer anderen Zeit hätte er Mahers Sohn sein können. Die Bruderliebe schmälert das nicht. Maher hat seine Prüfung in Neuerer Soziologie bestanden – die Fragen waren dieselben wie im Vorjahr. »Nur das Datum war durchgestrichen«, strahlt er. »Normalerweise wählen sie Fragen aus den Prüfungen der letzten zehn Jahre, und manchmal formulieren sie sogar neue. Ich kann nicht sagen, daß ich traurig bin.«

Auch in Hazems Leben scheint die Sonne. Nach zwei Wochen der Trennung hat er seine Wisâma wiedergesehen – sie mußte eine Prüfung schreiben. Er ist extra deswegen zur Uni gefahren. Sie haben sich eine Stunde unterhalten, dann ist ihr Vater gekommen, um sie abzuholen. »Jedesmal, wenn ich sie sehe, entdecke ich etwas an ihr, in das ich mich verlieben kann«, schwärmt er. »*Al-bu'd biyzawwid al-hubb* – Distanz verstärkt die Liebe«, singt er eine Zeile aus einem populären Lied. Während Maher und ich die Gewinnaussichten von Ajax diskutieren, geht Hazem eine Zeitung kaufen, damit wir wissen, wie spät und in welchem Kanal das Spiel gesendet wird. Ägypten hat sieben Sender, darunter das englischsprachige NileTV, das in aller Welt über Satellit zu empfangen ist und hauptsächlich malerische Bilder und Nachrichten bringt. Der Sender ist speziell zu dem Zweck eingerichtet worden, das Image Ägyptens nach den terroristischen Anschlägen der frühen neunziger Jahre aufzupolieren.

Nach einer Viertelstunde ist Hazem wieder da. »Friede mit euch.«

»Friede mit dir, Hazem.«

»*Eeh da?*« Was ist das? Sein Blick huscht erschrocken über Seite zwei. »Das Spiel wird gar nicht erwähnt. Squash, Serien, die Nachrichten.« Er blättert weiter zum Sportteil. »Millionen Zuschauer schauen heute abend gespannt nach Rom, wo das holländische Starensemble von Ajax, dem Titelverteidiger und Favoriten, im Endspiel des Europacups der Landesmeister auf das italienische Juventus trifft«, zitiert Hazem. Er starrt ausdruckslos vor sich hin: »Millionen Zuschauer, aber nicht die Ägypter.« Maher gibt sich zuversichtlicher. »Die strahlen das Spiel schon aus, sie versprechen es seit Monaten.«

Um fünf vor neun gibt es im ersten Kanal Nachrichten, im zweiten *The Open Egyptian Squash Championships*, im dritten eine Ansprache über Kultur von Suzanne Mubârak, Ägyptens First Lady, und im vierten einen Schwarzweißfilm. Die anderen Kanäle senden nie Sport. »Squash und Suzanne«, brüllt Hazem erzürnt. »Das gibt es doch gar nicht. Ich hasse diese Regierung.« Ich bemerke, ich hätte nie gewußt, daß Squash in Ägypten so beliebt wäre. »Ist es auch nicht«, zischt Hazem. »Bis vor einem Monat hat keiner davon gehört. Aber die Regierung richtet ein internationales Turnier aus, und jetzt sollen wir urplötzlich zu Squashfanatikern mutieren! Irgendein ägyptischer Knabe hat es zu allem Überfluß ins Endspiel geschafft, also bekommen wir Squash.« Während Hazem seinen Freund mit der Satellitenschüssel anruft, sehe ich, wie Ägyptens Hoffnung Ahmed Barâda fast beiläufig vom pakistanischen Weltmeister

128

abgefertigt wird. Mubârak, laut Kommentatoren ein leidenschaftlicher Squashspieler, hatte dem Jungen noch telefonisch versichert, daß »die Augen der ägyptischen Nation
auf ihn gerichtet« seien. Es sollte aber nichts nützen – immer mehr Einblendungen von den Pyramiden sollen die
Aufmerksamkeit der Zuschauer von dem Debakel ablenken. Die Kamera fängt auch regelmäßig die VIP-Logen ein,
wo es sich die ägyptische Happy-few gutgehen läßt.

»*Eeh da*?« Geschockt stiert Hazem auf den Hörer.
»Letzte Woche habe ich ihn noch angerufen, und jetzt bekomme ich nur noch eine Ansage: ›Kein Anschluß unter
dieser Nummer.‹« Er sinkt in die Kissen der Couch. Auch
mir dämmert es: Ajax können wir uns abschminken. Und
man wird sehen, daß es so ein unvergeßliches 5:4 wird
(nach einem 1:4 Rückstand zur Pause), von dem sich die
Leute noch nach vielen Jahren erzählen. Hazem erschöpft
sich in Entschuldigungen. Können wir nicht einfach bei
der Satellitenschüssel vorbeischauen? »Das ist nicht so einfach«, antwortet er mit verkrampfter Miene, »so ein guter
Freund ist er nicht.« Die Uhr zeigt Viertel nach neun, und
wir sehen, wie der Pakistani den zweiten Satz mit links gewinnt. Aber warte mal: Zweifellos gucken sich ein paar
Touristen das Spiel in der Bar ihres Fünfsternehotels an.
Und die Hotels sind hier um die Ecke!

»Super Idee«, sagt Hazem, rührt sich aber nicht von der
Stelle. »Gar nicht schlecht gedacht«, ergänzt Maher. »Wollen wir dann gleich gehen?« Wenn ich das Spiel sehen will,
darf ich jetzt nicht lockerlassen. Eigeninitiative ist hier ein
Fremdwort. »Ich habe gerade Tee gekocht. Keine Bange,
das Spiel wird bestimmt ausgestrahlt.«

»Wie denn?« frage ich, mittlerweile richtig irritiert. »Das
Spiel hat vor zwanzig Minuten angefangen, und in der Zeitung wird es mit keinem Wort erwähnt.« Mahers Lächeln
hält die Mitte zwischen unerschütterlicher Gelassenheit

und blutleerer Passivität. »Hazem, gehst du mit?« Endlich nickt er nicht nur, sondern steht auch auf. »Ruft mich doch an, wenn ihr fündig geworden seid«, sagt Maher.

»Es tut mir so schrecklich leid«, jammert Hazem im Taxi. »Ich kann jetzt nachvollziehen, wie frustrierend das für euch ist«, sage ich versöhnlich. »Wenn die nur einfach zugeben würden: Es gibt keine Übertragung, dann wäre alles halb so schlimm. Aber du erfährst nichts.« Und dieser Kumpel von dir, dessen Nummer auf einmal nicht mehr existiert, denke ich. So was erfindet man doch nicht? Wie schafft man es, hier nicht komplett verrückt zu werden? Hazem klopft mir entmutigt auf die Schulter. »Ich bin froh, daß du das Positive noch sehen kannst, aber du bist ja auch noch nicht solange hier.« Während wir in einem Hotel nach dem anderen abblitzen, betrachte ich diesen Zustand immer mehr als eine Metapher für Ägypten. Mangelhafte Informationspolitik kombiniert mit der Scheinheiligkeit, etwas monatelang anzukündigen, um dann am bewußten Abend selbst so zu tun, als wäre nichts gewesen. Aber auch: daß Hazem erst so spät in die Zeitung guckt und die Satellitenschüssel anruft, daß keiner sich Alternativen überlegt. Die Probleme in Ägypten werden zementiert und verschlimmert durch eine Wechselwirkung von arroganter Nachlässigkeit seitens der Behörden und Apathie bei der Bevölkerung. So, jetzt ist es raus.

Im *Pharao* haben wir Glück, einer Pizzeria mit Kellnern in froschgrüner Pharaonenuniform samt goldgelber Krone. Die zweite Halbzeit hat gerade angefangen, es steht 1:1. Hazem ruft Maher an, und ich falle über einen ebenso großen wie heißersehnten Eisbecher her. »Du wirst es nicht glauben. Sie haben soeben begonnen, das Spiel in voller Länge auszustrahlen«, richtet Hazem mit angewidertem Gesicht aus. »Maher fragt, ob es nicht netter wäre, bei ihm zu Hause das ganze Match zu sehen.«

»Willkommen, Freunde«, lächelt Maher wenig später. »Seid doch so nett und verratet mir den Stand nicht.« Er gibt uns eine Tasse Tee und dreht an der Bildschärfe. Was für eine stolze Sprache ist das Arabische doch. *Corner, penalty, pass, transfer* ... für alles haben sie, im Gegensatz zum Niederländischen, einen eigenen Begriff. Nur das *Off-side* hat sich herübergerettet, vielleicht weil *tasallul* nicht besonders gut klingt. Als die zweite Halbzeit anfängt, berichtet der Kommentator, das Spiel in Rom sei noch nicht zu Ende. Verzweifelt stöhnen wir auf. Die Sendung hat mit mehr als einer Dreiviertelstunde Verspätung angefangen – das kann nur heißen, daß sie in die Verlängerung gegangen sind. »So was gibt es nur in Ägypten!« brüllt Hazem. »Volldeppen!«

Auf dem Weg nach Hause kommt mir meine Metapher wieder in den Sinn. Wer hat sich nun besser aus der Affäre gezogen? Der initiativreiche Europäer hat nach einer schweißtriefenden Stunde ein Vermögen für Taxis verbraten, sein Blutdruck hat sich verdoppelt, und er hat sich mit seinem ägyptischen Kumpel gestritten. Der lethargische Ägypter wartete unterdessen in aller Ruhe ab, schlürfte seinen Tee und verpaßte keine Sekunde des Spiels. Und dann hat Ajax, wie immer, wenn ich gucke, auch noch verloren.

Maher ist der einzige Muslim, den ich kenne, der nie in die Moschee geht. Er fastet zwar während des Ramadan, aber nur, weil alle es tun. Wie kam es dazu? Wir sitzen in seinem Zimmer und warten auf einen Sportschaubeitrag über Mahers Lieblingsfußballverein al-Ahlî. Der Verkehr brummt, in der Nähe schreien spielende Kinder. Neben Mahers Bett, unter dem mannshohen Plakat einer Alpenlandschaft, liegen zwanzig komplette Jahrgänge der *al-ʿArabî*, einer Monatsschrift über Kultur und Politik.

Mahers Abfall vom Glauben begann, als er sechzehn war. Er las Descartes und war schwer beeindruckt. Aber Descartes kam aus dem Westen, und Maher hatte immer nur gehört, daß der Westen letztlich beabsichtige, den Islam zu vernichten. Mit achtzehn Jahren las er al-Ghazzâlî. »Das war so eine Erleichterung für mich«, erzählt Maher. »Daß ein Muslim sagte: Zweifle! Kritisches Denken ist gesund! Und er sagte es Jahrhunderte vor Descartes, aber das möchte der Westen nicht zur Kenntnis nehmen.«

Sorgenvoll beobachtet Maher, wie rigide der Islam heutzutage ausgelegt wird. »Wenn du die Koranverse zum Beispiel über Frauen einfach so nimmst, wie du sie vorfindest, dann läuft es auf Unterdrückung hinaus. Aber in einer Deutung, die berücksichtigt, welche Entwicklung die Menschheit bis heute durchgemacht hat, lassen sie sich sehr wohl mit Menschenrechten vereinbaren, ja, sie fügen sogar eine religiöse Dimension hinzu.« Er sieht mich an. Kannst du damit etwas anfangen? scheint er zu fragen. Ich äußere vorsichtig, daß mich seine Auffassungen an die von Abû Zayd erinnern. Als das fundamentalistische Establishment von Tantâwîs Azhar-Moschee Wind von den Ansichten dieses Korangelehrten bekam, stempelte es ihn zum Abtrünnigen. Abû Zayd wurde für vogelfrei erklärt und zwangsgeschieden – eine Muslimin darf nicht mit einem »Ungläubigen« verheiratet sein.

Maher fährt hoch. »Genau! Abû Zayd gibt dem Islam seine universelle Dimension zurück. Nicht *ein* Islam für eine bestimmte Zeit und einen bestimmten Ort, sondern eine allesumfassende Vision für die gesamte Menschheit. Er ist großartig.« Ich frage ihn, ob er auch mit seinen fundamentalistischen Freunden und Bekannten über solche Themen redet. Maher seufzt. »Wir streiten uns. Ich sage, daß Frauen sich ebenso wie Männer entfalten können müssen, sie hingegen sagen, daß Frauen die Kinder großziehen und es ihren Ehemännern recht machen sollen. Sie sind überzeugt, daß Frauen sich außer Haus garantiert auf sündhafte Handlungen einlassen würden. Sie nennen mich einen schlechten Muslim, ich komme in die Hölle, der Koran sagt dies, der Koran sagt das, und *chalâs*, basta.« Er schweigt einen Moment. »Es steht ihnen frei zu denken, was sie wollen, aber das gilt auch für mich. Ich prüfe jeden Gedanken und jede Theorie, auch wenn sie von einem Juden stammen.« Er kichert.

Der Fundamentalismus vergiftet das ganze Leben, fährt er traurig fort. Seinen besten Freund, Sayyid, hat er deswegen verloren. Schnell nimmt er einen Schluck Tee, der noch viel zu heiß ist. »*Yâ nahâr abyad*, oh Weißer Tag«, flucht er und eilt zum Wasserhahn. Aber die Wasserversorgung ist mal wieder unterbrochen, also setzt er sich unverrichteter Dinge wieder hin. »Bis wir fünfzehn waren, haben Sayyid und ich uns jeden Tag gesehen. Wir haben Fußball gespielt, Bücher gelesen usw. Sayyid kam währenddessen auch seinen religiösen Pflichten nach. Ein paar Leute haben ihn dann unter Druck gesetzt, ließen ihn nur noch bestimmte Bücher lesen. Ich las Bücher über alles mögliche, er griff nur noch zu fundamentalistischen Werken.« Der Tee ist abgekühlt, und wir lauschen auf die hereinwehenden Geräusche. Es ist der Fernseher bei den Nachbarn, wohlhabende Geschäftsleute, die nicht nur einen Mercedes, sondern auch eine Satellitenschüssel haben. Damit kann man ausländische Sender empfangen – ganz praktisch, wenn man mal Sport oder einen Erotikfilm sehen möchte. »Sayyid will mir jetzt nicht einmal mehr eine Plastiktüte leihen, aus Angst daß ich Videokassetten reinstecke. Videos sind etwas Teuflisches!«

Wir plaudern ein bißchen über die Meisterschaftschancen verschiedener ägyptischer Fußballklubs. Gespräche über Fußball weiß ich zunehmend zu schätzen als eines der wenigen Themen, über die ich hier genauso reden kann wie mit meinen niederländischen Freunden. Außerdem erfreuen sich Ajax und die »Oranjes« immenser Beliebtheit. Ganz komisch, aber die Leute finden dich sofort nett, wenn sich herausstellt, daß du aus demselben Land kommst wie Gulliet und BanBasten.

Hazem kommt angerauscht und stimmt eine Lobeshymne auf Wisâma an. Amüsiert hören wir ihm zu. Die Sportschau läuft gerade, als plötzlich Herr Nabîl vorbeischaut. Frustriert schaltet Maher den Fernseher aus, ein Gebot der Höflichkeit. Herr Nabîl ist der Vater eines Freundes von Maher. Er ist guter Laune, denn sein Sohn hat soeben sein Abiturergebnis erfahren: Fünfundneunzig Prozent, das reicht für ein Medizinstudium. Maher hat mir schon früher von Herrn Nabîl erzählt. Bis zu seiner Heirat war er ein eifriger Fundamentalist. Er trug einen langen Bart, und in seinem *gallâbiyya* steckte immer ein Taschenkoran. Wenn er sich nicht gerade in der Moschee aufhielt, spielte er mit hoher Lautstärke eine seiner unzähligen Kassetten mit Predigten. Die Häuser in der Gasse sind vierstöckig und dicht aufeinander gebaut. Zwischen den Häusern hallt es fürchterlich.

Am Tag vor der Hochzeit stellte ihn seine zukünftige Schwiegermutter vor die Wahl: Schluß mit dem Fundamentalismus, oder alle Frauen würden während der Hochzeit Radau machen. Und danach auch. Seine Schwiegermutter legte keinen Wert darauf, einen Scharfmacher in der Familie zu haben, und forderte für ihre Tochter und ihre Enkel normale Lebensverhältnisse. Zudem würde Nabîls augenfälliger Fanatismus ihm an seinem Arbeitsplatz beim Finanzministerium nur Ärger einbrocken.

Nabîls Bart mußte ab, der Kontakt zu seinen fanatischen Freunden in der Moschee wurde auf ein Minimum zurückgeschraubt, und die Kassetten verschwanden in Schwiegermamas großer Handtasche. Rein äußerlich ist Herr Nabîl heute ein stinknormaler Beamter, aber wenn die Gattin nicht zugegen ist, läßt die Katze das Mausen nicht. »Ich bedauere es zutiefst, daß ich euch nie mehr in der Moschee sehe, Maher. Ich rate dir, wieder beten zu gehen.« Maher seufzt und schweigt. Nabîl zitiert einen Koranvers. »Herr Nabîl, haben Sie herzlichen Dank für Ihren wertvollen Rat. Ich werde darüber nachdenken«, sagt Maher höflich. Nabîl schüttelt den Kopf. »Von wegen nachdenken, ein Muslim betet.«

Schweigen.

»Verstehst du das?« fragt er mich. »Der Bursche unterschreibt sein eigenes Todesurteil. Wenn er nicht betet, kommt er schnurstracks in die Hölle!« Hazem und Maher prusten. »Herr Nabîl, Joris kommt sowieso schon in die Hölle.«

Sayyid, der ehemalige beste Freund von Maher, ist, wie sich am nächsten Tag herausstellt, tatsächlich ein ziemliches Arschloch. Aber zunächst gehe ich zum Filmfestival von Kairo. Dort laufen drei Wochen lang neuere Filme aus aller Welt, und zwar unzensiert. Die Organisation ist eine Katastrophe, Vorführungen fangen zu spät an oder gar nicht, dem Programm fehlt die große Linie, und das Programmheft ist unzuverlässig. Für heute verspricht es einen griechischen Film, aber der gezeigte Streifen entpuppt sich durch mehrere Samba-Einlagen und eine Danksagung an ein portugiesisches Übersetzungsbüro als brasilianischer.

Ein Tumult bricht los. Mit geballter Faust fordern Dutzende Männer den versprochenen Film. Ist die griechische Filmkunst tatsächlich so beliebt, daß die Leute dafür auf die Barrikaden steigen? Was ist mit den täglichen Erniedrigungen in der Bürokratie? Okay, damit kann man leben. Polizisten, die auf eigene Rechnung Strafzettel schreiben?

Alles halb so wild. Eine korrupte Regierung, die das halbe Land ausplündert? Meinetwegen. Aber Hände weg vom griechischen Film!

Ganz so ist es nicht. Der griechische Streifen enthält Nacktszenen. Nach einer halben Stunde erscheinen griechische Schriftzeichen. Zufrieden sinken alle auf ihren Sitz. Bei den Nacktszenen wird gepfiffen, gejohlt und gejuchzt, ansonsten reden alle angeregt durcheinander. Das wird wohl damit zu tun haben, daß die Originalfassung mit französischen Untertiteln gezeigt wird.

Hinterher schlägt Maher vor, bei Hazem vorbeizuschauen. Wir warten in einem der Minibusse, bis er nach einer Viertelstunde voll ist. Dann brettern wir hupend nach Haram, dem Stadtteil, wo auch ich jetzt wohne (immer noch ohne Telefon usw.). Wieder klappt es nicht mit dem Zahlen. »Wie oft muß ich es dir noch erklären«, fragt Maher. »Du bist mein Gast.« Ich erwidere, daß ich nicht sein Gast sein möchte. Maher schüttelt verlegen den Kopf.

Shâri' al-Haram, die Pyramidenstraße, ist eine fünfzehn Kilometer lange, schnurgerade Rennstrecke ohne Fahrbahnmarkierungen. Lkws donnern über die Piste, Taxis fahren im Zickzack, Esel trotten daher, und Minibusse schalten in Sekundenschnelle von achtzig auf Null, wenn der Fahrer am Straßenrand einen Kunden ortet. Es gibt kaum Ampeln, also wer die Straße überqueren will, muß den richtigen Moment abpassen und rennen. Manch ein Haram-Bewohner hat einen Bruder oder eine Schwester an die Straße verloren. »Vielleicht ist Hazem am Gewichtheben«, sagt Maher, als wir aussteigen. »Er hat gestern zusammen mit meinem Bruder angefangen. Sie wollen jeden Tag ins Studio gehen.«

»Wisâma«, antwortet Maher auf meinen verdutzten Blick.

»Damit er sie beschützen kann?«

»Ja, und auch aus anderen Gründen.« Maher grinst über das ganze Gesicht. »Orientalische Mädchen stehen auf muskulöse Männer. Die verheißen mehr Lust.« Wir laufen durch eine staubige Gasse zu Hazems Haus. Vom Balkon aus kann man hier den Nachbarn gegenüber die Hand reichen. So können auch die Frauen tratschen, ohne aus dem Haus gehen zu müssen. Baumaterial liegt herum, und ich versinke bis zu den Knöcheln in einer gelben Sandpfütze. Jemand stockt gerade sein Haus auf für einen Sohn, der bald heiratet. »Warte kurz«, sagt Maher und watet durch den Sand. Obwohl ich schon oft bei Hazem zu Besuch war, ist es ausgeschlossen, daß ich sofort mit hineingehe. Manchmal ist es recht schwer, so etwas nicht persönlich zu nehmen.

Während wir die Treppe hinaufsteigen, macht Maher ein angewidertes Gesicht und zeigt auf ein blaues Fahrrad. »Sayyid, du weißt schon, mein bester Freund von früher. Bah!« Sayyid hat Maher letzte Woche einen *kâfir* genannt: Ungläubiger oder Abtrünniger (daher stammt auch das Wort »Kaffer«). Es gibt kaum ein kränkenderes Schimpfwort unter den Muslimen. Viele von ihnen sind der Ansicht, daß Abtrünnige – wenigstens in der Theorie – getötet werden sollten. In den siebziger Jahren bekam diese Auffassung eine neue Dimension mit der Gründung der brutalen Terroristengruppe *Takfîr wa Hidjra*: »Für ungläubig erklären und Emigration«. Die Gruppe lehnte die verwestlichte ägyptische Gesellschaft ab und stempelte die dort lebenden Muslime pauschal zu Ungläubigen, die den Tod verdienten. Geistiger Vater der Takfîr-Theorie ist Sayyid Qutb, derselbe Denker, für den 'Imâd der Fundamentalist so sehr schwärmt. Im übrigen verweist »Emigration« auf die Auswanderung des Propheten aus Mekka nach Medina, nachdem die Bewohner Mekkas nicht auf ihn hören wollten. Manche Mitglieder der Takfîr zogen sich denn

137

auch tatsächlich aus der Gesellschaft zurück, anstatt sie kaputtzuschießen.

Maher und Sayyid treffen sich nur noch durch Zufall oder bei Hazem, mit dem Sayyid immer noch befreundet ist. Das ist natürlich der Nachteil, wenn man unangekündigt bei jemandem hereinplatzt: Man weiß nie, wem man über den Weg läuft. Im Trainingsanzug bugsiert Hazem uns in sein kleines Zimmer. Seine Familie bekomme ich nie zu Gesicht. Wenn ich auf die Toilette gehe, wartet Hazem vor der Tür und lotst mich mit sanfter Hand sofort zurück. Nie kann ich mich also bei seiner Mutter und seinen Schwestern persönlich für die herrlichen Speisen bedanken, die mir jedesmal bergeweise vorgesetzt werden. Aber sie wollen auch nicht, daß ich ihnen persönlich meinen Dank ausspreche, denn das wäre unhöflich.

»Nicht zum Training gegangen?« fragt Maher. Hazem ist auch zu Hause geblieben, als er erfuhr, daß Mahers Bruder Omar mit einem schrecklichen Muskelkater im Bett lag. »Sayyid ist da«, flüstert Hazem mit einem unsicheren Lächeln. Maher nickt gleichmütig.

»Joris! Friede mit dir!« Sayyid meint, wir wären uns schon einmal begegnet. Kann sein, denn ich werde Tag ein, Tag aus mindestens fünfzehn verschiedenen Leuten vorgestellt. »Wie schön, dich wiederzusehen! *Wihischtînî*, du hast mir gefehlt.« Herzlich schüttelt Sayyid mir die Hand. Nicht nur mir, sondern auch Maher.

»*Inta aktar*, du hast mir noch viel mehr gefehlt«, murmele ich, denn das ist es, was man auf *wihischtînî* erwidert. Wie früher mit 'Imâd habe ich mich mit Sayyid innerhalb von zehn Minuten in den Haaren über die Stellung der Frau. Am Ende stecken wir bis über die Ohren im Grabenkampf. Er zieht sich zurück auf: »Allah hat recht, denn das steht im Koran, und der ist wahr, denn er ist Allahs Wort.« Ich verschanze mich hinter: »Alle Menschen sind gleich, weil das nun mal so ist.« Sayyid hat das letzte Wort: »Warte nur, bis du Aids kriegst, oder deine Schwester.«

»Mansûra hat gegen Zamalek 3:2 gewonnen«, eilt Hazem etwas geknickt zu Hilfe. Mahers Gesicht heitert sich auf, als wäre weit und breit kein Sayyid zu sehen. Das großkotzige Zamalek ist das Bayern München von Ägypten, und Hazem läßt kein einziges Spiel aus. Maher ist ein Anhänger des eher proletarischen Vereins al-Ahlî. »*Yâ nahâr abyad!* Oh Weißer Tag! Als ich an der Uni ein Zwischenergebnis erfuhr, war Zamalek gerade 2:0 in Führung gegangen!« Er klatscht in die Hände und steht vor Freude immer wieder auf. Hazem muß ausführlich über das Spiel berichten, was er zwar gewissenhaft, aber sichtlich ohne Freude tut.

»Magst du keinen Fußball?« frage ich Sayyid.

»Oberflächliches Getue«, antwortet er und zeigt gen Himmel. »Ich weihe mich unserem Gott, wie es im Koran geschrieben steht: Mögen die, die sich wahre Muslime …« Maher unterbricht ihn: »In einigen Monaten fängt die EM an. Ich freue mich total darauf. Alle Ägypter sind für Holland. Wenn ihr spielt, sind die Straßen wie leergefegt.« Sayyid schaut Maher so giftig wie möglich an, doch der hat Spaß an der Sache gefunden. »Das ist doch super, wie Fußball die Menschen zusammenbringt? Die Religion dagegen sät nur Zwietracht.« Maher schweigt einen Moment, aber offenbar muß er den Stachel noch tiefer in Sayyids Seele pflanzen. Er tut es mit Vergnügen: »Vielleicht sollten alle Religionen eine Fußballmannschaft aufstellen. Der Sieger bekommt dann das religiöse Recht auf seine Seite!« Hazem schaut weg, und Sayyids Augen sprühen Feuer. Er zitiert einen Vers, aus dem hervorgeht, daß Maher ein Heuchler sei, und dann greift Hazem ein: »Joris, erzähl mir doch mal, wie kann man bloß Tee ohne Zucker trinken?«

Es dauert jedoch nicht lange, da geht es wieder schief. Wie im Westen manchmal dort lebende Muslime für Greuel verantwortlich gemacht werden, die irgendwo in der Welt im Namen des Islam verübt werden, so spricht mich Sayyid auf die westliche Außenpolitik an. »Tschetschenien, deutsche Neonazis, der Golfkrieg, Libanon, Palästina, Bosnien. Überall auf der Welt werden Muslime ausgerottet. Menschenrechte, Neue Weltordnung, Demokratie ... muslimische Kinder werden ermordet und vergewaltigt. Von Christen! Was würdest du davon halten, wenn wir unsere Christen so behandeln würden?«

Sayyid liest vermutlich die fundamentalistischen Oppositionszeitungen. Mehrere Jahre nach Beendigung der Kämpfe drucken diese immer noch Fotos vom Gemetzel im ehemaligen Jugoslawien. Es hat viel böses Blut geschaffen, daß der Westen zwar eingegriffen hat, um die äußerst unbeliebten Ölscheichs in Kuwait im Sattel zu halten, aber dem Morden in Bosnien tatenlos zugesehen hat. Wenn sie nicht gar glauben, daß der Westen die Massaker eigenhändig orchestriert hat, denn dieselbe fundamentalistische Presse veröffentlicht regelmäßig wortreiche Beweise für die Anschuldigung, daß die Serben Waffen, Geld und Befehle aus dem Westen erhalten hätten. Ich sage, daß Gerechtigkeit etwas für Film und Dichtung ist, daß es in internationalen Beziehungen aber um Macht geht. Jeder Politiker, der etwas anderes behauptet, ist ein Idiot, ein Lügner oder beides zugleich. Das gilt genauso für arabische wie für westliche Staatsmänner.

Sayyid schnaubt vor Wut: »Tatsächlich sind eure Führer genauso ungerecht wie unsere. Aber ihr habt sie euch selbst gewählt! Im Islamischen Reich herrschte vollkommene Gerechtigkeit. Die jüdischen und christlichen Minderheiten lebten in völliger Freiheit und Gleichheit. Schau doch, wie die christlichen Führer mit der muslimischen Minderheit umspringen ...«

»Woher nehmt ihr überhaupt das Recht, euch in den Nahen Osten einzumischen?« fährt Sayyid fort. »Die arabischen Länder befinden sich entweder im Kriegszustand, oder der Westen hat sie im Sack, oder sie werden boykottiert. Du brauchst dir bloß die Landkarte anzugucken: in Algerien, Somalia, Syrien und Libanon Krieg, Sanktionen gegen Libyen, den Sudan, Iran und Irak, und Jordanien, Saudi-Arabien, die Golfstaaten und Ägypten unter der Fuchtel des Westens! Der Westen diktiert, was in der Welt passiert, aber hält über die Vereinten Nationen den Schein aufrecht, als würde es sich um den Willen der internationalen Gemeinschaft handeln. So wurde aus dem Golfkrieg eine legitime Intervention, wo es doch in Wirklichkeit darum ging, sich billiges Öl zu sichern. Ist es so verwunderlich, daß wir antiwestlich sind?« Ich schweige, weil es keinen Sinn hat zu widersprechen und weil ich die Dinge noch nie so gesehen hatte und erst einmal überdenken muß.

Zu viert gehen wir raus, um etwas zu essen. Maher friert und fragt, ob er sich Sayyids Fahrrad borgen kann, um einen Pullover zu holen. »Ich fahr dich hin«, sagt Sayyid mürrisch, »steig hintendrauf.« Dort fahren sie, mit großen Schlenkern um die vielen Kuhlen und Müllhaufen. Um sich festzuhalten, hat Maher seinen Arm freundschaftlich um Sayyids Hüfte geschlagen. »Früher war ich sehr religiös und sah Sayyid jeden Tag«, erzählt Hazem. »Aber *chalâs*, genug, ich bin schon lange nicht mehr so fanatisch. Und doch besucht mich Sayyid immer wieder. Vielleicht hofft er, daß ich zurückkommen werde.« Hat Wisâma etwas damit zu tun, daß sein Fanatismus sich gelegt hat? »Nein, die kam viel später«, lacht er. »Ach, ich bete täglich und erfülle meine Pflichten. Fanatismus ist eher was für Schulkinder, glaube ich.« Er zuckt mit den Achseln. »Für alles gibt es ein Alter.«

Als Maher und Sayyid wieder da sind, gehen wir *kuscherî* essen. Zusammen mit Bohnensandwiches und fritierten Kichererbsen ist *kuscherî* Nahrungsmittel Nummer eins. Es besteht aus Reis, Spaghetti, Maccaroni, Kichererbsen, gerösteten Zwiebeln und Tomatensoße. Die kleinen *Kuscherî*-Imbisse erkennt man an den mannshohen, silberfarbenen Bottichen, in denen die Pasta und der Reis warmgehalten werden. Im Stadtzentrum gibt es ein paar nach McDonald's-Vorbild eingerichtete *Kuscherî*-Lokale: blitzsauber, Neonlicht, makellos gekachelt und flotte Bedienung durch höfliche Männer in Uniform. Statt Popmusik spielen sie Koranrezitationen.

Ich kann einen kleinen Sieg verbuchen: Weil Maher mit Sayyid beschäftigt ist, gelingt es mir, die Rechnung zu zahlen. Vier Schüsseln plus *bebs* machen drei Pfund fünfzig. Ein Krater in Mahers Finanzen ließ sich gerade noch mal verhindern. Warum trägt Sayyid eigentlich keinen Bart? Wieder diese funkensprühenden Augen. »Auf meiner Arbeit ist das verboten.« Aber nach seinem Glauben ist der Bart doch ein Gebot? Er nickt verärgert. »Wie kann ich sonst in eine Machtposition vorrücken? Es ist besser, erst mal leisezutreten, um dann später um so härter zuzuschlagen. Unserem Herrn ist nicht mit unbewaffneten Soldaten gedient.« Er zitiert einen Koranvers. Als er hört, daß wir in ein Kaffeehaus gehen wollen, verschwindet er, mißbilligende Koranverse über derlei Vergnügen auf den Lippen.

Maher blüht auf und lädt uns auf eine Wasserpfeife ein. Um uns herum spielen Männer Backgammon, Domino oder Schach und treffen sich mit ihren Nachbarn. Im Fernsehen läuft eine ägyptische Seifenoper. Fast niemand schaut hin, der Ton ist heruntergedreht. Hin und wieder kommt jemand herein, schüttelt hier und da Hände, macht ein Schwätzchen und zieht wieder weiter. »Maher und ich gehen seit zehn Jahren jeden Tag hierher«, erzählt Hazem. »Und hoffentlich auch die nächsten fünfzig Jahre.« Ich kann es mir vorstellen, was für eine wohltuende Gemütlichkeit. Und wenn sie irgendwann heiraten? Ich fühle mich etwas benommen – Nichtraucher werden doch ein wenig high von der Wasserpfeife. »Auch dann will ich immer noch gute Gespräche führen«, lächelt Hazem. »Wisâma ist meine Liebe, aber Maher ist mein Freund.« Gegen Mitternacht sage ich den beiden Tschüß und nehme ein Taxi, unweit der Stelle, wo sieben Stunden später ein bestialisches Blutbad angerichtet wird.

Im Radiowecker ist es die zweite Nachricht nach einer Meldung über die Bombardierung libanesischer Bürger durch die israelische Luftwaffe: Bei einem Attentat auf das Hotel Europa in der Pyramidenstraße, gegenüber von Mahers Gasse, sind achtzehn Griechen erschossen worden. Wahrscheinlich wurden sie für israelische Touristen gehalten.

Mahers achtjähriger Bruder hat alles gesehen. »Es war wie in einem amerikanischen Film«, erzählt er begeistert. All seine Freunde hatten die Augen abgewendet, nur er hat hingesehen. »Sie riefen *Allahu Akbar*, Allah ist groß, und schossen ihre Magazine leer.« Die Täter sind durch die Straße geflohen, wo wir immer Tee trinken und Schach spielen. Mahers kleiner Bruder weiß endlich, was er später einmal werden möchte: Polizist.

Alle Anwohner wurden vernommen. Alle Männer mit Bart wurden auf die Wache mitgenommen, obwohl die Terroristen gar keine Bärte trugen. Auch Maher wurde aufgesucht und gefragt, ob er Fundamentalisten kennt. Offenbar ist Maher schon früher einmal von der Sicherheitspolizei verhört worden. »Sie wollten wissen, warum ich soviele Leute an der Uni kenne. Und warum ich in meinem Alter noch studiere«, sagt er fröhlich. Er saß drei Tage in einer Zelle. »Es war ein Mißverständnis. Hinterher hat der ranghöchste Offizier sich persönlich bei mir entschuldigt. In einem speziellen Jeep haben sie mich nach Hause gefahren.« Er erzählt es ohne eine Spur von Ressentiment. Haben sie noch Fragen über mich gestellt? Er schaut mir direkt in die Augen und sagt mit sicherer Stimme: »Wir haben nicht über dich gesprochen.«

Schon seit Beginn des Ramadan ist Maher niedergeschlagen. Er erscheint kaum noch an der Universität, Fußball interessiert ihn nicht mehr, seine Freundin soll gucken, wo sie bleibt, und regelmäßig schweift sein Blick ins Leere. Was mit ihm los ist, wird deutlich, als wir für die letzten drei Tage des Ramadan mit Maher, seinem Bruder Omar und Hazem zum Haus von dessen Cousin in der Stadt des 6. Oktober fahren.

Der Ramadan ist eine warmherzige Zeit. Es herrscht ein Zusammengehörigkeitsgefühl, so wie ich es nur vom 4. Mai in Holland kenne, dem Tag, an dem jedes Jahr der Opfer des Zweiten Weltkriegs gedacht wird. Nur ist die Stimmung hier heiterer. Während des Ramadan wird zwischen Sonnenaufgang und Sonnenuntergang auf Rauchen, Essen, Trinken und Sex verzichtet. Der Gedanke dabei ist, daß man, wenn man das körperliche Bedürfnis nach Nahrung und Sex im Griff hat, auch andere Impulse wie Habgier, Rachegelüste, Aggression usw. kontrollieren können soll. Die meisten Muslime, mit denen ich darüber gesprochen habe, sind der Ansicht, daß sich eben darauf auch das *djihâd* beziehe, das in den Medien oft als »heiliger Krieg« übersetzt wird. In der Zeit Muhammeds bedeutete es tatsächlich den »heiligen Krieg zur Verbreitung des Islam«. Heutzutage wird es jedoch als »(heiliger) Kampf gegen (sündhafte) Triebe« ausgelegt. Der Stamm *dj, h, d*, auf den *djihâd* zurückgeht, bedeutet auch einfach »sich bemühen«. Eine Minderheit interpretiert *djihâd* immer noch als »heiliger Krieg«, allerdings zur Verteidigung des Islam. Es gibt eine Terrorgruppe namens Djihâd, und die afghanischen

Rebellen, die gegen die Sowjetherrschaft kämpften, nannten sich Mudschaheddin, eine Bezeichnung, welche denselben arabischen Wortstamm aufweist. Manche Kolumnisten und Politiker behaupten, die Idee des *djihâd* mache den Islam grundsätzlich zu einer aggressiven Religion. Offenbar wollen sie nicht verstehen, daß es nicht in erster Linie um die Wörterbuchbedeutung geht, sondern darum, wie ein Begriff ausgelegt wird.

Das Fastenbrechen am Ende des Tages ist immer wieder ein Phänomen. Der Verkehr kommt vollständig zum Erliegen, endlich schweigen auch die Hupen. Die Sonne ist gerade unter dem Horizont versunken und färbt den Himmel purpur, während über die Dächer der Aufruf zum Gebet weht, zum Zeichen, daß der Fastentag vorüber ist. Auf den Straßen stehen lange Tische von Restaurants oder vermögenden Wohltätern, die während des Ramadan andere an ihrem Reichtum teilhaben lassen. Das Klirren von Messern und Gabeln, Erleichterung und Stolz darüber, daß es wieder vollbracht ist …

Nach dem Essen legen sich alle kurz aufs Ohr, um danach in der Stadt flanieren zu gehen. Väter spendieren ihren Familien während des Ramadan neue Kleider, und die müssen natürlich vorgezeigt werden. Die Mädchen tragen tagsüber kein Make-up. Ist die Sonne untergegangen, dürfen sie sich schminken, und außerdem machen sie, was sie normalerweise nicht tun dürfen: Wasserpfeife rauchen. Scharen von jungen Männern bestaunen in den Kaffeehäusern die Mädchen, die die Mundstücke der Wasserpfeife lächelnd, aber verführerisch über ihre Lippen gleiten lassen. Mama steht derweil die ganze Nacht in der Küche, um spezielle Ramadangerichte zuzubereiten, die die Familie kurz vor Sonnenaufgang in sich hineinschaufelt. Im Fastenmonat wird man nicht gerade dünner.

Trotz allem bin ich froh, daß er nun bald zu Ende geht.

Um mein Außenseitertum nicht noch mehr zu unterstreichen, faste ich wie die anderen, doch zusammen mit der Konzentration, die das Arabischsprechen erfordert, ist das äußerst anstrengend. Und in den Himmel komme ich deswegen auch nicht, obwohl 'Imâd der Fundamentalist mir gesagt hat, womöglich dürfte ich für jeden Fastentag einen Tag im Himmel weilen. Er war übrigens enttäuscht, daß ich gefastet habe: »Du willst ein Atheist sein?« sprach er abfällig. Was er aber nicht weiß: Jeden Tag so um die Mittagszeit verputze ich auf der Toilette zwei kleine Marsriegel.

Irgend etwas ist los. Vor zwei Stunden hätten wir in die Stadt des 6. Oktober aufbrechen sollen, aber Maher und Omar schieben die Abfahrt immer wieder hinaus. Mit gedämpfter Stimme zanken sie sich, nur bekomme ich durch Hazems angeregten Small talk nichts Genaues mit. Manchmal verstehe ich das Wort »Vater«. Das Fasten macht alle leicht gereizt, doch dieser Ton ist wohl etwas zu scharf dafür. Nach einer weiteren Stunde Geplänkel und zusätzlichem Geschrei von Mahers Mutter fahren wir dann endlich doch.

Im Minibus läuft dröhnend eine Kassette der populären marokkanischen Sängerin Karima:

Nach dir habe ich die Welt durchkämmt / An jedem Ort habe ich dich gesucht / Mein Herz jedoch war dir ein Fremder / namenlos, Anschrift unbekannt

Die Stadt des 6. Oktober ist eine dieser Wüstenstädte, die erbaut wurden, um der stetig anwachsenden Bevölkerung ein Obdach zu bieten. Derzeit kommen alle neun Monate eine Million Ägypter hinzu. All diese Menschen siedeln in einem Landstreifen, der nicht größer ist als Holland – Ägypten besteht zu sechsundneunzig Prozent aus Wüste. Das Problem ist aber, daß dieser Landstreifen eine der

fruchtbarsten Gegenden der Welt ist. Von Jahr zu Jahr verwandelt sich immer mehr Ackerland in Wohngebiete. Die
Lösung wäre, die Ägypter zunehmend in Wüstenstädten
unterzubringen und die Böden am Nil für die Landwirt-
schaft zu nutzen. Seit den siebziger Jahren fördert die Regierung die Ansiedlung von Industrieunternehmen in der
Wüste, nach dem Motto: Den Arbeitsplätzen werden die
Arbeiter schon folgen. Es gibt bereits Wüstenstädte, die
nach dem Zehnten Ramadan, einem religiösen Feiertag,
und nach den Präsidenten Nasser und Sadat benannt wurden. Die Stadt des 6. Oktober erinnert an den Krieg mit Israel von 1973, den letzten Krieg zwischen den beiden
Nachbarländern, bis sie 1979 Frieden schlossen.

Bei meiner Ankunft verstehe ich auf einmal das Wort
»Niederlassung«. Die sechsstöckigen Wohnsilos sehen aus
wie von Außerirdischen aus dem Himmel »niedergelas-
sen«. Batsch! eine Stadt. Man könnte sich auch in einer ost-
europäischen Plattenbausiedlung wähnen. Alles wirkt
grau, einförmig und leblos. Kein Kairoer würde hier wohnen wollen. Die Lebensmittelpreise sind in der Wüste
höher, und Geselligkeit ist dort ein Fremdwort. Keine Kaffeehäuser, Theater oder Nilpromenaden. Zudem konzentrieren sich alle Ämter in der Hauptstadt. Die wenigen
Menschen, die die Stadt des 6. Oktober bevölkern, tun dies
gezwungenermaßen. Sie haben bei dem Erdbeben von
1992 oder durch Enteignungen ihre Häuser verloren. Im
leeren Appartementhaus von Hazems Cousin, das sechzig
Wohnungen zählt, nutzt der einzige andere Bewohner die
Einsamkeit, um wahnsinnig laute Musik zu spielen.

Maher und Omar zanken sich schon wieder. Der Streit
hat mit ihrem Vater zu tun. Immer ein kerngesunder Poli-
zeioffizier, wurde er eines Tages furchtbar krank. Niemand
wußte, woran er litt, und innerhalb von zwei Wochen war
er tot, mit vierunddreißig Jahren. Mahers Mutter möchte

morgen mit ihren beiden Söhnen das Grab besuchen. Deshalb fährt Omar heute abend zurück nach Kairo. Maher bleibt. »Was bringt das schon. Die hocken in ihren schwarzen Gewändern den ganzen Tag auf dem Grab und weinen. Die haben Proviant dabei und jammern und jammern. Und Omar macht das alles mit.« Omar, gerade mal achtzehn, weicht meinem Blick aus.

Eine Stunde vor dem Fastenbrechen habe ich so entsetzlichen Hunger und Durst, daß ich fast durchdrehe. Maher schläft, Hazem versucht, über Fernsehen und Kochen seinen Hunger zu vergessen. Dann geht die Sonne unter, und wir stopfen uns voll. Kriechend vor Magenschmerzen schleppen wir unsere Bäuche vor die Glotze. »Schon seit achtundzwanzig Tagen nehme ich mir vor, ganz ruhig zu essen, und schon seit achtundzwanzig Tagen geht es immer wieder schief«, grinst Maher, während er sich über den Bauch streicht. »Heute ist der neunundzwanzigste Tag.« Auch ich liege mit Bauchkrämpfen auf der Couch. »Fasten ist gesund«, höre ich immer wieder, »deshalb ist es ein Muß.« In diesem Fall ziehe ich es allerdings vor, ungesund zu leben. Bis du essen darfst, legen galoppierende Kopfschmerzen dein Hirn lahm, nach dem Essen rumort eine Kanonenkugel im Magen.

Bis Sonnenaufgang schauen wir fern, spielen Karten und hören Musik. Kurz vor fünf schlagen wir uns noch mal den Bauch voll. Dann legen wir uns schlafen, am besten möglichst lange. Im Schlaf ist es immerhin am leichtesten, nicht ans Essen zu denken. Am nächsten Tag wiederholt sich dieses Muster, nur nehme ich am Abend den Bus nach Kairo. Maher und Hazem bleiben noch eine Nacht. Während Hazem das Geschirr spült und aufräumt, bringt Maher mich zur Bushaltestelle. Es kommt nicht in Frage, daß ich ihnen helfe, Gäste werden verwöhnt. Mein Vorschlag, mich an den Kosten des Essens zu beteiligen, ist sogar eine Beleidigung.

In den menschenleeren Straßen bringt die taufrische Wüstenbrise hier und da die Plastikplanen auf den Baustellen zum Flattern. Es ist das einzige Geräusch. Ich frage Maher, was los ist. »Mein Vater und ich hatten immer eine enge Beziehung«, sagt Maher nach einer Weile. »Bevor er zur Arbeit ging, machte er mir oft das Frühstück. Wir genossen unsere gemeinsamen Ausflüge in die andere Welt, die geistige. Manchmal haben wir uns solange unterhalten, daß er zu spät zur Arbeit kam. Wir hatten etwas, ich meine, ein Vater, der einem Tee kocht … Er machte das nur mit mir, mit Omar war es *as-salâmu ʿalaykum* und *maʿ as-salâma*, Friede mit euch und Leb wohl.

Es gab Spannungen, weil ich selten zum Gebet ging. Aber er war stolz auf meine Neugier und wollte immer wissen, was ich las.« Der Bus ist noch nicht da. Mahers Blick gleitet über die Wohnhäuser und die schnurgerade Fernstraße nach Kairo. Die Stille ist spürbar, die Kälte der Sahara nistet sich in unseren Knochen ein. Zwischen den Häusern lärmt eine Grille. Maher zeigt nach Osten, und dann sehe auch ich es. Das tiefer gelegene Kairo strahlt soviel Licht aus, daß es einem vorkommt, als wäre dort die Sonne soeben untergegangen. Ein Sonnenuntergang im Osten, mitten in der Nacht.

Die Scheinwerfer eines Minibusses tauchen auf. Als ich meine Tasche schultere, dreht sich Maher zu mir um: »Mein Vater starb vor einem Jahr, während des Ramadan. An jedem Fastentag muß ich daran denken.«

6 Frauen und Islam:
von Eseln umstellt

»Fatima, wußtest du eigentlich, daß du unterdrückt wirst –
ich meine, wegen dem Kopftuch?«

»Wieso das denn? Ich trage es doch, weil ich das selbst
will? Ich glaube, ihr im Westen werdet unterdrückt.
Schließlich seid ihr keine Muslime.«

»Aber wir wollen gar keine Muslime werden.«

»Das meinst du doch nicht im Ernst. Wer möchte denn
schon gerne zur Hölle fahren?«

Wenn es hier ein Gesprächsthema gibt, dann ist es die Stellung der Frau. Gleichstellung mit den Männern, das Kopftuch, Arbeit außer Haus, Polygamie, doppelte Erbteile für
Söhne, Zeugenaussagen von Frauen, die nur halb zählen ...
das sind die zentralen Streitpunkte. Wie auch immer über
diese Fragen gedacht wird, der weitaus größte Teil der
Menschen hier scheint mit dem, was man in Westeuropa
»traditionelle Rollenverteilung« nennen würde, zufrieden
zu sein – der Mann arbeitet, die Frau kümmert sich um die
Familie. Sogar das Wort ist suspekt: »Eine Feministin bin
ich natürlich nicht«, sagt Layla, »aber ich finde schon, daß
Frauen und Männer gleich sind.«

Layla ist eine von vier Studentinnen der Politologie, die
ich häufiger sehe. Sie setzt sich oft neben mich in der Vorle

sung oder in der Bibliothek. Außerhalb der Uni will sie mich nicht treffen, ebensowenig wie ihre Busenfreundinnen Maha und Hind. Die drei haben mir jedoch ein Gespräch am runden Tisch versprochen, in dem sie mir ihre emanzipierte Interpretation des Islam erklären wollen. Ich erwarte einiges davon. Die Damen sind fleißige und wißbegierige Studentinnen im letzten Studienjahr, eigensinnig und unabhängig im Denken. Leider schieben sie das Treffen immer wieder hinaus. Wollen sie wirklich mit mir reden?

Imân, das vierte Mädchen, ist immer zu einem Gespräch bereit. Sie ist neunzehn und studiert im dritten Semester. Während in der ersten Vorlesung alle erst mal abwarteten, wie sich der Typ aus dem Westen macht, hat sie sich gleich neben mich gesetzt. Das macht sie seitdem immer, so auch heute in der Vorlesung über Unternehmensstrategien. Wir sitzen in langen Holzbänken, in der Mitte des Saals ist ein Durchgang. Das Verhältnis zwischen Studenten und Stundentinnen beträgt 70 zu 30, obwohl jährlich genausoviele Männer wie Frauen zugelassen werden. Imân trägt kein Kopftuch und gehört damit zu einer kleinen Minderheit. Zwar trägt insgesamt etwa die Hälfte der Studentinnen ein Kopftuch, in den Hörsälen jedoch sind es vier von fünf. Die meisten barhäuptigen Mädchen stehen lieber draußen herum. Dort können sie ungestört mit Freundinnen quatschen und mit den Jungs flirten, die reich genug sind, um sich schlechte Noten leisten zu können. Vorne rechts im Hörsaal sitzen die Mädchen mit Kopftuch, links die männlichen Streber. In den gemischten Bänken im hinteren Raum sitzen auch Mädchen ohne Kopftuch. Diese Sitzordnung hat keinerlei offiziellen Charakter, versichert Imân, sie ergibt sich einfach in der Praxis.

»Nehmen wir das Beispiel eines Betriebes, der ...« Den Blick auf die Wand gerichtet, auf einen imaginären Punkt neben der ägyptischen Fahne, sucht der Professor nach einem Beispiel. »… Zum Beispiel ein Betrieb, der Küchengeräte herstellt.« Sofort steigt aus der ersten Reihe ein beifälliges Kichern auf. Die Mädchen unter sich stoßen ihre Nachbarinnen an: »Hihi, Küchengeräte, damit kennen wir uns aus.«

Zwei Stunden später trinken wir eine Tasse Tee in der Morgensonne. An der Universität von Amsterdam wird der Tee lauwarm serviert. Hier wandert er direkt vom Herd in Plastikbecher, die man deshalb kaum anfassen kann. Das Rührstäbchen aus Plastik nimmt die bizarrsten Formen an. Teetrinken dauert eine Viertelstunde, in Holland hingegen zwei Minuten.

Gestern abend ist Imân etwas Spektakuläres zugestoßen. Sie will nicht verraten, was, also unterhalten wir uns über den Film, den sie gestern am Institut Français gesehen hat. Sie ist etwas konsterniert. Wieso läßt die französische Regierung ihr Kulturinstitut solche Schweinereien zeigen? Freiheit ist ein hohes Gut, aber man muß, wenn nötig, die Menschen auch vor sich selbst schützen. Diese ganzen Nacktszenen …

Imân ist anders als die anderen. Fast alle schreiben oben auf jeder neuen Seite in ihr Notizheft: *bismillah ar-Rahmân ar-Rahîm*, »im Namen Allahs, des Erbarmers und des Barmherzigen«, nur Imân verzichtet darauf. »Das ist eine Sache zwischen Allah und mir. Jeder Muslim muß das für sich entscheiden.« Sie hat eine Privatschule besucht und spricht fließend Englisch. Ihr Spiralbuch ist voll von Songtexten großer Stars wie Bon Jovi, Europe und Michael Jackson. Sie liebt amerikanische Filme. Auf den Umschlag hat sie mit bunten Filzstiften einen Satz aus dem Film *Forrest Gump* geschrieben: »*Life is a box of chocolates, you never know what you're going to get.*«

Wie schon aus ihrer Schulausbildung hervorgeht, stammt Imân aus der oberen Mittelschicht. Ihr Vater hat in Saudi-Arabien ein kleines Vermögen gemacht und hat schon ein paar Pilgerfahrten unternommen. Die Familie besitzt ein Sommerhaus am Mittelmeer und ist Mitglied in einem Countryclub. »Ich möchte später nach Amerika auswandern«, sagt Imân, als ich sie auf die Zitate im Spiralbuch anspreche.

Sie träumt davon, in den diplomatischen Dienst einzutreten, doch dazu braucht man leider *wusta*, Beziehungen. Für ihre zweite Wahl, das Bankwesen, gilt das weniger. Diesen Sommer hat sie ein dreimonatiges unbezahltes Praktikum bei einer Bank gemacht, und das hat ihr gut gefallen. Um ihre Chancen zu verbessern, studiert sie in den Abendstunden Japanisch und korrespondiert mit amerikanischen und französischen Freundinnen. Sie ist ausgesprochen nationalistisch und möchte bei jedem Vergleich zwischen Holland und Ägypten am liebsten hören, daß ihr Vaterland besser abschneidet. Das Schöne ist, daß Imân ihre scharfsinnigen Ideen gerne mit dem Rest der Menschheit teilt. Wer ihr widerspricht, der kann sich auf etwas gefaßt machen.

Bevor Imân mir die Stellung der Frau im Islam erklären wird, möchte sie erst noch vom gestrigen spektakulären Abenteuer erzählen: Der Bruder eines guten Freundes hat bei ihrem Vater um ihre Hand angehalten! Imân hat einen Riesenschreck bekommen. Der Mann ist zwölf Jahre älter und lebt in Jordanien. Sie hatte ihn bis dahin erst zweimal gesehen. »Jordanien! Dort zieht man doch nicht hin! Er wollte mir gleich sagen, was ich zu tun habe. Er wollte, daß ich mein Studium abbreche.« Sie wies ihn zurück, und ihr Vater hat ihre Entscheidung respektiert. Ihre Erleichterung läßt ahnen, daß die Sache auch anders hätte ausgehen können.

In der wohltuend klimatisierten Bibliothek eröffne ich das Gespräch mit der Bemerkung, daß manche Leute im Westen behaupten, Frauen würden durch den Islam unterdrückt. Sofort verzieht sich Imâns Gesicht zu einer empörten Grimasse. »*Yâ rabb*, o Herr. Wie kommst du denn darauf?« Ich erwähne die Tatsache, daß Aussagen von männlichen Zeugen vor einem scharia-Gericht doppelt zählen. Sie fährt hoch: »Das hat nichts mit Unterdrückung zu tun. Männer haben einfach einen besseren Verstand. Der Koran sagt: ›Männer sind Frauen überlegen.‹« Sie entspannt sich wieder. »Früher wurde die scharia wörtlich ausgelegt, doch durch die Entwicklung der Gesellschaft ist das nicht mehr möglich. Wir müssen die scharia einführen, aber so, daß sie den neuen Zeiten entspricht. Also nicht, wie es die Fundamentalisten wollen, zurück zu Kamel und Schwert. Diese Idioten meinen immer, sie möchten zu den ›Fundamenten‹ des Islam zurückkehren. Aber die Fundamente des Islam sind das Gebet, das Almosen, das Fasten, das Glaubensbekenntnis und die Wallfahrt … Wer sich daran hält, ist ein Muslim. Also wozu ›zurück‹? Die Fundamentalisten sind verrückt. Sie schießen auf Touristen, weil im Koran nichts über Tourismus steht. Sie sind gegen Satellitenschüsseln, wegen der angeblichen kulturellen Invasion aus dem Westen. Ich kann selbst denken! Wer gefestigt und selbstbewußt ist in seinem Glauben, hat es nicht nötig, ängstlich alle Fenster und Türen zu verrammeln. Ich schaue, was mir der Westen zu bieten hat, und behalte, was mir paßt.«

Man muß nicht alles im Koran wörtlich nehmen, findet Imân. »Die Zeiten ändern sich, und jeder Mensch ist mit Verstand ausgestattet, damit er selber seine Angelegenheiten regeln kann. Zum Beispiel das Zinsverbot. Nach dem Koran darf man keine Zinsen erheben, aber es ist doch ein Unding, daß die Bank mit meinem Geld Gewinn erzielen

154

kann, ohne daß ich dafür etwas zurückbekomme? Das
Verbot bezieht sich auf Ausbeutung und Wucher.« Bei diesen und ähnlichen Regeln geht es Imân zufolge vor allem
darum, daß sie gerecht sind, denn das ist ein Grundzug des
Islam. Ich bitte sie, mir doch ein Beispiel für islamische Gerechtigkeit zu nennen.

»Hände abhacken.«

»Hm. Ich kenne Leute, die Leibesstrafen gerade als Ver-
letzung von Menschenrechten betrachten.«

»Ein Dieb ist ein Dieb! Wie kannst du sichergehen, daß
er nicht wieder stiehlt, wenn du ihm nicht die Hand ab-
hackst? Das gleiche gilt natürlich für die Todesstrafe. Wer
mordet, verwirkt das Recht auf Leben. Es ist eine Schande,
daß wir momentan keine Leibesstrafen haben.«

Ein gewinnendes Lächeln. »Die Menschenrechte der
Vereinten Nationen sind natürlich durch und durch westlich geprägt. Als sie deklariert wurden, wurde Ägypten
noch von König – Korruption – Faruk, einer englischen
Marionette, regiert. Ihr habt eure Menschenrechte, wir haben unsere.« Wir kommen auf die Rechte von religiösen
Minderheiten wie der sechs Millionen ägyptischer Christen zu sprechen. »Die sind vollkommen gleichberechtigt
in einem islamischen Staat«, behauptet Imân entschieden.
»Nur zahlen sie etwas mehr Steuern, weil sie von muslimischen Streitkräften geschützt werden.« Und wenn so ein
Christ nun gerne in die Armee eintreten möchte? »Die Armee verteidigt die *umma*, die Gemeinschaft der Gläubigen.
Christen wären für die Armee nur Söldner, und die sind
unzuverlässig. Das hat Machiavelli schon gesagt, und der
war ein Europäer.« Sie grinst.

Also, gibt es denn überhaupt christliche Armeeangehörige? »Äh … ja, denn wir haben keine scharia. Aber sie sind
es als Ägypter, nicht als Christen.« Müßten sie denn, sollte
die Scharia eingeführt werden, die Armee verlassen? Nach

einer kurzen Denkpause sagt sie: »Nein, doch sie müßten einen Treueid leisten und unter strenger Aufsicht stehen. Es ist erwiesen, daß Christen manchmal A sagen und B tun. Daß sie Fahnenflucht begehen oder überlaufen.«

Ich frage Imân nach ihren politischen Sympathien. »Das ist geheim.« Schließlich erscheint ihr die Nationale Demokratische Partei von Staatspräsident Mubârak doch als die beste Option, wie sie sagt. »Andere Parteien sind ein Chaos. Mal sagen sie dies, mal sagen sie das. Diese ganzen Parteien … Man kann auch mit einer einzigen Partei eine Demokratie haben, wenn alle sie wählen. Buchstäblich bedeutet Demokratie ›alle Macht dem Volk‹. Wir haben Parlamente, der Westen hat Parlamente, also sind wir beide demokratisch.« Ich entgegne, daß die Oppositionszeitungen während der letzten Wahlen mit Schlagzeilen aufwarteten wie »Schwarzer Tag für Demokratie« und »Ägypten undemokratischer als unter Faruk«. Imân lacht. »Das haben sie geschrieben, weil sie verloren haben.«

Imân muß zum Japanisch-Seminar. Auf dem Flur verrichten zwei Arbeiter – die zum »assistierenden Personal« der Universität gehören – das Mittagsgebet. Die Studenten und der Lehrkörper haben eigene Moscheen außerhalb des Universitätsgeländes. Die Arbeiter beten auf einem grünen Teppich hinter dem Schwarzen Brett (»Die Fachschaft Politische Wissenschaften gratuliert ihrer Fußballmannschaft zu ihrem Sieg über Biologie«). An der Fakultät laufen mindestens fünfzig Arbeiter herum, die an ihren Blaumännern und *gallâbiyya's* leicht zu erkennen sind. Manche achten darauf, daß Nachzügler nicht noch in den Hörsaal platzen und die Vorlesung stören. Andere versorgen die Professoren mit Tee und anderen Erfrischungen. Die meisten hocken irgendwo auf einem Stuhl in einem leeren Seminarraum oder schauen aus dem Fenster. Sie sind ausnahmslos nett.

Ich mache eine Bemerkung über die Tatsache, daß Imân kein Kopftuch trägt. Sie nickt. »Vor fünf Jahren, als ich vierzehn wurde, hat meine Mutter mir das Kopftuch umgebunden. Aber sie hat gleich klargestellt, daß ich es nur tragen brauche, wenn ich will.« Imân betrachtet das Kopftuch nicht als Pflicht. »Der Prophet befahl seinen *eigenen* Frauen, das Kopftuch zu tragen, um sich von den anderen zu unterscheiden. Ich bin nicht mit dem Propheten verheiratet.« Ihr breites Lächeln entblößt eine gut gepflegte Zahnreihe.

»Leb wohl, Joris.«

»Leb wohl, Imân.«

Etwas verwirrt atme ich durch. Ein ehrgeiziges, modern gekleidetes Mädchen ohne Kopftuch und mit dickem Make-up, das nach Amerika auswandern möchte. Sie würde als »verwestlicht« durchgehen. Aber wie würden wir jemanden nennen, der die scharia einführen will? Einen Fundamentalisten.

Mitten in einem Knäuel schwitzender und schubsender Studenten versuche ich, das Vorlesungsverzeichnis des Philosophischen Seminars abzuschreiben. Die Vorlesungen an meiner Fakultät bleiben hinter meinen Erwartungen zurück. Die Politischen Wissenschaften verstehen sich hier nicht als Analyse der Politik, sondern bieten eher Kurse für angehende Politiker, zu denen im arabischen Raum auch die Diplomaten gezählt werden. Ich schaue mich mal woanders um. Bei diesem Stundenplan durchzublicken erfordert einiges an Konzentration. Anders als die Schrift laufen die arabischen Zahlen von links nach rechts. Für achthundert Studenten wurde nur ein Verzeichnis ausgehängt. Am Ende vom Flur rechts steht ein Kopierer, aber keinem, keinem einzigen unter diesen achthundert fällt ein, das Verzeichnis dort einmal durchlaufen zu lassen. Lieber stehen sie an in der Schlange, die, wie man sagt, heute morgen bis draußen vor die Tür reichte. Wen auch immer ich darauf anspreche, schenkt mir ein freundliches Lächeln: »Du wirst denken, wir sind ein rückständiges Land.«

»Du hast Donnerstag und Mittwoch verwechselt.« Ich schaue direkt in die geschminkten Augen einer von Kopf bis Fuß Verschleierten. Das heißt, bis auf die Augen. »Moderne Ethik solltest du nicht belegen. Eine schlechte Vorlesung, wenn der Professor überhaupt auftaucht«, sagt sie, auf meinen Stundenplan schielend. »Nimm lieber moderne islamische Philosophie. Zeitgenössische Denker ist auch gut, obwohl der Professor vor allem über sich selbst redet. Magst du Nietzsche?«

Musliminnen können sich verschieden stark verhüllen. Auf der einen Seite des Spektrums hängt das Kopftuch, das *higâb*, das andere Extrem bildet der Ganzkörperschleier, der *niqâb*, der nur die Augen frei läßt. Nach meiner groben Schätzung ist etwa ein Prozent der Studentinnen verschleiert. Manche tragen vor dem Augenschlitz auch noch einen durchscheinenden Gesichtsschleier.

Ihr Name ist Salama, sie studiert im dritten Semester Philosophie und stammt aus der Oase Fayum im Südosten. Ich werde auch ihrer Freundin Nagwa vorgestellt, einem pummeligen, eher häßlichen kichernden Mädchen mit Kopftuch. Salama strukturiert meinen Stundenplan um, und wir durchlaufen die Konversation, die mittlerweile sogar in meinen Träumen auftaucht: Wo kommst du her, wie lange bist du hier, wo und warum hast du Arabisch gelernt, wo wohnst du? Ich erzähle von meiner unsäglichen Wohnung in Haram.

Ob ich denn nicht von der Jugendherberge für ausländische Studenten gehört habe? Von hier ist es nur eine Viertelstunde zu Fuß, sie kann sie mir gerne mal zeigen. Nagwa hat andere Pläne und murmelt: *challi bâlik minnu*, »Sieh dich vor ihm vor«. Salama gluckst verschämt. Später dekodiert Maher Nagwas Worte für mich: Vergiß nicht, daß alle Männer nur das eine wollen.

Alle hundertdreißigtausend Studenten starren uns hinterher, als wir das Universitätsgelände verlassen. Salama flüstert: »Es gehört sich nicht, an der Seite eines Europäers zu gehen. Aber es ist so ungewöhnlich, daß alle denken werden, wir wären verheiratet.« Ich betrachte unser Aussehen in einer Schaufensterscheibe. Unsorgfältig gekämmte blonde Haare mit einem Schlabberhemd und einer knallgelben *See Buy Fly*-Tasche neben einem Paar dunklen, von einem Schleier gesäumten Augen. »Außerdem, niemand würde mich erkennen.« Sie lacht verschmitzt. »Die Ägypter sind ein gastfreundliches Volk. Du brauchst Hilfe. Fremden Hilfe zu leisten ist im Islam eine Pflicht.«

Die Jugendherberge ist nun doch nicht so leicht zu finden. Salama will niemanden fragen, die Leute schauen ohnehin. Wir schlendern am Nil entlang. Es ist Mittag, heiß und schwül. Mein Hemd ist ein einziger Schweißfleck. »Ich spüre die Hitze kaum«, sagt Salama. Ihr Schleier ist so weit, daß ich es nicht überprüfen kann, doch um ihre Augen tropft tatsächlich kein Schweiß. Allerdings bereitet ihr eine leichte Erkältung Probleme. Ihr Schleier hört genau an der Stelle auf, wo sich ihre Brüste befinden müssen. Diese sind wiederum von einem weiten Gewand verhüllt, das vom Nacken bis zum Knie reicht. Darunter trägt sie einen knöchellangen Unterrock. Gar nicht leicht, ohne einen Flecken Haut zu enthüllen unter den Hauptschleier zu gelangen. Es ist eine langwierige Angelegenheit, und klammheimlich erhasche ich zweimal einen Blick auf einen Teil ihrer Wange.

Salama hat sich für eine geschmackvolle Kombination entschieden. Der Hauptschleier ist kornblumenblau, das Gewand, ebenso wie ihre Schuhe, kohlrabenschwarz. Der

Unterrock ist ebenfalls schwarz, aber einen Tick heller. In ihren Handschuhen kehrt das kornblumenblaue Muster zurück, während der dunkle Schwarzton mit ihrem Lidschatten übereinstimmt. Nachdem wir uns drei Stunden über die niederländische Landschaft, meine Geschwister und über die Frage unterhalten haben, ob ich wirklich glaube, daß Jesus der Sohn Gottes sei, gehe ich in die Offensive: Man hört, daß die Männer euch den Schleier auferlegen. Stimmt das? Sofern sich das nur aus einem Blick schließen läßt, reagiert Salama erstaunt: »Männer? Das ist eine Sache zwischen Allah und mir.« Ich versuche es mit einer anderen Methode und frage sie, was ihr Vater davon hält.

»Mein Vater ist vor fünf Jahren gestorben.« Vor sieben Jahren hat sie damit angefangen, den Schleier zu tragen. Wieso eigentlich? Wir sitzen auf einer Bank am Nilufer und werden wieder von allen Seiten angegafft. Die Palmen wiegen sich träge in der Mittagssonne, manchmal weht eine kühlende Brise vom Fluß. Imân hatte gesagt, bestimmte Frauen verhüllten sich ganz, um die Männer nicht in Versuchung zu führen: Sie sind *zu* schön. Über meine Frage, wer das bloß feststellen soll, mußte Imân herzlich lachen: Entweder die Frau selbst oder ihre Eltern. »Gut, daß ich so häßlich bin«, setzte sie grinsend hinzu.

»Ich verschleiere mich, weil ich glaube, daß meine Religion es so will«, antwortet Salama und zitiert einige Koranverse. »Das Kopftuch ist Pflicht, alles andere muß jede Muslimin für sich entscheiden. Es kann nie schaden, etwas mehr zu tun.« Sie hält einen Moment inne. »Es liegt in der Natur des Mannes, daß er sich Frauen ansieht und sie begehrt. Allah hat nichts dagegen, wenn eine Frau bei ihrem Mann Lust empfindet. Aber nur bei ihm! Stell dir vor, daß alle mit allen … Dann wüßte keiner, welches Kind seins wäre, Väter würden sich nicht um ihren Nachwuchs kümmern, und die Gesellschaft würde im Chaos versinken. Schau dir Europa an. Ich habe gelesen, daß die meisten Verbrecher aus kaputten Familien stammen.« Sie reicht mir die Wasserflasche, wobei ihr der Handschuh aus dem Ärmel rutscht. Ganz kurz wird ein Stück von ihrem Arm sichtbar. Komisch, wie aufregend so ein kleiner Hautstreifen mit einem Mal wird. Ich ertappe mich dabei, wie ich ihr Gesicht beobachte, als sie die Wasserflasche unter dem Schleier an ihre Lippen setzt. Irgendwie ist es ungerecht: Sie kann mein Gesicht sehen, aber ich das ihre nicht. Die Theorie, nach der die Verhüllung die Begierde dämpfen soll, kann ich nicht gerade unterschreiben. Im Gegenteil, ich nutze jede Gelegenheit, ihren Körper zu beäugen, zum Beispiel wenn der Gegenwind die Form ihrer Brüste hervortreten läßt. Es ist auch so verlogen. Den Körper in einem so weiten Zelt zu verhüllen, daß die Körpermaße kaum nachzuvollziehen sind, aber gleichzeitig die Augen zu schminken, hübsche Spitzenhandschuhe anzuziehen und schöne Farbkombinationen zu wählen. »Wie, verlogen? Allah hat nichts über Make-up gesagt.«

In *Zakis Obstparadies* trinken wir ein Glas frischen Orangensaft. Salama bezahlt – wieder schreibt es der Islam vor. Nein, Zaki hat ebenfalls keine Ahnung, wo diese Jugendherberge ist. Er stellt Salama eine Frage, und es entsteht ein Gespräch. Beim Wort »Glauben« platze ich in die Konversation. »Ich bin christlichen Glaubens.« Das Gespräch kommt sofort ins Stocken, und Salama trippelt hinaus. »Das war nicht sehr gescheit von dir. Ich hatte diesem Mann gerade erzählt, du wärst mein Ehemann.« Musliminnen dürfen keine Ungläubigen heiraten, also war das tatsächlich ziemlich daneben. »Schon ein Vorteil, so ein Schleier. Da sieht keiner, daß du rot wirst«, versuche ich, sie zu beschwichtigen. Sie findet es gar nicht komisch.

»Diese Jugendherberge finden wir nie«, sagt sie nach einer unangenehmen Pause. »Laß uns den Nilbus zurück zur Uni nehmen.« Im Schatten warten wir auf das wackelige Boot, das einen gegen ein Entgelt von zwei Groschen an jeder beliebigen Stelle an Land bringt. »Mein Schleier macht mir das Leben schwer«, gesteht Salama plötzlich. »Ich habe vier Brüder und zwei Schwestern. Weißt du, wieviel meine Mutter von der Regierung bekommt? Dreißig Pfund! Meine Mutter geht arbeiten, und meine Brüder springen bei. Dank ihrer Unterstützung kann ich zur Uni gehen, als einzige. Es wäre eine große Hilfe, wenn ich auch einen Job hätte, aber ...« Sie zeigt mit ihrem Handschuh auf den Schleier. »Fürs Restaurant oder fürs Büro wollen die Leute Mädchen, die man sich angucken kann.«

Der Schleier hat noch mehr Nachteile, erzählt Salama. Um das Universitätsgelände betreten zu können, muß sie einen weiten Umweg zu einem Nebeneingang gehen. Dort muß sie den Schleier abnehmen, damit eine weibliche Armeeangehörige das Foto auf dem Studentenausweis kontrollieren kann. Da ihr Gesicht auf dem Foto unverhüllt ist, muß sie den Ausweis immer verstecken. Ähnliches gilt für Prüfungen und zahlreiche andere Kontrollen. Die Vorschriften sind an der Universität kürzlich noch verschärft worden, da der Schleier leicht mißbraucht werden kann, zum Beispiel um Plakate für Demonstrationen auf das Gelände zu schmuggeln. Regelmäßig werden auch verschleierte Jungs geschnappt, die an Stelle ihrer Schwester oder Freundin eine Prüfung machen wollen. Sie kichert, fährt dann aber ernst fort: »Manche Leute behandeln mich ganz komisch. Dabei diene ich auf meine Weise nur Allah.« Auch im Nilbus werden wir angeglotzt. Salama spricht immer leiser, und da ihr Mund unsichtbar ist, kann ich sie kaum noch verstehen. Wahrscheinlich liegt es daran, daß wir uns bei unserer nächsten Verabredung verpassen. Ich habe den Zeitpunkt wohl falsch verstanden, denn ich sehe

162

sie nirgends. Und suchen gehen kann ich sie schlecht, denn wie soll ich sie bloß erkennen?

Im Seminar ist Panik ausgebrochen. Eine Gastprofessorin hat ihren Studenten gesagt, sie sollten sich für die Prüfung selber Gedanken machen, anstatt ein paar Bücher auswendig zu lernen. Um die Wogen der Erregung zu glätten, hat ihre Assistentin eine Fragestunde eingelegt. »Vier Jahre lang haben wir gelernt, was wir lernen sollten, und jetzt auf einmal so was«, ruft jemand. Die Angst steht den Studenten ins Gesicht geschrieben. Eine Wiederholungsprüfung gäbe es für sie erst im nächsten Jahr, zu einem Zeitpunkt, wenn sie ihr Studium schon längst abgeschlossen haben wollen. »Ich verstehe, daß ihr Angst habt«, wendet sich die Assistentin an die Jungs, »natürlich wollt ihr so schnell wie möglich fertig sein, damit ihr einen Job finden ...« Sie sieht den Studenten, der sich zu Wort gemeldet hatte, zärtlich an: »... und euch eine Frau suchen könnt.« Die Mädchen und Jungs atmen erleichtert auf. Endlich jemand, der sie versteht.

Nach der Fragestunde muß ich eine Enttäuschung einstecken: Die Gesprächsrunde über den emanzipierten Islam fällt wieder aus. Die Damen haben anderweitige Verpflichtungen. Cameron, der amerikanische Hausbesitzerhasser, soll mich jetzt aufmuntern. Er arbeitet seit kurzem als Analyst bei einer ägyptischen Unternehmensberatung. Er hat ein Abenteuer erlebt. Auf dem Weg zur Arbeit bekam er eine unglaublich appetitliche Sudanesin ins Visier: wunderbarer Körper, aufreizend gekleidet. Sie kamen miteinander ins Gespräch und tauschten ihre Telefonnummern aus. Am selben Abend rief sie ihn an, besuchte ihn und ging ohne große Umstände zu heißem Sex über. *Yes.* Zufrieden schlief Cameron ein. Wären doch nur all diese bildhübschen ägyptischen Mädchen so geradeheraus.

Am nächsten Morgen war seine Olympus-Kamera verschwunden. Er brauchte nicht lange, um eins und eins zusammenzuzählen, also griff er zum Telefon und flehte sie an, vorbeizukommen. Er sei so verrückt nach ihr, könne sie nicht vergessen, müsse sie unbedingt sehen. Schließlich kam sie mit einer Freundin. Sobald sie in seiner Wohnung waren, schloß Cameron die Tür zu: Kamera zurück, oder er würde ihnen etwas Schreckliches antun. Nach einigem Hickhack verschwand die Sudanesin, um die Kamera zu holen, während ihre Freundin als Pfand zurückblieb. Eine Stunde später hatte Cameron seine Olympus wieder. »Stark, was?« jubelt Cameron am Telefon. Solche Abenteuer würde man sich selber wünschen.

Cameron hat noch mehr erlebt. Sein Vermieter hat ihm mit der Sittenpolizei gedroht. Es reicht der bloße Verdacht ungebührlichen Benehmens, um eine Wohnung zu stürmen. Als Beweisstück nehmen sie die Bettwäsche mit. Offenbar hat der *bawwâb* beobachtet, wie Cameron mit der Sudanesin oder mit seiner festen Freundin Tracy in den Fahrstuhl stieg, und den Vermieter angerufen. »Dieser *Bastard*, ich habe ihm vor kurzem noch zehn Pfund Bakschisch in die Hand gedrückt. *Anyway*, kaum hatte ich die Tür aufgemacht, klingelt schon das Telefon: ›Du Schwein, du wagst es, mein Haus zu beschmutzen?!‹« Tracy mußte wieder gehen. Jetzt schlafen sie immer bei ihr, am anderen Ende der Stadt. Ich schlage vor, er soll seinem Vermieter Geld geben. »Hab ich schon versucht, aber er ist so ein Prinzipieller. Lächerlich!« Am anderen Ende der Leitung höre ich Gekicher. »Es gibt natürlich auch Vorteile. Jetzt muß Tracy immer die Bettwäsche waschen.«

Heute ist es soweit – die Gesprächsrunde mit Layla, Maha und Hind wird endlich stattfinden. Mit dem Vorsatz, nicht allzuviel davon zu erwarten, steige ich in ein Taxi. Der Fahrer ist ein ergrauter Endfünfziger. Als ich ihm auf seine Frage hin mein Herkunftsland verrate, schüttelt er mir, Gegenverkehr hin oder her, herzlich die Hand. »Muhammed ist mein Name. Diese Begegnung erleuchtet meinen Tag. Die Niederländer und Ägypter sind Brudervölker. Wir haben beide gegen die Deutschen gekämpft.« Er ist Historiker, seine Spezialität ist die europäische Geschichte. Sein Vater hat noch auf der Seite der Engländer an der Schlacht von al-'Alamain teilgenommen. »Ohne uns hätten es die Engländer nie gepackt. Der ägyptische Soldat ist der tapferste auf der ganzen Welt – soviel steht fest.« Eine richtige Arbeit bescherte ihm sein Studium nicht, also trat Muhammed in den öffentlichen Dienst – ein Hochschulabschluß berechtigte bis vor kurzem zu einer Arbeitsstelle. Selbstredend bedeutet das eine Katastrophe für den Staatshaushalt: Tausende sinnlose Stellen werden richtiggehend erfunden. Die nach wie vor fließenden Entwicklungsgelder sollen mit schuld sein an diesem System. Wären der ägyptischen Regierung zu einem früheren Zeitpunkt und konsequenter die Daumenschrauben angelegt worden, hätte sie mit diesen kaum verdeckten Arbeitsbeschaffungsmaßnahmen längst aufräumen müssen. Wie viele andere Beamte arbeitet Muhammed nachmittags und im ungünstigen Fall auch abends als Taxifahrer. »Von meinem Beamtengehalt kann ich mir gerade eineinhalb Paar Schuhe leisten«, sagt er eher resigniert als verärgert. Ich will wissen, wieviele Kinder er ernähren muß. »Sieben.« Ich sage das, was von mir erwartet wird: »Gratuliere!« Er lacht stolz. »Möge Allah sich deiner erbarmen. Aber wenn ich noch einmal jung wäre, würde ich mir nur zwei Kinder anschaffen. Kinder sind sündhaft teuer: Essen, Kleidung, Schulen, vor allem diese Privatstunden ...« So wie wir uns im Westen über die Steuern beschweren, so klagen die Ägypter über den Privatunterricht. Die stark unterbezahlten Lehrer sollen mut-

willig schlampig unterrichten oder sogar absichtlich Schüler durchfallen lassen, um sie zu zwingen, Privatstunden zu
nehmen. Es ist ein gigantisches Geschäft, das schätzungs-
weise vier Prozent des Bruttosozialprodukts ausmacht.

So Allah will, wird Muhammeds Ältester in diesem
Sommer sein *thânawiyya 'âmma* machen, das staatliche
Abitur, das darüber entscheidet, zu welchem Studium er
zugelassen wird. Muhammed gibt zu, daß er nervös ist:
Vom Abiturzeugnis hängt das weitere Leben seines Sohnes
ab. Und welchen Beruf wünscht er sich für seinen Sohn?
»Alle Eltern möchten natürlich, daß ihre Kinder Arzt, In-
genieur oder Armeeoffizier werden. Aber so wichtig ist
mir das nicht. Hauptsache, sie werden glücklich, heiraten
gut und machen mich zum Opa.« Wir haben mein Fahrziel
leider schon erreicht. Muhammed wünscht mir alles Gute:
Möge Allah mir einen baldigen Studienabschluß vergön-
nen und so viele Kinder schenken, wie es Sterne am Himmel gibt. Das Fahrgeld nimmt er erst an, nachdem er es
zweimal ausgeschlagen hat, eine seltene Geste der Höflichkeit. *Fursa sa'îda* ruft er mir hinterher: Freut mich, dich
kennenzulernen. *Anâ al-as'ad* erwidere ich, wie es sich gehört: Ganz meinerseits. Endlich mal stimmt so eine Floskel
mit der Wirklichkeit überein.

Der Campus ist eine Miniaturstadt für auswärtige Studenten und wirkt wie ein friedlicher Komplex mit konventio-
nellen Hochhäusern, sattgrünen Palmen und sorgfältig ge-
pflasterten Straßen. Doch das Mensaessen ist eintönig, es
mangelt an Vergnügungsmöglichkeiten, und in den kleinen
Zimmern der Wohnheime sind jeweils drei oder gar vier
Personen untergebracht. Die Studentinnen müssen spätestens um neun zu Hause sein, Männer vor Mitternacht. Für
die Mädchen wird jeden Abend zwischen neun und elf eine
Anwesenheitskontrolle durchgeführt. Sie müssen sich per-

sönlich in die Liste eintragen, auch wenn sie sich bereits schlafen gelegt haben. Bei Abwesenheit werden die Eltern benachrichtigt, und meist folgt die Verweisung. Regelmäßig werden die Zimmer durchsucht, vor allem bei den Studenten aus Oberägypten. Der Sicherheitsdienst will verhindern, daß der Campus zum heimlichen Stützpunkt für Anschläge in Kairo wird.

Auf dem Campus wohnt auch Maha, eine der Teilnehmerinnen an der Feminismus-Gesprächsrunde. Sie studiert Politische Wissenschaften im vierten Semester und stammt aus Assuan, sechshundert Kilometer südlich von Kairo. Sie ist einundzwanzig, klein und schmal. Ihre dunkle Haut und weichen Gesichtszüge verraten ihre afrikanische Herkunft. Wenn sie lacht, strahlen ihre dunkelbraunen Augen vor Freude. Sie spricht fast im Flüsterton, aber sie läßt sich nicht ins Wort fallen. Mit ihr fühle ich mich gleich wohl.

Obwohl sie dort also ein Leben auf dem gefängnisartigen Campus erwartete, entschied sie sich doch für ein Studium in Kairo. Mit ihren guten Noten hätte ein Pharmaziestudium in Assuan vielleicht nähergelegen, erst recht für ein Mädchen. »Aber dann hätte ich nach meinem Studium in Assuan eine Apotheke aufgemacht und dort bis zu meinem Tod gearbeitet. Das Leben muß doch mehr zu bieten haben, dachte ich mir.« Sie möchte *mufakkira* werden, eine Intellektuelle, sagt sie mit einem verlegenen Lächeln. Im Moment schreibt sie eine Hausarbeit über die Postmoderne – ein ungewöhnliches Thema, die meisten Studenten schreiben über Wettrüsten, den Friedensprozeß mit Israel oder über bestimmte Länder. Sie bekommt keinerlei Betreuung, da »die Professoren hier vielleicht Bücher über die Postmoderne übersetzt haben, aber sie haben keine Ahnung vom Thema. Ich werde bestimmt eine schlechte Note bekommen, aber das interessiert mich nicht.« Es ist ein Donnerstag, der zusammen mit dem morgigen Freitag das Wochenende bildet. Maha hat jedoch alle Zeit in der Welt. Was sollte sie auch groß machen, auf einem Zimmer, das sie mit zwei anderen teilt, sechshundert Kilometer von zu Hause entfernt?

Maha zählt sich selbst zu den Nasseristen. Die nach dem ehemaligen Präsidenten Nasser benannte Bewegung möchte alle Araber in einem Staat vereinen. Mahas Vater ist Sekretär der nasseristischen Abteilung in Assuan, doch er hat ihrer Meinung nach keinen Einfluß auf ihren Werdegang. »Wir reden nicht über solche Dinge. Ich bin Nasseristin geworden, weil ich in der Schule viel Lyrik gelesen habe, und *Tausendundeine Nacht*. Ich wurde die Königin der Grammatik genannt. So wurde ich mir meiner arabischen Identität bewußt. Ich war die einzige, die sich was aus Lyrik machte. In dem Alter interessiert sich kaum jemand für die Sachen, die er lernen soll.« Sie setzt sich anders hin und spricht noch leiser als sonst: »Später auch nicht, übrigens.« Layla kichert: »Maha ist eine Nasseristin, aber eine nachdenkliche Nasseristin. Eine Seltenheit.«

Layla ist wie Maha einundzwanzig, sie studiert Politische Wissenschaften im siebten Semester. Sie hat einen selbstsicheren Gang und eine üppige Haarpracht. Seit drei Jahren trägt ihre Mutter das Kopftuch, ohne jedoch Layla unter Druck zu setzen. Sie beschreibt ihre Eltern als »religiös, doch keineswegs fundamentalistisch«. Layla ist das einzige Mädchen in ihrem Jahrgang, das sich aktiv in die Seminardiskussionen einmischt – die anderen beschränken sich aufs Kichern und das Mitschreiben der Vorlesung. Sie stammt aus Heliopolis, einem vornehmen Stadtteil im Nordosten Kairos. Sie studiert fleißig, spricht fließend Englisch und besucht Kurse bei verschiedenen Menschenrechtsorganisationen. Vor einem Monat mußte sie einen Job als wissenschaftliche Mitarbeiterin bei so einer Organisation ablehnen: Die Fakultät kennt keine Praktika. Das hat ihr wehgetan, denn sie möchte später einmal in dieser Branche arbeiten.

Hind, die Dritte im Bunde, kann leider nicht kommen.

»Männer und Frauen sind im Islam vollkommen gleichberechtigt«, legt sie in entschiedenem Ton los. »Allah ist gerecht, und Allah sagt, daß jeder Mensch sich ohne Unterschied für seine Taten zu verantworten hat. Jetzt frage ich dich: Ist es gerecht, Frauen intellektuell schlechter auszustatten, sie aber in gleicher Weise für ihr Tun zur Verantwortung zu ziehen?« Maha pflichtet ihr ruhig mit dem Kopf nickend bei: »Fundamentalisten zitieren gerne den Koranvers: ›Männer sind Frauen überlegen‹, aber die Stelle bezieht sich auf die körperliche Kraft. Männer kämpfen im Krieg.« Layla fügt hinzu: »Oder sie berufen sich auf die Überlieferung des Propheten: ›Frauen sind im Geist wie im Glauben unzulänglich.‹ Die Forschung hat jedoch gezeigt, daß die Überlieferung falsch ist. Der Prophet hat so etwas nie gesagt.«

Wenn Männer und Frauen gleich sind, so frage ich, wieso ziehen Frauen dann immer den kürzeren, gleich ob es sich um die Polygamie, das Erbrecht oder die Wertung von Zeugenaussagen handelt? Maha sperrt den Mund auf, doch Layla kommt ihr zuvor: »Dabei geht es nicht um den Islam, sondern um die verdrehte Art und Weise, wie Männer den Islam seit Jahrhunderten interpretiert haben. Merke dir: *Was früher einmal galt, muß nicht für immer gelten.* Vor dem Islam hatten Frauen keinerlei Rechte. Töchter wurden häufig schon bei ihrer Geburt getötet, ein Mann konnte so viele Frauen heiraten, wie er wollte. Mit Frauen wurde gehandelt wie mit Vieh. Das alles ließ sich unmöglich auf einen Schlag abschaffen, also gebot der Prophet, daß ein Mann höchstens vier Frauen heiraten dürfte.« Sie hält kurz inne. »Es gab damals viele Kriege. Eine Witwe zu ehelichen war eine Weise, den Schwachen zu helfen – eine islamische Pflicht. Der Prophet selbst heiratete eine ältere Witwe und eine junge Waise. Nicht aus sexueller Gier, sondern aus Fürsorge. Als die Araber Ägypten eroberten, heiratete er aus Integrationsgründen eine Christin.« Nahtlos fährt Maha fort – ob die beiden wohl jemals unterschiedlicher Ansicht sind? »Natürlich ist die Vierfrauenregelung ungerecht. Das geht auch aus folgendem Vers hervor: ›Du kannst vier Frauen haben, wenn du ihnen jeweils genau die gleichen Rechte und Gefälligkeiten einräumst.‹ Das ist natürlich unmöglich: Der erste Sohn mit deiner ersten Frau ist etwas ganz anderes als der zweite Sohn mit einer zweiten Frau. Jetzt wo wir diesen Code durchschauen, können wir sagen: Ein Muslim hat eine Frau.« Layla brummt: »Die westliche Empörung über die Polygamie halte ich im übrigen für ziemlich scheinheilig. Kennedy, Clinton, Mitterrand ... alle hatten Geliebte. Unsere Männer machen es wenigstens in aller Offenheit.«

Ich konfrontiere die beiden mit Tantâwîs Auffassung, daß sich nichts im Islam revidieren ließe. Maha widerspricht vehement: »Das rufen die Fundamentalisten immer. Klar, sie sitzen in den besten Positionen. Dabei sind Revisionen und Reformen von Anfang an im Islam angelegt. Während eines Krieges ließ der Prophet einmal ein Wasserloch graben. Daraufhin fragte ihn ein Soldat, ob ihm die Stelle von Allah oder von seinem eigenen Verstand eingegeben worden sei. Als Muhammed das letztere antwortete, schlug der Soldat eine andere Stelle vor, die für den Feind unerreichbar wäre. Der Prophet untersuchte die Stelle und gab ihm recht. Ein zweites Beispiel: Einst hatte der zweite Kalif, der unmittelbare Nachfolger des Propheten, Brautgeschenke verboten. Daraufhin argumentierte eine Frau, daß Männer durch Brautgeschenke ausdrücken könnten, wie sehr sie ihre Braut lieben. Der Kalif ließ sich von ihr überzeugen und zog das Verbot zurück.« Layla richtet ihr

Haar und fährt fort: »Sogar den Propheten darf man kritisieren: der Gipfel der Demokratie und Freiheit!«

Und was ist mit dem islamischen Gericht? Imân fand die Tatsache, daß die Aussagen weiblicher Zeugen nur halb ins Gewicht fallen, einleuchtend, »weil Männer einfach einen besseren Verstand haben«. »Hat sie das wirklich gesagt?« wundert sich Layla. »So ein dummes Mädchen. Diese Regel stammt noch aus der Zeit, als die Gerichte finanzielle Fälle verhandelten. Frauen waren damals aufgrund ihrer Erziehung dumm und ungebildet und machten leicht Fehler. Aber jetzt sind wir gut ausgebildet.« Maha setzt flüsternd hinzu: »Die meisten Männer sind rückständig und dickköpfig – wir sind umringt von Eseln. Sie wollen einfach nicht kapieren, daß man nicht nur den Koran lesen, sondern auch darauf achten muß, in welcher historischen Situation er seinerzeit rezipiert wurde. Damals mag es effektiv gewesen sein, Hände abzuhacken, heute aber nicht mehr.«

Ein überraschendes Geräusch hinter uns: Ein junger Mann steht in der Tür. Er sieht uns, grinst und schließt die Tür wieder. Rutscht Layla etwa nervös auf ihrem Stuhl hin und her? Es ist für den Ruf einer Frau nicht vorteilhaft, mit einem Mann aus dem Westen gesehen zu werden. Maha spitzt die Lippen. »Nicht alles muß verändert werden. In Amerika dürfen Homosexuelle heiraten, das sollten wir hier niemals zulassen. Die Todesstrafe sollte man beibehalten. Und das Alkoholverbot. Der Geist unterscheidet uns von den Tieren – man darf ihn nicht benebeln.«

Maha zieht ihr Kopftuch ein kleines Stück herunter. »Achte nicht auf mein Kopftuch«, sagt sie fast unhörbar. »Ich komme aus dem rückständigen Süden, wo Frauen unterdrückt werden und sich verschleiern müssen. Ich betrachte das Tragen des Kopftuchs nicht als Pflicht, sondern ich fühle mich damit einfach wohler, so wie andere nicht ohne Make-up auf die Straße gehen.« Layla schüttelt den

Kopf. »Ich glaube, daß der Prophet sehr wohl verlangt, daß Frauen das Kopftuch tragen. Die Frage ist nur, warum. ›Kopftuch‹ ist im übertragenen Sinne zu verstehen: Du sollst Männer nicht mit deinem Körper in Versuchung bringen. Tue ich das etwa?« Ihr Schlabberpulli reicht herunter bis zu ihren Oberschenkeln. »Ich verhülle alles außer meinem Haar. Ich denke nicht, daß Allah mich dafür bestrafen wird.« Ich frage sie, was ihre verschleierten Studienkolleginnen dazu meinen. Sie macht eine abfällige Geste: »Die haben keine Ahnung vom Islam. Sie sind wie die Papageien! Sie rufen, die Menschenrechtserklärung der Vereinten Nationen handle nur von Abtreibung, freier Liebe und Schwulen – dabei haben sie sie gar nicht gelesen. Sie betrachten die westlichen Rechte und Ideologien als integrales Paket, das man nicht aufschnüren könnte: *Take it or leave it*. Daß wir Dinge selektiv übernehmen könnten, will ihnen einfach nicht in den Sinn.«

Layla bezeichnet sich als Globalistin. »Wenn du durch die kulturellen Mäntelchen hindurchschaust, siehst du, daß jeder Mensch letzten Endes dieselben Wünsche, Probleme und Herausforderungen hat«, erzählt sie in einem Ton, der vermuten läßt, daß sie dies öfter erklärt. »Abhängig von ihrer Umwelt haben die Menschen verschiedene Lösungen für ihre Probleme entwickelt, doch die Menschheit bildet eine Gattung. Für unser Überleben müssen wir voneinander lernen und unsere Gemeinsamkeiten berücksichtigen.«

An der Fakultät steht Layla allein auf weiter Flur. Es gibt allenfalls ein paar »Säkularisten«, mit denen sie die Ansicht teilt, daß niemand das Recht hat zu bestimmen, ob ein anderer religiös ist oder nicht. Ich frage sie, ob das auch für Ayatollah Khomeini gilt, der den Schriftsteller Salman Rushdie wegen seines Buches *Die satanischen Verse* für vogelfrei erklärt hat. »Rushdie hat uns zutiefst beleidigt. Im Grunde schreibt er, daß der Koran aus den Hirngespinsten eines Sexfanatikers bestünde. Trotzdem hätte der Ayatollah ihn nicht für vogelfrei erklären dürfen. Der Islam ist eine unhierarchische Organisation. Es gibt Allah und die Gläubigen, dazwischen steht niemand. Wer sich allerdings dazwischen stellt, setzt sich auf den Thron Gottes, und das ist die schlimmste Sünde. ›Es gibt keinen Gott außer Allah, und Muhammed ist sein Prophet‹«, zitiert sie den bekanntesten Koranvers. »Deshalb fürchte ich, daß der Ayatollah jetzt in der Hölle schmort.«

Maha hat eine Hausarbeit über den Fall geschrieben: »Rushdie verdient die Todesstrafe. Er hat uns so sehr gekränkt, das kann man sich nicht gefallen lassen.« Ich wende ein, es könnte sich bei Rushdies Roman um eine literarische Phantasie handeln. Sie schüttelt heftig den Kopf. »Wie würde man in Europa auf eine literarisch imaginierte Leugnung der Judenverfolgung reagieren?« Layla erspart mir die Antwort, indem sie bemerkt, daß es im Osten wie im Westen häufig an Toleranz fehlt. Ich werfe ihr einen dankbaren Blick zu und frage Maha nach ihrer Meinung zur Globalisierung. »Globalisierung und Modernisierung … dafür ist Ägypten noch nicht reif. Wir haben hier noch keinen Nietzsche gehabt mit seiner Vernichtung von Werten und Normen. Die Leute hier denken nicht kritisch, sie schauen sich Sportsendungen an.«

»Der Nasserismus ist keine Lösung«, sagt Layla. »Der Mann war ein Diktator.« Maha nickt schuldbewußt. »Nasser ist ein Symbol, niemand will die damaligen Zeiten zurückhaben. Aber er mußte sich diktatorisch aufführen, um uns von den Engländern zu befreien. Sonst hätten die unser Land sofort wieder besetzt. Die Nasseristen machen sich gerade stark für die Demokratie, weil die zur arabischen Einheit führen wird. Jetzt führen all diese korrupten, nichtgewählten Führer das Regiment, und der Westen hält sie im Sattel. Wenn das arabische Volk selbst wählen dürfte, wären wir morgen ein Staat. Wir sind eine Zivilisation mit einer Kultur, Geschichte und Sprache. Wie die Vertreter der Postmoderne sagen: Die Sprache bildet den Rahmen unserer Lebenswelt, sie ist jeweils eine ganz besondere Weise, die Welt zu sehen.«

Was halten die Fundamentalisten von den Nasseristen? Maha macht ein angewidertes Gesicht. »Alles Neurotiker. Sie wollen alle Muslime in einem Staat vereinen. Das ist völlig abwegig. Pakistan, Indonesien, die ehemaligen Sowjetrepubliken … Früher waren die Muslime eins, aber dann kamen die Türken und die Engländer. Die Fundamentalisten nennen uns rassistische *kâfirs*, weil wir angeblich in ethnischen Kategorien denken. Doch wie der Philosoph Derrida sagt: ›Wörter haben keine fixierte Bedeutung.‹ Früher meinte ›Araber‹ eine Rasse, heutzutage bedeutet es: Mitglied der arabischen Zivilisation, gleichgültig ob man Jude, Christ oder Muslim ist.«

Sie fragt mich, ob ich das verstehe. »Die Nazis waren Rassisten. Am besten läßt sich die Haltung der Nasseristen mit dem Selbstbild der Franzosen vergleichen. Ach, ich liebe die Franzosen, ich lerne gerade Französisch. Während der Kolonialherrschaft in Algerien und dem Libanon haben sie nie gesagt: Ihr seid minderwertig und *chalâs*. Die Einwohner wurden als französische Bürger Teil der französischen Kultur, inklusive Parlamentssitze.«

Gibt es noch andere politische Bewegungen? Maha nickt. »Die Nationalisten. Sie bestreiten, daß Ägypten Teil einer umfassenderen Zivilisation sei. Sie sagen, Ägypten sei siebentausend Jahre alt, und wir müßten alle helfen, unser Land aufzubauen. Es wimmelt hier nur so von Nationalisten. Sie wollen alle Diplomat werden oder einen anderen hochdotierten Beamtenposten ergattern. Sie unterstützen die Regierung und bekommen deswegen die ganze Aufmerksamkeit der Medien. Im Grunde helfen sie dem Westen, die Araber gegeneinander auszuspielen.« Wie reagieren Fundamentalisten auf Laylas Globalismus? »Sie sagen, der Islam sei die Lösung. Daß Liberalismus und Sozialismus gescheitert seien und daß Menschenrechte Abtreibungen Vorschub leisteten. Ich erwidere immer, ich sei zu fünfundsiebzig Prozent Fundamentalistin, aber nicht im öffentlichen Leben. Dort ist jeder frei.«

Ein Blick auf meine Uhr sagt mir, daß wir fast zwei Stunden ohne Unterbrechung geredet haben. Meine Finger schmerzen vom Mitschreiben. Beim Rausgehen erzählt Layla, daß sie pessimistisch ist, was die Zukunft angeht. »Ägypten befindet sich in einer Krise. Die Talentierten wandern ab ins Ausland, die autoritäre Generation klammert sich verzweifelt an die Macht, und die Jugend ist apathisch. Richtig aktiv sind nur die Fundamentalisten.«

Ich bedanke mich bei den Damen. Layla hat das letzte Wort: »Ich wollte nur sagen, daß die Vorstellung vom Islam als gewalttätige und intolerante Doktrin sehr negativ ist. Die Leute aus dem Westen seien eurozentrisch: Bis zum Beweis des Gegenteils gilt jeder Fremde als Wilder. Muslime sollten sich kritisch Gedanken machen über den Islam, aber das gilt auch für euch. Auf jeden Fall muß man unterscheiden zwischen den Fundamentalisten und dem Koran.« Als Maha bereits gegangen ist, fällt mir die Frage ein, welche Bücher wichtig waren in ihrem Leben. »Tut mir leid, das sage ich dir nicht«, erwidert sie. »Sonst würdest du meine Auffassungen als Resultat einer zufälligen Ansammlung von Büchern betrachten.«

Ich entgegne, jeder Mensch sei das Resultat einer zufälligen Ansammlung von Erfahrungen. Sie grunzt. »Was die Globalisierung anbelangt: alles von ʿAbd al-Wahâb an-Naʿîm, Robertsons *Globalisation* und Mike Featherstones *Cultural Theory*. Also, leb wohl, ich habe eine Verabredung.«

Beglückt über die Gesprächsrunde, laufe ich zur Hauptstraße, um mir ein Taxi zu suchen. Nach einem kurzen, angeregten Austausch von Allgemeinplätzen fragt der Fahrer mich, ob ich Russe sei. Wie kommt er nur dazu? »Mein russischer Freund Igor hatte genauso blonde Haare wie du.«

»Soso, hat dieser Igor hier gearbeitet, oder was?«

»Er war mein Freund, *keen biymuss zibbî.*« Er brüllt vor Lachen. Mal sehen: Zwei neue Wörter in einem Drei-Wort-Satz, eine knifflige Angelegenheit. Den Wortstamm *m-s-s* kenne ich aus der Werbung für den Film *Interview mit einem Vampir.* Vampir wurde als »Sauger von Blut« umschrieben, also beschäftigte sich dieser Igor mit dem Saugen von … *zibb.* Ich versuche gerade die Bedeutung herzuleiten, doch der Taxifahrer kommt mir zuvor. Er deutet zwischen meine Beine. Seine nassen Lippen zu einem Kelch geformt, macht er Saugbewegungen wie ein Goldfisch auf dem Trocknen. Erwartungsvoll sieht er mich an: Will ich sein neuer Igor sein?

Mein Gott. Woher kommt doch dieser völlige Mangel an Taktgefühl? Regelmäßig passiert mir das auf dem Platz der Befreiung: »Ich bin Ahmed. Du bist hübsch. Darf ich mit dir kommen?« Wie sehen die Leute mich? Wie eine aufblasbare Ente, in die man nach Einwurf einer Höflichkeitsfloskel seine Hieb- und Stichwaffe reinstecken und leerspritzen darf? Unwirsch schaue ich aus dem Fenster, während der Taxifahrer kichernd seine Rostlaube durch den Berufsverkehr manövriert.

Ein schönes Bild hebt meine Stimmung wieder. In der Moschee steht ein Zehnjähriger beim Gebet neben seinem riesigen Vater. Die Schuhe ausgezogen, die kleinen Füße versunken im Teppich. Er kennt die Reihenfolge des Sich-verbeugens, In-die-Hocke-Gehens und Aufstehens noch nicht so gut und liegt bei jeder Bewegung etwa eine Sekunde hinter seinem Vater zurück. Zum Ausgleich springt er jedesmal einen Tick zu enthusiastisch hoch. Als er mich sieht und sich vergewissert hat, daß sein Vater es nicht mitbekommt, winkt er mir schnell zu. Eine Weile später sehe ich, wie die beiden Hand in Hand die Treppen herunterlaufen.

Eine Woche danach hat Layla für mich eine neue Verabredung mit Hind arrangiert. Layla ist schrecklich mißgelaunt. Für eine Menschenrechtsorganisation hat sie untersucht, wie ägyptische Frauen über das neue Scheidungsgesetz denken. Dieses Gesetz gibt den Frauen unter anderem das Recht, eine Scheidung einzureichen, wo sie bislang nur darauf warten konnten, daß ihr Mann sie verstößt. Der Gesetzentwurf wird schon seit Jahren in den Parlamentsausschüssen blockiert und wird wohl auch im nächsten Jahrzehnt nicht verabschiedet werden.[*]

»Die Hälfte der Frauen *will* einfach keine Erweiterung ihrer Rechte«, erklärt Layla frustriert. »›Ein Mann, der mich wirklich liebt, wird unter keinen Umständen einem derartigen Ehevertrag zustimmen‹, sagen sie. Einem Viertel der Frauen ist es völlig egal. Die haben gut geheiratet, verfügen über ein ordentliches Brautgeschenk in der Hinterhand und haben ausgesorgt.« Nur das letzte Viertel wird Laylas Erwartungen gerecht. Diese Frauen fangen im Gespräch leise an zu weinen und erzählen, wie sie mißhandelt und erniedrigt werden, ohne daß sie etwas dagegen unternehmen könnten. Ihre Männer weigern sich, in die Scheidung einzuwilligen. Layla hat etwas Erstaunliches beobachtet: Wenn sie ein Kopftuch trägt, bekommt sie ganz

---

[*] Im Februar 2000 wurde eine abgeschwächte Variante dieses Entwurfs verabschiedet. Islamische Frauen können sich jetzt von ihrem Mann scheiden lassen, unter der Voraussetzung, daß sie auf jegliche finanziellen Ansprüche verzichten.

andere Antworten als ohne. »Vor einem verwestlichten Elitekind werde ich doch nicht meine schmutzige Wäsche waschen, scheinen sie zu denken.«

Ich frage sie nach ihrer Meinung zu Nauwâl as-Saʿdâwî. Diese ägyptische Soziologin wird im Westen als »Verfechterin der Rechte ihrer arabischen Schwestern« gefeiert und verehrt. Layla mag sie nicht. »Sie schreibt für den Westen, hier wird sie kaum gelesen. Sie zeichnet ein übertriebenes Bild und verkündet, was der Westen hören möchte, nämlich daß alle hier geschlagen, vergewaltigt und unterdrückt werden. Verstehst du, wie das funktioniert? Wenn ich Leute aus dem Westen mit Statistiken zu Inzest, Suizid, Mißhandlungen, Vergewaltigungen und Homosexualität konfrontiere, sagen sie immer: ›Bei euch kommt das mindestens ebenso häufig vor, vielleicht noch öfter. Wir machen wenigstens kein Geheimnis daraus.‹ As-Saʿdâwî ist im Westen so populär, weil sie diesen Irrtum aufrechterhält. Im Westen liebt man sie, weil sie die Menschen dort glauben macht, sie lebten in einer besseren Gesellschaft.«

Verdutzt schaue ich zu Boden. Ich habe keinen Moment daran gedacht, daß die Leute, die behaupten, sich »für die Unterdrückten« einzusetzen, womöglich ihre eigenen Absichten hegen könnten. Layla setzt ihre Attacke fort. Gestern hat sie an einem Workshop unter der Leitung einer dänischen Entwicklungshelferin teilgenommen. »Wie du bereits weißt, bin ich gegen eine Kopftuchpflicht, aber hier habe ich das andere Extrem erlebt. Diese Dänin, fast ein Kind noch, frisch von der Uni, hält uns einen Vortrag, daß das Kopftuch «ein Instrument männlicher Unterdrükkung» sei. Stell dir das vor! Wie kann jemand, der aus einem Land ohne Geschichte stammt, es wagen, uns zu erzählen, wie wir unsere Gesellschaft einzurichten haben?« Sie sieht mich an, und ich schweige. »Hinterher habe ich mich noch mit ihr unterhalten. Weißt du, wovon sie angefangen hat? Vom Abnehmen! Wie schwer es doch sei, bei ihrem unregelmäßigen Lebensstil schlank zu bleiben.« Vor lauter Empörung hält Layla kurz inne. »Sie sieht nicht mal, wie sehr sie selbst durch ein von Männern auferlegtes Schlankheitsideal unterdrückt wird. Wir mit unserer weiten muslimischen Kleidung kennen dieses Problem nicht. Und jetzt möchte sie tatsächlich, daß auch wir uns in solche engen Anzüge zwängen, damit man genau sehen kann, wie dünn oder dick wir sind! Wie viele magersüchtige Mädchen waren das noch mal, die jedes Jahr in Europa und Amerika Selbstmord begehen?«

Als ich nach Hause gehe, ist die Hölle los, und alle Taxis sind besetzt. In so einem Fall brüllt man sein Fahrziel in ein volles Taxi rein. Fährt es in die richtige Richtung, nimmt es einen mit. Gleich beim ersten Taxi habe ich Glück. Der Fahrer streckt eine Hand hoch und macht eine Schnappbewegung mit den Fingern, so als imitierte er den Schnabel eines Papageis: Komm, steig ein. Der Fahrgast neben dem Fahrer ist, so stellt sich heraus, dessen Gattin. Ich fand es schon merkwürdig, daß sie vorne im Wagen saß, das machen sonst nur Prostituierte und ahnungslose Touristinnen.

Sie zanken sich ununterbrochen. Darüber, ob er sich links oder rechts einordnen soll, über die Fahrroute und fällige Reparaturen am Auto. »Sprichst du Englisch?« fragt der Fahrer. »*Good*, meine Frau nicht. Sie treibt mich zum Wahnsinn, läßt mich keine Sekunde aus den Augen und liegt mir pausenlos in den Ohren mit ihrem Genörgel.« Und wenn er sie einfach zu Hause läßt? »Sie behauptet, daß ich dann heimlich zu Freundinnen gehe.« Ich frage, ob er sie denn nicht vom Gegenteil überzeugen kann. »Schwer«, sagt er bedrückt. Gerade noch rechtzeitig sieht er den Laster, der uns unter ohrenbetäubendem Gehupe fast an einer Mauer zerquetscht. »Idiot!« keift die Gattin, »du bringst uns noch um. Was wird unser ausländischer Gast wohl denken!« Wir sind da, und ich entrichte den Fahrpreis. Die Frau grapscht mir das Geld aus der Hand und ruft, ohne nachzuzählen: »Mehr!« »Laß stecken«, sagt der Fahrer. »Sie glaubt, du wärst genauso reich wie die Amerikaner in *Dallas*.« Ich will zu guter Letzt doch noch wissen, warum er sie nicht überzeugen kann. Er grinst: »*She catch me three times.*«

Am nächsten Tag treffe ich endlich Laylas und Mahas Kommilitonin und Freundin Hind, was auf arabisch »Indien« bedeutet. Mit ihrem stämmigen Körper, ihrer schleppenden Stimme und dem bis über ihre Brust fallenden Kopftuch entspricht Hind voll und ganz meinen Stereotypen eines folgsamen und durch und durch indoktrinierten Mädchens. Davon gibt es Hunderte an der Universität. Sie treten immer in gackernden Grüppchen auf. Hind ist einundzwanzig Jahre alt und wohnt wie die meisten Kairoer Studentinnen bei ihren Eltern. Ihr Vater hat eine schlecht bezahlte Stelle bei einer Telefongesellschaft.

Hind teilt größtenteils die Ansichten von Layla und Maha zur Gleichheit von Mann und Frau. Sie macht allerdings eine Ausnahme: Das Kopftuch sei sehr wohl Pflicht. »Das ist doch logisch«, erklärt sie wohlgemut. »Wenn du willst, daß Männer dich wegen deines Geistes ernst nehmen, sollst du sie nicht durch deinen Körper ablenken. Deshalb ist es auch für ein Mädchen, das ein Kopftuch trägt, fast unmöglich, eine Sekretärinnenstelle zu bekommen – Männer haben ja gerne etwas zum Gucken.«

Ägypten sei in zwei Extreme gespalten, fährt sie ernst fort. »Auf der einen Seite stehen die, die kein Bewußtsein für ihre ägyptischen, arabischen und islamischen Wurzeln haben. Sie hecheln dem Westen hinterher. Wer sie auf ihre eigene Zivilisation hinweist, den bezeichnen sie als Radikalen. Auf der anderen Seite stehen die Fundamentalisten: Dein Platz ist am Herd, bleib dumm, gehorche deinem Ehemann und *chalâs*. Soll ich jetzt zwischen diesen Alternativen wählen? Ich empfinde es als störend, daß du entweder als emanzipiert oder als Muslimin giltst. Dabei garantiert der Islam die Rechte von Frauen in höherem Maße als der sexbesessene, materialistische Westen. Wir müßten herausfinden, wie die Menschen zu so falschen Vorstellungen über den Islam und Frauen kommen ... wir müssen den Koran gründlich studieren, neu interpretieren und erhellen. Aber wie? Und wer soll das machen? Und wer entscheidet darüber, wer es machen soll? Und wer entscheidet, wer darüber entscheidet, wer es machen soll? Wer kontrolliert die Kontrolleure?« Lachend schlägt sie die Hände vors Gesicht. »Ach! Es ist alles so kompliziert!«

»Maha ist Nasseristin, Layla Globalistin. Was bist du?«

Sie fängt an zu kichern. »Ich bin nichts.«

»Unmöglich.«

»Na ja, vielleicht eine Art Nasseristin. Ich finde, alle Araber sollten eins werden, aber ich habe kein besonderes Aktionsprogramm. Jede Ideologie hat ihre guten Seiten, solange sie nicht die absolute Wahrheit für sich beansprucht.« Ich sage, daß mir ihre große Toleranz auffällt. Männer wie 'Imâd und Tantâwî wirken dagegen dogmatischer und radikaler. Sie kichert verlegen. »Ich weiß nicht, diese Konkurrenz zwischen den Ideologien ... Wie kann man so sicher sein, daß man sich sicher ist? Zweifel ist etwas Gutes. Es gab eine Zeit, da habe ich ernsthaft am Islam gezweifelt. Was für ein Glaube ist das, der besagt, ich sei dem Mann untergeordnet? Als ich den Islam dann eingehend studiert hatte, waren meine Zweifel verschwunden.«

Hind verspürt nicht im geringsten das Bedürfnis, anderen Mädchen das Kopftuch aufzuschwatzen. »Das soll jede Muslimin selbst mit Allah ausmachen. Wenn ich mich da

einmischen würde, setzte ich mich auf Seinen Thron.«
Zum ersten Mal schaut sie mir in die Augen. »Muslime
müßten gar nicht versuchen, andere zu überzeugen. Wußtest du, daß unsere Geschichte kaum Glaubenskriege oder
Massaker an Juden und Christen kennt? Es gibt zwar eine
Handvoll Fundamentalisten, die ihre Verbrechen im Namen des Islam begehen, aber dafür bin ich nicht verantwortlich. Joris, du bist ein Demokrat. Macht dich das etwa
mitschuldig am Vietnamkrieg, der im Namen der Demokratie geführt wurde?«

Hind hat also auch nicht vor, mich zu bekehren? Beschämt angesichts einer so persönlichen Frage senkt sie den
Blick. »Es würde mich viel mehr freuen, wenn du dich
selbst bekehrtest. Mich schmerzt die Vorstellung, daß du
ewig in der Hölle schmoren wirst. Aber ich werde dich
nicht bedrängen. Ich meine, Allah hat das All geschaffen,
darin eine Milchstraße, und in dieser Milchstraße wieder
Planeten. Auf einem dieser Planeten hat Er eine Ökosphäre
gebildet und sie mit schwindelerregend komplexen Lebe-
wesen bevölkert. Schließlich hat Er den komplexesten Or-
ganismus überhaupt geschaffen: den Menschen. Wer dazu
in der Lage ist, kann auch dich im Handumdrehen zum
Muslim machen. Ich werde mich da nicht einmischen.«

Hind hat viel von ihrem Vater gelernt. Er ist sehr religiös, aber nicht extremistisch. Zu ihren christlichen Nachbarn haben sie mehr Kontakt als zu irgendwelchen anderen Leuten. In einem Punkt ist sie anderer Meinung als ihr
Vater: »Er hält Zweifel, Unsicherheit und kritische Hinter-
fragung für Zeichen von Rückständigkeit. Ich finde, daß
man nie glauben darf, die Weisheit gepachtet zu haben.«

Eins weiß Hind allerdings ganz bestimmt: daß sie einen
emanzipierten Mann haben möchte. »Vor einem Jahr hat
jemand um meine Hand angehalten. Als sich herausstellte,
daß er nicht gedachte, mich außer Haus arbeiten zu lassen,

haben meine Eltern und ich ihn weggeschickt. Wenn ein Mann mich liebt, gibt er mir auch die Freiheit, mich zu entfalten.«

In der Dämmerung schlendre ich über das staubige Universitätsgelände, als sich aus einer ausgelassenen Studentengruppe ein kornblumenblauer Schleier löst. Salama! Es trifft sich gut, daß wir uns begegnen, denn sie braucht meinen Rat. Während ich mich frage, wie oft ich sie im Vorbeigehen wohl nicht erkannt habe, höre ich mir ihre Geschichte an. Sie will weg. Das Niveau der Universität ist enttäuschend, es wird nur gebüffelt. Selbstdenken wird bestraft.

Salama möchte zu Verwandten nach Deutschland gehen, finanziell wäre das kein Problem. Die Frage ist nur: Kann sie dort verschleiert über die Straße gehen? Sie hat über Neonazis und Gewalt gegen Ausländer gelesen. Außerdem sei die allgemeine Kriminalitätsrate hoch. Ich antworte, daß die ägyptischen Medien die Kriminalität und den Rassismus in Europa genauso übertrieben darstellen wie die westlichen Medien den Terrorismus und den Islam. Es passieren zwar schreckliche Dinge, aber es handelt sich letzten Endes um Einzelfälle. Die große Mehrheit der Menschen lebt im Alltagstrott und stirbt eines natürlichen Todes. Nur zum Schleier hätten die Leute, vor allem die Feministen, bestimmt eine Menge Fragen.

Sie nickt verständnisvoll. Das würde sie sich alles noch gefallen lassen. Zwar wohnt sie nicht mehr auf dem entsetzlichen Campus mit seiner Ausgangssperre, aber die Situation in Kairo bleibt für sie unerträglich. Und eine Arbeit würde sie später ohnehin nicht finden. Die Diskriminierung der Verschleierten nimmt ständig zu, möglicherweise wird sogar die Universität ihre Türen für sie verschließen. Der Schleier ist nach Meinung der Regierung anfällig für Mißbrauch und »unislamisch«. Die auch durch europäische Entwicklungsgelder finanzierten Menschenrechtsorganisationen bewahren in dieser Sache eisernes Schweigen, von wegen Recht auf freie Religionsausübung. Salama sieht, wie mein Blick zu den Studenten und Studentinnen wandert, mit denen sie sich vorhin unterhalten hat. »Obwohl ich verhüllt bin, ist mir der Umgang mit den männlichen Studenten erlaubt. Bei der Begrüßung gebe ich ihnen aber nicht die Hand, und wir können nicht Freunde werden.«

Sie kommt noch einmal auf Deutschland zu sprechen. Würde sie mit dem Leben dort zurechtkommen? »So wie ich dir den ganzen Tag mit der Jugendherberge geholfen habe … so etwas wäre doch in Europa ganz ungewöhnlich, oder? Die Leute sollen sehr egoistisch sein.« Sie zupft den Schleier über der Nase zurecht, mit derselben Geste, mit der westliche Frauen ihren Bikini richten. »Wenn es sein muß, werde ich in Deutschland den Schleier abnehmen. Das wird ziemlich gewöhnungsbedürftig sein.« Sie bedankt sich bei mir für die Informationen, und wir nehmen Abschied, wahrscheinlich für immer. Sie gibt mir nicht die Hand.

7 Auf Brautschau
mit einem Feministen

Wieviele Frauen teilen wohl Dalyas Ansichten über prügelnde Ehemänner? Gibt es andererseits emanzipierte arabische Männer, und wenn ja, welche Chancen haben sie auf dem Heiratsmarkt? An der Universität treffe ich einen: Muhammed, und weil sie hier alle so heißen, gebe ich ihm schon bald den Spitznamen »der Feminist«. Ich nenne ihn nur im stillen so, denn in Ägypten ist »Feminist« oder »Feministin« ein Schimpfwort – auch unter den eher emanzipierten Frauen.

»Ich habe einen Brieffreund in Leiden.« Aus seiner Aktentasche zieht Muhammed einen Umschlag mit einer Briefmarke von Königin Beatrix. Das habe ich öfter beobachtet: Briefe und Fotos von befreundeten Ausländern werden wie Reliquien umhergetragen. So trägt 'Imâd der Fundamentalist das Paßfoto von der Tochter eines befreundeten Politologen aus Amsterdam bei sich. Muhammed ist Historiker und absolviert an meiner Fakultät ein Graduiertenstudium »Internationale Beziehungen«, ein Elitestudiengang, aus dem das Auswärtige Amt seine Diplomaten rekrutiert. Mit seinen achtundzwanzig Jahren ist Muhammed dazu jedoch zu alt. Er möchte Journalist werden. Das Auffälligste an Muhammed ist seine Körpergröße: Sogar für ägyptische Verhältnisse ist er regelrecht kleinwüchsig. Er kleidet sich sorgfältig, hat kurzgeschorene Haare und wirkt sympathisch.

Als ich ihm von meiner entsetzlichen Wohnung in Haram erzähle, hellt sich sein Gesicht auf, und keine Stunde später inspiziere ich die leerstehende Wohnung, in der Muhammed nach seiner Heirat wohnen wird – falls es jemals dazu kommt. Die Wohnung besteht aus einem dumpfen Zimmer, Strom und Wasser sind gesperrt, aber das Telefon funktioniert. Durch Erfahrung schlau geworden, behandle ich Muhammed geradezu schroff. Wer garantiert mir, daß ich Strom bekomme, den Fernseher und das warme Wasser? Vor allem das warme Wasser – ich hatte tropische Hitze erwartet, aber die Kairoer Nächte sind bitterkalt. Ich erzähle von meiner Erfahrung mit Vermietern. »Mein Zwillingsbruder ist Anwalt. Wir werden's diesem Kerl mal zeigen«, sagt Muhammed kämpferisch. Und wie hoch ist die Miete dieser Wohnung? Da will er sich nicht festlegen, das entscheidet Mama.

Mama ist eine freundliche, ergraute Dame mit voll erhaltenem Gebiß. Sie unterrichtete lange Zeit Mathematik und Physik in Saudi-Arabien, die Zwillinge Muhammed und Sâmih und ihre mittlerweile sechsundzwanzigjährige Schwester Latîfa sind dort aufgewachsen. Als die Brüder zur Universität gingen, kehrte die Familie nach Kairo zurück. Das im Ausland verdiente Geld wurde in Appartements angelegt, kurz bevor der Immobilienmarkt einen Boom erlebte. Mama erkundigt sich beiläufig nach meiner jetzigen Miete, nach der Höhe meines Stipendiums und sonstigen Einkünften. Papa starrt in einer dunklen Ecke vor sich hin. Für ihn scheint es keinen Platz am Verhandlungstisch zu geben, ich bin ihm nicht einmal vorgestellt worden.

Feilschen auf ägyptisch geht folgendermaßen: Jeder Preis, den du nennst, ist gleich ein Minimum, das du nicht mehr unterschreiten kannst. Also antwortest du auf die Frage »Wieviel würdest du zahlen?« mit einer Bemerkung wie »Was für ein herrlicher Tee, was für wunderbare Kekse. Die ägyptische Gastfreundschaft kennt nicht ihresgleichen! Mal nebenbei gefragt, wieviel hat denn eigentlich der Vormieter bezahlt?« Es kommt entscheidend darauf an, Mitleid zu erregen. Kein Geld, Probleme im Elternhaus, teure Impfungen, schon das Flugticket, dazu noch der teure Sprachkurs. Und immer wieder flichtst du Lobpreisungen des Produkts ein. Die Lage ist ja traumhaft, du würdest dort so gerne wohnen ... wenn du es dir nur leisten könntest.

Die meisten westlichen Touristen feilschen ganz anders. Mit einer »Wir wollen uns hier nicht lumpen lassen«-Miene behaupten sie, der verlangte Kaufpreis stehe in keinem Verhältnis zur Qualität, und eigentlich wollten sie die Ware nicht unbedingt, denn so schön sei sie nun auch wieder nicht. Ganz falsch. Du solltest eine angenehme Atmosphäre schaffen. Lobe das Produkt und bitte den Verkäufer, so nett zu sein, etwas vom Preis nachzulassen. Nicht etwa, weil der zu hoch wäre, sondern weil du ihn nicht zahlen könntest. So wird die Ungleichheit zwischen Käufer und Verkäufer aufgehoben, und beide behalten ihre Würde. Er wird dir dankbar sein für das Geschäft, du ihm für den Nachlaß.

Der erste Betrag steht im Raum. Ich habe gesagt, daß ich für meine jetzige Wohnung vierhundert Pfund bezahle, was eigentlich zuviel ist. Mama macht ein trauriges Gesicht: Ihr letzter Mieter hat siebenhundert Pfund gezahlt. Wir schweigen, beide im Wissen, daß wir beide lügen. Mama munkelt etwas mit Muhammed. »Sie geht einhundert Pfund runter, weil du alleine wohnst und ein guter Mensch bist.« Ich betone, wie dankbar ich bin, doch leider ... bei so einer hohen Miete bleibt mir kein Geld mehr zum Essen. Höfliches Gekicher. Vielleicht könnte ich, wenn ich

meine letzten Reserven zusammenkratze, vierhundert-
fünfzig aufbringen, möglicherweise. Erneut ein trauriger
Blick in Mamas Augen. Schade, daß die Verhandlungen so
enden müssen. Also gut, fünfhundertfünzig, weniger geht
auf keinen Fall. Ich rutsche unruhig auf meinem Stuhl hin
und her. Das ist der letzte Trumpf: drohen zu gehen. Falls
sie dich zurückrufen, ist noch etwas zu machen. Wenn
nicht, weißt du wenigstens den Preis fürs nächste Mal. Bei
Mietverhandlungen gibt es jedoch kein nächstes Mal, und
diese Leute machen einen anständigen Eindruck. »*Tab*'
chalâs, na gut«, seufzt Mama, »fünfhundert.« Erleichtert
atme ich auf, das Feilschen will einfach gelernt sein. »Aber
kalt«, fügt sie rasch hinzu. Und so kommen wir doch wieder auf fünfhundertfünfzig Pfund.

Wir unterschreiben den Vertrag, und ich verspreche, das
Geld vorbeizubringen, sobald das warme Wasser, der
Strom und der Fernseher angeschlossen sind. Mein Mißtrauen kränkt sie, aber ich gehe kein Risiko ein. Der Schur-
ke von meiner Wohnung in Haram schien mir zunächst
auch ein ganz fideler Typ zu sein. Jetzt wo alles unter Dach
und Fach ist, gibt es Chips, Cola und Musik. Muhammed
erzählt von seiner Schulfreundin 'Abîr, der er vor einem
Monat einen Heiratsantrag gemacht hat. Sie hat sich noch
nicht entschieden. Die Familie, in Kenntnis aller Einzelheiten, wägt Muhammeds Chancen ab. Er hat ein Auto, eine
Wohnung ... jetzt noch einen Job. Sein Vater sitzt regungslos im Hinterzimmer. Als ich gehen will, wendet Mama
ein: »Aber es ist doch noch früh.« Wie das Wörterbuch *Le-
bendiges Ägyptisch* vorschreibt, erwidere ich: »Möge es
noch früh sein in Ihrem Leben.«

»Möge Allah dich schützen«, antwortet Mama. »Du hast
unserem Leben Licht gespendet.«

»Die Freude war ganz auf meiner Seite.«

»Möge Allah dich schützen.«

»Möge Allah Sie schützen, leben Sie wohl.«

»Leben Sie wohl.«

In meiner Haram-Wohnung habe ich einen Monat Kündigungsfrist, wenn ich also heute abend bei meinem Vermieter vorbeischaue, bekomme ich in vier Wochen meine Kaution zurück. Die doppelte Miete für den Monat zahle ich herzlich gerne. Hausbesitzer 'Abd ar-Rahmân nimmt die Kündigung freundlich auf, er bedauert, daß ich ausziehe – er wollte gerade warmes Wasser und einen Herd installieren –, aber da kann man nichts machen. Der fromme Tantâwî fühlt sich zutiefst schuldig, er hat mir schließlich diese Wohnung besorgt. Aber auch er ist erleichtert, denn der Sohn des Vermieters hat ihm gestern abend vorgeschlagen, zusammen bei mir einzubrechen! Der Sohn hatte die Schlüssel, und Tantâwî würde natürlich wissen, wo die Wertsachen liegen – die Beute würden sie unter sich aufteilen. Da ich kein Telefon habe, konnte Tantâwî mich nicht warnen, also hat er den Sohn hingehalten. Noch an diesem Abend schleppe ich all meine Sachen in die neue Wohnung.

Muhammed ist im siebten Himmel. Bei seiner Bewerbung bei EgyptAir war man sehr von seiner Höflichkeit und seinen Sprachenkenntnissen angetan. Ich sage, ich könnte mir gar nicht vorstellen, daß sie ihn nicht als Steward einstellen würden; ich würde in Ägypten auch niemanden kennen, der so höflich und vor allen Dingen so bescheiden wäre wie er. Er lacht höflich und bescheiden. »Du willst mir nur schmeicheln.«

»Genau, Muhammed, eigentlich bist du genau so ein Arschloch wie deine ganzen Landsleute.« Einen Moment setzt seine komplette Motorik aus. Dann begreift er, Allah sei gepriesen, daß es nur ein Scherz war. »Aber das ist noch nicht alles!« flüstert er. »Komm, ich spendiere dir einen

Tee.« Er vermag seine Begeisterung kaum zu beherrschen. »Ich werde mit ʿAbîr ausgehen! Du weißt schon, mein Mädchen.« Gratuliere! »Dann werdet ihr wohl ins Kino gehen?« unterstelle ich. Er erblaßt. »Lieber Freund! Das Kino ist einige Stufen weiter. Wir gehen etwas trinken, vielleicht im Chinarestaurant hier in der Nähe.« Er denkt einen Moment nach. »Vielleicht auch nicht, meine Schwester findet Chinesen gruselige Kerlchen.«

Seine Schwester? »Die kommt natürlich mit. Es ist sehr unhöflich, beim ersten Date alleine aufzukreuzen. ʿAbîr wird bestimmt auch jemanden mitbringen.« Und was ist mit dem Kino? Er zieht mich zu sich herüber. »Was ist das Entscheidende am Kino? Genau, im Dunkeln eng beieinander. Muß ich dir noch mehr erzählen? Kino rangiert auf der Anmacheleiter direkt unter Sex.« Aber hier hat man doch keinen Sex vor der Heirat? Er seufzt. Mit Sex meint er nicht die Penetration, sondern Küssen, Anfassen und Fummeln.

Muhammeds erster Flug mit EgyptAir ging nach Senegal. Sein Bruder Sâmih rief mich an, um zu sagen, daß der Klempner morgen wirklich kommt, und hat mir bei der Gelegenheit gleich die gute Nachricht übermittelt. Muhammed hat eine Ananas mitgebracht, die wir zusammen essen werden. Er ist bester Dinge: Er hat den Job, und morgen trifft er sich mit ʿAbîr.

Während eines Gesprächs über meine früheren Wohnungen kommen wir auf ʿImâd den Fundamentalisten zu sprechen. Muhammed wischt sich den Saft von den Lippen: »Ägypten hat sicherlich ein Problem mit dem Westen: Imperialismus, Aids, Israel, Sittenverfall … Die Fundamentalisten machen jedoch den Fehler, aufgrund dieser Teilprobleme den Westen im ganzen abzulehnen. Der Westen hat auch gute Dinge hervorgebracht, aber sie sehen

190

nur die Probleme.« Er nimmt ein Stück von der Ananas. »Der Westen, Israel, die Demokratie ... diese Dinge sind den Fundamentalisten eigentlich unwichtig. Für sie zählt nur, daß sie Frauen ihre Rechte verwehren. Sex ist bei uns äußerst wichtig. Durch die fundamentalistische Interpretation des Islam werden Frauen unterdrückt. Kommt dann einer aus dem Westen mit einem Bündel Menschenrechte und mischt sich in die Debatte um die Stellung der Frau ein, dann fühlen sich die Fundamentalisten bedroht und regen sich furchtbar auf.«

»Ich hasse all diese fundamentalistischen Scheichs und Imame. Sie liefern *eine* Interpretation des Islam und behaupten, sie sei die einzig mögliche. Und wer soll nach dieser Interpretation an der Macht sein? Sie selbst. Wenn sie sagen ›Wir müssen unseren Glauben schützen‹, meinen sie ihre eigenen Machtpositionen. Warum wurde Präsident Sadat ermordet? Nicht wegen dem Frieden mit Israel, sondern weil der den Frauen gleiche Rechte einräumen wollte.« Was würde seiner Erwartung nach wohl ein Fundamentalist darauf antworten? »Sie würden lachen und fragen, was mit meiner Schwester ist. Ob sie Freunde haben darf.«

Ja, und? »Natürlich darf sie das! Sie hat alle Freiheit. Aber Sex kommt nicht in Frage.« »Aber du, du darfst Sex haben vor der Ehe?« »Ich auch nicht.« Er beugt sich zu mir herüber. »Die Menschen sind schlecht, nicht der Islam. Hast du jemals von einem weiblichen Kalifen gehört, einem weiblichen Imam? Männer mißbrauchen den Islam, um Frauen zu unterdrücken. Und die Leibesstrafen ... Abscheulich! Ich habe in Saudi-Arabien einmal gesehen, wie jemandem die Hand abgehackt wurde. Die Hand wurde an einem Baum aufgehängt. Leibesstrafen sind barbarisch. Die Fundamentalisten wollen sie in Ägypten wieder einführen ... Lächerlich! Auf sechzig Millionen Ägypter kommen bestimmt eine Million Diebe. Wollen wir ihnen allen die Hände abhacken? Die Fundamentalisten sollen sowieso die Klappe halten. Sie selbst rauben Juweliergeschäfte von Christen aus, um Waffen zu kaufen. Sollen sie sich doch selber die Hände abhacken!«

Wir schneiden beide eine Scheibe Ananas ab. Woher hat Muhammed eigentlich seine Auffassungen? Da braucht er nicht lange nachzudenken: von Mama. Sie hat Muhammed und seinen Bruder gleichberechtigt zu ihrer Schwester erzogen. »Latîfa ist keine Sklavin«, sagt sie immer. Und was hält der Vater davon? Er muß kichern. »Er unterstützt sie, aber manchmal sagt er auch, daß echte Männer ihre Frauen ernähren müssen. Doch wie in den meisten ägyptischen Haushalten bestimmt Mama, wo es lang geht.«

Mit seinen emanzipierten Ideen kommt Muhammed mit Sicherheit gut an bei den Frauen, vermute ich. Er senkt die Augen. »Die Mädchen lachen mich aus! Ich hatte geglaubt, sie würden mich alle heiraten wollen. Ich meine: Meine Frau darf außer Haus arbeiten, mit jedem reden, sie hat eine ebenbürtige Stimme bei der Erziehung unserer Kinder, bei finanziellen Fragen usw. Ich möchte, daß sie eine gute Ausbildung hat und sich mit dem Tagesgeschehen auskennt. Meine Kinder sollen nicht von einem dämlichen Zombie großgezogen werden. Ägyptische Mädchen wollen jedoch einen rohen, dominanten Mann. Es geht um Sex, ein sanfter Typ ist schlecht im Bett, meinen sie. 'Abîr ist aber anders«, sagt er verträumt.

Pustekuchen: Das Date mit 'Abîr war eine Katastrophe. Sein kichernder Zwillingsbruder Sâmih hat es mir gesteckt. Ich soll Muhammed selbst nach den Einzelheiten fragen. Er kommt bald zurück von der Arbeit.

Muhammed ist an der Strippe: »Ich werde kurz was essen, duschen, beten, und in einer Stunde bin ich bei dir.«

Drei Stunden später klingelt es an der Tür, ich dachte schon, daß er überhaupt nicht mehr kommen würde. Muhammed runzelt die Stirn. »Ich hatte dich doch angerufen? Du wolltest doch, daß ich dich immer erst anrufe, bevor ich komme.« Er zeigt auf das giftgrüne Hemd, das ihm aus der Hose hängt. »So trägt man das doch in Europa, oder?« Meine Pinnwand mit Fotos von Zuhause hat Muhammed offenbar intensiv studiert. »Das mit dem Hemd ist ganz gut«, sage ich, »aber nach den Richtlinien europäischer Lässigkeit mußt du absolut ein weißes T-Shirt drunter anziehen. Jetzt kann ich dein Brusthaar sehen.« Er schnauft abfällig. »Viel zu warm, die können mich mal.«

Das Date hatte super angefangen, erzählt Muhammed bei einer Tasse Tee. Latîfa hat sich mit 'Abîr und ihrer Schwester prima verstanden, die Konversation lief wunderbar. Bis zu dem Moment, als eine Gruppe Halbstarke auf die aufreizend gekleidete 'Abîr aufmerksam wurde. Es fing mit Bemerkungen und Andeutungen an und endete damit, daß der Größte aus der Gruppe 'Abîr den Hut vom Kopf stieß. »Das war erniedrigend«, betont Muhammed und springt von seinem Stuhl auf. Auf Zehenspitzen stehend, reckt er einen Arm so hoch er kann in die Luft. »Der Kerl war ein Nilbüffel!« 'Abîr fand das gar nicht lustig. Tobend vor Wut ließ sie den Manager die Jugendlichen hinausschmeißen.

Das war das Ende vom Date. Nach guter orientalischer Sitte hätte Muhammed seine Prinzessin aus den Fängen des Gesindels retten sollen. Da er das jedoch unterließ – »Sie hätten mich umgebracht!« –, nahm 'Abîr Tasche, Hut und Schwester und verschwand. Der Kontakt zwischen ihnen ist abgebrochen, und Muhammed steckt in der Klemme. Wenn er sie anruft, gilt er als Schwächling, der seinem Mädchen hinterherrennt, ruft er nicht an, sieht er sie vielleicht nie wieder. Unter seinen Beratern herrscht Uneinigkeit. Sâmih schlägt vor, ihr ein großes Geschenk zu machen, während Latîfa ihm empfiehlt, 'Abîr zu vergessen. Sie findet sie vulgär. Seine Mutter ist der Meinung, er solle sich entschuldigen, »aber sie versteht nichts von modernen Mädchen«, stöhnt Muhammed. »Sich zu entschuldigen ist ein Zeichen von Schwäche, und keine Frau möchte einen schwachen Mann.«

Muhammed stellt sich neben mich. Er reicht mir gerade bis zur Brust. »Wenn ich wollte, könnte ich dich im Handumdrehen zerquetschen«, sage ich mit drohender Stimme. »Dazu bist du viel zu schwerfällig«, erwidert er mit einem Stoß in meine Rippen. »Und außerdem zu langsam.« Sein Gesicht verdüstert sich. »Wenn ich größer wäre, hätte ich die Typen kurzerhand aus dem Laden geboxt. Ich wünschte mir, Mädchen würden nicht immer so nach der Körpergröße urteilen. Sie meinen, daß ein langer Typ einen großen ... du weißt schon.« Er seufzt. »Wie ist das mit den Mädchen bei euch? Ach, laß nur, ich will gar keine Holländerin, dann würde ich ja Kinder kriegen, die so aussehen wie du.« Lachend macht er sich im dunklen Treppenhaus davon.

Meine Wohnung in Haram wurde von Sicherheitspersonal überwacht. Das ist ziemlich außergewöhnlich, denn nahezu alle anderen Gebäude in Kairo verlassen sich auf *bawwâbs*, Hausmeister, die genauestens aufpassen, wer reinkommt und wer rausgeht, das Treppenhaus reinigen und die Pflanzen gießen. Meist handelt es sich um ältere Männer in *gallâbiyyas*, mit grauen Bärten und gegerbter Haut. Sie wohnen, essen und schlafen irgendwo im Treppenhaus, oft mit Familie oder Hausmeister-Kollegen. Tagsüber sitzen sie auf dem Bürgersteig.

Bawwâbs verhindern Einbrüche und Vandalismus und tragen entscheidend zum sozialen Zusammenhalt im Haus und in der Nachbarschaft bei. In Ägypten kann es nicht passieren, daß jemand drei Wochen lang tot in seiner Wohnung liegt, ohne daß ein Hahn danach kräht. Die Kehrseite allerdings ist ein hohes Maß an sozialer Kontrolle. Im Verlauf des Jahres haben vier westliche Frauen in meiner Wohnung übernachtet, jedesmal wurde ich gleich am nächsten Tag um eine Erklärung gebeten. »Du hast ziemlich viele Schwestern, und alle sind sie in deinem Alter.« Über die Einkommensverhältnisse der *bawwâbs* kursieren widersprüchliche Geschichten. So sollen sie als Drogendealer, Zuhälter oder Hehler dazuverdienen. Ehrliche *bawwâbs* leben dagegen von dem Geld, das die Bewohner ihnen monatlich und an Feiertagen zustecken. Heute ist so ein Tag.

In *bawwâb*-technischer Hinsicht erfreut sich mein Haus übrigens einer Ausnahmestellung: Wir haben eine *bawwâba*. Sie ist eine Dampfwalze von Frau mit einer Stimme, die wie ein Luftalarm dröhnt. Sie trägt immer ein schwarzes Kleid mit passendem Schleier. Zusammen mit ihrer Schwiegertochter und Kleinkindern von unklarer Herkunft wohnt sie in einem schmalen Flur hinter dem Aufzug. So kann sie jeden sehen, der hereinkommt. Da der Flur nur einen Meter breit ist, hat ihr Sohn ihr im Garten zwei Wellblechhütten gebaut. Die eine fungiert als Schlafzimmer, die andere als Hühnerstall. Hin und wieder schaut der Sohnemann vorbei, und dann verschwindet die *bawwâba* samt ihren Knirpsen in der Moschee. Muhammed zufolge hat der Sohn mindestens zwei, wahrscheinlich aber sogar drei Frauen. Ich wundere mich, wie er sich das leisten kann. Muhammed zuckt mit den Achseln, er wäre ja verrückt, sie so etwas zu fragen – seine mickrige Gestalt geht locker dreimal in die der *bawwâba*.

Zaghaft schlurfe ich in den Flur, sie ist gerade dabei, auf einem Gasbrenner Tee zu kochen. Ihr Willkommensgruß schallt durch das Treppenhaus. »*Mister George! Yâ ʿasal,*

yâ habîbî, izzayy is-sihha?« »O Honig, o mein Schatz, wie
steht es mit deiner Gesundheit?«

»Allah sei gepriesen.«

»Allah sei gepriesen!« bekräftigt sie quieksend vor Vergnügen. Hinten im schmalen Raum kichert die Schwiegertochter, die sich immer wieder an meinem Akzent und
meinen grammatischen Schnitzern ergötzen kann. »Tee!
Magst du einen Tee? Du mußt mit uns Tee trinken.« Ich
lege die Hand aufs Herz. »Also gut, keinen Tee.« Mit ihren
kräftigen Fingern glättet sie den rot-grauen Zehnpfund-
schein, der auf der einen Seite ein Bildnis des Pharao Ram-
ses II. und auf der anderen eine Abbildung der al-Rifâ'î-
Moschee zeigt, der Ruhestätte des letzten Schahs von
Persien. Sie küßt den schmuddeligen Fetzen Papier. »Allah
sei gepriesen.«

»Allah sei gepriesen, leb wohl.«

»Leb wohl, Mister George, *tusbih 'ala chayr*«, mögest
du wohlbehalten erwachen.

'Abîr und Muhammed haben Frieden geschlossen. In der
Vorlesung hat er sich neben sie gesetzt. Nach einer halben
Stunde nahm er ihren Stift, sie sein Heft. Muhammed ist
wie verwandelt, er reißt wieder Witze, und seine Augen
funkeln. Und das Schönste überhaupt: 'Abîr wird zu ihm
kommen, um eine Aufgabe in englisch zu übersetzen. Die
einzige Bedingung ist, daß auch ich anwesend bin. Muhammed hat ihr aufgetischt, daß wir beide sowieso vorge-
habt hätten, die Übersetzung zusammen zu machen, also
könnte sie genausogut hinzukommen. Dann würden wir
alle Zeit und Mühe sparen. Muhammed ist aufgeregt. Daß
'Abîr ihn zu Hause besucht, ist ein Riesenschritt. Morgen
findet das Treffen statt, ich werde da sein.

Leider hat die Sache einen Haken: 'Abîr hat den Termin
um drei Stunden verschoben, auf eine Uhrzeit, zu der ich

einen wichtigen Anruf aus Holland erwarte. »Du mußt unbedingt kommen, Schorsch, sonst stehen wir ziemlich dumm da.« Die Dinge haben eine offizielle Wendung genommen. 'Abîrs Vater kommt mit. »Wenn du nicht da bist, entsteht der Eindruck, als hätte ich sie unter einem Vorwand in mein Haus gelockt.« Mir blutet das Herz, aber ich muß ihn enttäuschen.

Etwa um halb neun ruft er mich an. Alles ist gut gelaufen, auch wenn sein Vater den ganzen Abend kein Wort gesagt hat. 'Abîrs Vater und Muhammeds Mutter haben gemütlich über eine saudische Stadt geplaudert, in der beide eine Zeitlang gelebt haben. Die Schattenseite ist, daß Mama 'Abîr egoistisch und dumm findet. Muhammed muß es selbst wissen, aber ihr wäre lieber, er würde sich nach einer anderen umsehen. »Was meinst du?« fragt er unsicher. Ich erwidere, er sei schließlich derjenige, der sie heiraten wolle. »Herzlichen Dank, du bist wirklich eine große Hilfe.«

»Muhammed und Sâmih sind gleich da«, sagt Mama herzlich, als ich auf einen Sprung hereinschaue. »Sie sind hinten und beten.« Ich linse ins andere Zimmer und sehe zwei Männchen von genau gleicher Statur, die sich synchron verbeugen, hinknien, in die Hocke gehen und ihre Gebete murmeln.

Mit 'Abîr gibt es wieder Zoff. Sie ignoriert Muhammed, und wenn er sie anspricht, sagt sie Dinge wie: »Hol mir doch mal eine Cola.« »Vor allen Leuten«, stöhnt Muhammed, »total erniedrigend.« Bereits seit zwei Wochen meidet er sie und die Universität. Aber er hat einen Plan. Muhammed glaubt, daß sie ihn auf die Probe stellt. Ist er standhaft genug? Kann sie ihm trauen? Vor der Heirat schwadronieren viele ägyptische Männer von gleichen Rechten und Autonomie, doch sobald das Hochzeitsschiffchen im Hafen eingelaufen ist, verwandeln sie sich in miese Machos. Ich soll ʿAbîr davon überzeugen, daß Muhammed seine zukünftige Gattin in jeder Hinsicht gleichberechtigt behandeln wird. »Auf dich wird sie hören, denn du kommst aus dem Westen«, sagt sein Bruder Sâmih. Muhammed nickt, während Mama sich heraushält und Papa im dunklen Zimmer vor sich hin schweigt wie ein Grab.

Ich treffe Muhammeds große Liebe nach einer Vorlesung. Wie geht's? Lange nicht gesehen. Ich frage sie nach Muhammed. »Meinst du den Muhammed von EgyptAir?« Natürlich, Dummerchen, wer sonst hat uns miteinander bekannt gemacht? Uninteressiert schüttelt sie den Kopf. »Vielleicht ist er von der Erdkugel runtergefallen.« Wir trinken zusammen eine *bebs* auf einer der Bänke hinter dem Fakultätsgebäude. Links ist die Moschee, rechts die Pizza-Inn, auf die sich der ganze Rummel konzentriert. ʿAbîr dreht sich zu mir um, schenkt mir ein Lächeln, aus dem ich nicht ganz schlau werde, und fragt mich, ob ich Popmusik mag. Ihr Gesicht ist ein einziger Klumpen Make-up; wieso verschwendet Muhammed seine Zeit mit ihr? Sie reckt sich, und ich sehe, wie sich ihre Brustwarzen in ihrem knalligen lila T-Shirt abzeichnen. »Ich *liebe* Popmusik, vor allem langsame, romantische Nummern, da werde ich ganz schwach.«

Es wird an der Sonne liegen, aber mir wird plötzlich heiß. Flirtet sie etwa mit mir? Auf diesem Gebiet ist mir hier das sichere Gespür vollkommen abhanden gekommen. Gleich wird Muhammed noch zu Ohren kommen, daß Joris versuche, ihm die Freundin auszuspannen. »Muhammed steht auch auf romantische Musik«, sage ich. Wie geplant, lobe ich Muhammed für seine Auffassungen. Wahrheitsgemäß erzähle ich ihr, daß ich außer Muhammed kaum einen Ägypter kenne, der so sehr für die Gleichheit der Frau eintritt. Wirklich eine große Ausnahme, dieser Muhammed.

Sie nickt. »Tatsächlich, eine wirkliche Ausnahme.« Nicht die Spur einer emotionalen Regung. Sie fragt mich, was ich von »der Freiheit« halte. Bevor ich ihr antworten kann, erzählt sie, sie hätte die Freiheit bereits ausgekostet, aber damit Schluß gemacht. Sie habe erkannt, daß ihre Familie sie brauche. Auf Nachfrage erläutert mir Maher, es handele sich dabei wieder um eine Chiffre, die bedeute: »Ich weiß, was die Welt zu bieten hat, aber ich wäre auch eine gute Hausfrau und Mutter.« Solche Bemerkungen müssen Muhammed den Kopf verdreht haben. »Soll ich Muhammed Grüße ausrichten?« frage ich, als sie gehen muß.

»Wenn du meinst.«

Muhammeds Zwillingsbruder Sâmih und ich trinken bei ihm zu Hause eine Tasse Tee auf dem Balkon. Wir blicken auf den östlichen Flußarm, ein gefälliges und großzügiges Panorama, trotz des höllischen Lärms des Autoverkehrs fünf Stockwerke tiefer. Warum nur hupen diese Leute alle halbe Minute? Alle beschweren sich darüber, und jeder tut es. Sâmih muß dringend telefonieren. Es geht um einen wichtigen Fall, den er morgen mit Sicherheit verlieren wird. Er verteidigt einen Bauern aus Oberägypten, der seiner Frau die Kehle durchgeschnitten hat, als er *hörte*, sie sei fremdgegangen. Ihm droht der Strang, fürchtet Sâmih, ihm wollen nur wenige mildernde Umstände einfallen.

Damit ich nicht alleine zurückbleibe, setzt sich seine Schwester Latîfa zu mir. Ein himmelweiter Unterschied zu den Gepflogenheiten bei Maher, Tantâwî und 'Imâd, die ich schon seit Monaten besuche, ohne jemals ihren Schwestern oder Müttern vorgestellt worden zu sein. Latîfa ist allerdings sehr emanzipiert, drei Männer haben bereits den Schwanz eingezogen, als sie vollkommene Gleichheit forderte, schwarz auf weiß, mit einer anwaltlichen Beglaubigung von ihrem Bruder Sâmih. Sie arbeitet als Ärztin in einem nahegelegenen Krankenhaus. Letzte Woche war eine ihrer Kolleginnen mit Kopftuch zur Arbeit erschienen. Die anderen verschleierten Ärztinnen spendeten ihr Beifall und sagten: »Hoffentlich kommt auch Latîfa bald zur Vernunft.« Es ist zum Verzweifeln. Wenn selbst die gebildetsten Frauen sich weismachen lassen, das Kopftuch hätte etwas mit dem Islam zu tun, wie soll es dann weitergehen? »*al-Islam huwa al-higâb*, der Islam ist das Kopftuch?« persifliert sie den bekannten fundamentalistischen Wahlslogan *al-Islam huwa al-hall*: »Der Islam ist die Lösung.«

Sâmih hat aufgelegt, und Latîfa entschuldigt sich – sie geht zum Gebet. »Und du?« fragt sie Sâmih. »Ich komme gleich, ich muß mich erst mal mit meinem holländischen Freund unterhalten.« Behaglich schmiegt er sich in den Sessel mir gegenüber. Ob er wohl viele Fälle aus Oberägypten hat? Sâmih lehnt sich zurück. Jetzt wo wir von seinem Fach reden, plustert er seinen puppenhaften Körper auf. »Ich nehme solche Fälle ungerne an, denn die Mandanten zahlen nie. Aber man kann es sich eben nicht aussuchen.« Blutrache und Verbrechen aus Leidenschaft sind in Oberägypten gang und gäbe, erzählt er. Unter völliger Mißachtung der Polizei begleichen Familien ihre offenen Rechnungen. Wenn deine unverheiratete Tochter mit einem Mann flirtet, schneidest du den beiden die Kehle durch. Wird dein Bruder ermordet, steckst du dem Bruder des Mörders ein Messer in den Rücken. Ein Großteil der fundamentalistischen Gewalt findet in Oberägypten statt, und Kommentatoren weisen darauf hin, daß Auseinandersetzungen mit der Polizei oft mit bestimmten Vendetten einhergehen. Die Frontlinien sind nicht immer nur Ausdruck ideologischer Grabenkämpfe. Hat die Polizei deinen Bruder erschossen, paktierst du mit den Fundamentalisten, um die Familienehre zu rächen, und umgekehrt.

Wenn man den Blick über diese Metropole voller Hochschulen, Autos, Computer und Fernsehtürme schweifen läßt, kann man sich nur schwer vorstellen, daß hundert Kilometer südlich der Stadt stolze Bauern in ihren Hütten mit dem Messer jahrhundertealte Fehden austragen. Häufig zeigen sich die Täter selbst an, erklärt Sâmih. Alle sollen wissen, daß die Familienehre gerächt wurde. Ihr Stolz, der Analphabetismus und die sehr hohe Kinderzahl haben die Oberägypter zu Zielscheiben des Spotts gemacht. »Wie bringt ein Oberägypter seinem Kind das Laufen bei? Er bindet es an einen Zug fest.«

Muhammed kommt herein. Ich darf noch nicht gehen, ich soll mir vorher die Fotos von dem südafrikanischen Mädchen anschauen, das er letzte Woche in Johannesburg kennengelernt hat: Amanda. Wir quatschen weiter über Frauen, und Muhammed vertraut mir an, daß er schon einmal verlobt gewesen ist. »Erzähl!«

»*Yâ ibnî*«, seufzt er: »Junge, Junge.« Vor drei Jahren kam er öfter an einem Mädchengymnasium vorbei. Eines Tages stand dort eine bildhübsche Schülerin an der Bushaltestelle. Muhammed fing an, dort Posten zu beziehen. In den ersten Wochen hatten sie Augenkontakt, dann fragte er sie nach ihrem Namen: Rânyâ. Er gab ihr seine Telefonnummer und sagte, er möchte ihren Vater sprechen. Beim Gedanken daran muß Muhammed grinsen. Nicht ihr Vater rief am selben Abend zurück, sondern ihre Mutter. Sie schimpfte ihn gehörig aus. Wie konnte er es nur wagen, einem zehn Jahre jüngeren Mädchen seine Telefonnummer zu geben? Erschießen sollte man ihn. Muhammed lacht. »Ich kann aber sehr höflich sein, und am Ende war sie wie Wachs in meinen Händen.« Er durfte Rânyâs Familie einen Besuch abstatten.

Wie es sich gehört, nahm er Papa, Mama, Sâmih und Latîfa mit. Der Besuch war nicht gerade ein Erfolg. Es wollte einfach kein Gespräch entstehen, wie sehr auch Muhammed und sein Bruder sich bemühten. Hinterher gab Latîfa ihm zu verstehen, daß sie Rânyâ für eine doofe Ziege hielt. Mama war wütend. Sie nannte ihren Sohn einen Lügner. »Wie hätte ich wissen sollen, daß Rânyâ halb palästinensisch ist?« sagt Muhammed entschuldigend, »ich hatte drei Worte mit ihr gewechselt, und sie sprach den ägyptischen Dialekt.« Seine Mutter mag keine Palästinenser, sie hält sie alle für Terroristen vom Schlage eines Arafat. Sâmih fand Rânyâ in Ordnung, Papa schwieg sich aus. Weitere, zäh verlaufende Gespräche folgten. Die Eltern mochten einander offensichtlich nicht sehr, aber Muhammed gab nicht nach, Rânyâ war schön und jung. Wie viele andere arabische Männer steht er auf unreife Mädchen.

Muhammed holt frischen Tee, während ich das Interieur begutachte. Das Wohnzimmer wird von den Schreibtischen von Muhammed und Sâmih dominiert. Latîfas Schreibtisch steht in einem eigenen Zimmer, über das sie, im Gegensatz zu ihren Brüdern, verfügt. Stell dir vor, du bist achtundzwanzig, lebst bei deinen Eltern und hast kein eigenes Zimmer. Vom Schreibtisch im Wohnzimmer aus führt Sâmih seine Anwaltspraxis. Rechts steht ein Sammelsurium von Gesetzbüchern, Akten und Fachtexten, links eine Schreibtischgarnitur, das Telefon, Briefumschläge und ein Notizblock. An der Wand hängen Landschaftsbilder, Karten von Europa, eine amerikanische Fahne, der bekannte Kalender von *scharika at-ta'mîn* und Fotos vom ehemaligen UN-Generalsekretär Boutros-Ghali, von Mandela, Atatürk, Clinton und Sadat. Merkwürdig, daß die Frau des Hauses ihre Söhne einerseits zu liberalen, emanzipierten Persönlichkeiten erzieht, andererseits aber eine Hochzeit durchkreuzt, weil die Braut palästinensische Wurzeln hat.

Als Muhammed wieder mit Tee und Keksen erscheint, setzt er seine Geschichte fort. Trotz aller Widerstände kurbelte er die Kontakte zu Rânyâs Familie an. Onkel, Tanten, Opas und Omas wurden ausgetauscht. Sooft er konnte, besuchte er Rânyâ, manchmal mit Verwandten, manchmal auch ohne. Rânyâ war immer in Begleitung, solange die beiden nicht miteinander verlobt waren, durften sie sich nicht alleine treffen. Nach vielen Streitereien und Spannungen wurden die Verhandlungen über Brautgeschenk, Wohnung und Hochzeitsfest abgeschlossen und gefeiert. Muhammed nahm seine Zukünftige mit zu seiner Wohnung, die sie auf Anhieb toll fand. Hier würde sie sich gerne ein Nest bauen. Danach trafen sie sich zum ersten Mal alleine, auf einer Terrasse am Nilufer. Sie sagte: »Du bist zehn Jahre älter, du erwartest bestimmt gewisse Dinge von mir.« Muhammed versuchte, die Sache herunterzuspielen, doch sie behauptete steif und fest, sie halte es für »besser«, wenn in Zukunft wieder eine dritte Person zugegen sei. Muhammed hatte noch nicht einmal ihre Hand gehalten! Er erklärte, auf Erfahrung und Alter komme es gar nicht an, schließlich liebe er sie. Hoffentlich, so sagte er ihr, sei sie sich im klaren darüber, daß bald das Jahr 2000 anbreche und daß die Vorstellung, sich bis zur Hochzeitsnacht nur in Gegenwart Dritter zu sehen, sie doch eher um 1000 Jahre zurückwerfe. Ist doch so? Rânyâ platzte vor Wut und schmiß ihm den Verlobungsring hin. Nur mit großer Mühe brachte er sie soweit, ihn wieder auf ihren Finger zu schieben. Das nächste Mal war Sâmih wieder mit von der Partie.

Eines Tages stattete Muhammeds Familie Rânyâs Eltern einen Besuch ab, um sich über die Einzelheiten der bevorstehenden Hochzeit zu einigen. Nie zuvor war die Stimmung so angespannt gewesen, ein Schweigen löste das andere ab. Und dann bekam Rânyâs Familie erstmals Papas Stimme zu hören: »Meinetwegen soll er sie heiraten, aber er wird keinen Pfennig bekommen!« Drei Jahre danach kann Muhammed herzlich darüber lachen. »Stell dir vor!

Die Gesichter ihrer Eltern!« Die Verlobung wurde gelöst, doch Muhammed unternahm insgeheim weiterhin Annäherungsversuche. Als ihr Bruder davon Wind bekam, drohte er Muhammed mit einer Tracht Prügel: »Ich bin höflich und werde erst gar nicht auf deine Beleidigungen reagieren«, sagte Muhammed, und der Bruder antwortete, eben dies sei genau der Grund, weshalb sie ihn nicht haben wollten: Er sei ein gefühlloser Eisberg. Es sollte das letzte Wort sein, das zwischen den Familien gewechselt wurde.

Der Tag fängt schlecht an, das heißt: viel zu früh. Es ist sechs Uhr morgens, und es klingelt, es klingelt ein zweites Mal, noch mal und noch mal, bis ich mich zur Tür schleppe. Glatt vergessen, der Müllmann kommt, um seinen Lohn abzuholen. Die Rechnungen für Gas, Wasser, Strom und Müllabfuhr werden in Kairo vom Personal persönlich eingetrieben. Beim Wasser ist es noch am einfachsten, da werden die Kosten pro Kopf umgelegt und von der *bawwâba* kassiert. Problematischer ist es bei Gas und Strom. Bereits zweimal wurde alles abgestellt, weil ich nicht zu Hause war und so die Rechnungen in Höhe von etwa fünf Mark nicht begleichen konnte. Die Männer kommen während der Bürozeiten unangekündigt vorbei, und dann bin ich meist an der Uni. Das System ist nicht für Alleinstehende gedacht. Ein Ägypter zieht erst in eine eigene Wohnung, wenn er heiratet, und wer verheiratet ist, hat zu Hause eine Frau. Der Müllmann unterläuft dieses Problem, indem er zu einer schwindelerregend frühen Uhrzeit kommt. Für die tägliche Müllabfuhr verlangt er jeden Monat etwas weniger als eine Mark. Man stellt den Müll einfach vor die Wohnungstür, er trägt ihn herunter.

»Mister Holland, ich wußte doch, daß du da bist«, sagt er freudig. »Deshalb habe ich weitergeklingelt. Die meisten Leute sind übrigens schon aufgestanden.« Ich suche nach

Kleingeld, finde aber nur einen Zehner. Das gibt Ärger. »Hast du Wechselgeld?«

»Was möchtest du wechseln?«

»Wenn du mir sieben Pfundnoten gibst, bekommst du diesen Zehner.«

»Ich habe nur fünf Pfund.« Purer Bluff, versteht sich, er hat ja bei allen Leuten Geld eingesammelt. »Dann kommst du eben morgen wieder«, bluffe ich meinerseits – mitnichten werde ich ihn morgen in aller Herrgottsfrühe zurückkommen lassen. »He, da habe ich doch noch ein paar Pfundscheine gefunden«, lächelt er erstaunt. »Sieben? Warum nicht fünf, dann kann ich mir ein paar Schuhe kaufen.«

»Jeder normale Ägypter zahlt dir ein Pfund fünfzig, von mir kriegst du schon drei.«

»Für dich ist es doch egal. Ich habe einen Cousin in Holland, und der sagt, daß die Regierung den Arbeitslosen mehr als 2200 Pfund im Monat gibt.«

»Dafür sind die Preise bei uns auch höher. Gut, fünf Pfund, wenn du nächsten Monat später kommst.« Er nickt, winkt mir zum Abschied und zeigt grinsend auf meine Haare. Im Spiegel sehe ich, was er meint: Ich habe vor dem Schlafengehen geduscht und sehe aus wie Struwwelpeter. Was für ein Bild von mir muß sich bei dem Mann einstellen: solche Haare und dann mit Geld um sich schmeißen.

Muhammed ist an der Tür. Wie geht's? *»Zift!«* Er tritt aufgeregt gestikulierend herein. Ein hübsches Wort: Zift. Versuchen Sie doch mal, es dreimal laut aufzusagen, mit der Betonung auf dem Z. Wörtlich bedeutet es Dreck oder Pech, und es wird für alles benutzt, was im Deutschen scheiße ist. Scheiße, jetzt ist mir der Fahrradschlüssel in den Gully gefallen. Wie lief die Prüfung? Zift. Wie war es bei den Eltern deiner Freundin? Total zift. Ich frage ihn, was er trinken möchte. Muhammed grunzt: »Du hast bestimmt wieder nur Tee oder Kaffee?« Tantâwî, 'Imâd, Maher und Hazem hätten gesagt: Danke, im Moment nichts. Daraufhin hätte ich insistieren sollen, was wiederum mit einer erneuten Ablehnung quittiert worden wäre. Erst beim dritten Mal hätten sie, urplötzlich begierig, einen Wunsch geäußert. Ich erwidere, ich hätte sicherlich etwas eingekauft, wenn Muhammed mir nur gesagt hätte, daß er kommen würde. »Ich werde dich doch nicht anrufen, weil ich gerade mal vorbeischauen will? Ich weiß zwar, ihr in Europa macht das, aber du bist hier in Ägypten, also hast du dich anzupassen. Dann gib mir eben einen Kaffee – du hast doch hoffentlich Zucker, oder?«

Wieso geht es zift? »*Yâ ibnî*«, seufzt Muhammed. »Diese ägyptischen Passagiere treiben mich noch in den Wahnsinn. Die Menschen aller Nationalitäten setzten sich brav hin, nur sie nicht. Sie wollen sich mit Verwandten am anderen Ende der Kabine unterhalten, stehen auf, mißachten das Rauchverbot … Vor dem Start kontrollieren wir die *seatbelts*. Da kommt ausgerechnet mir so ein Typ unter, der sich weigert, ihn anzulegen – er wollte zuerst einen Tee serviert bekommen. Muhammed wirft seine kurzen Arme machtlos gen Himmel. »Da sind mir die Deutschen lieber, die Skandinavier oder welches Volk auch immer, das nicht am Mittelmeer beheimatet ist. Italiener, Ägypter, Algerier … alles undiszipliniertes Pack.«

Das tut gut! Also wird EgyptAir ihren vielversprechenden Steward gleich wieder verlieren? »Nein, wo denkst du hin, die Vorteile sind unschätzbar«, sagt er in einem verschwörerischen Ton. »Auf dem Heimweg nahm ich den Werkbus. Ich stieg ein … alles leer, bis auf eine total hübsche Stewardeß. Ich durfte mich neben sie setzen, und wir haben uns während der ganzen Fahrt unterhalten.« Und? »Wie *und*? Nichts. Wir gehen nicht gleich miteinander ins Bett, so wie bei euch.«

»Ich meinte, wirst du sie wiedersehen? Wie kommst du darauf, daß wir in Europa gleich miteinander in die Kiste steigen? Schön wär's!«

»Okay, das war dämlich von mir.« Und wie steht es sonst so mit den Frauen? Er zieht eine Grimasse, als würde er gerade barfuß in einen Hundehaufen treten. »Zift! Noch viel mehr zift als im Flieger!« Es gelingt ihm nicht so recht, seine Anspannung mit einem Grinsen zu überspielen. Er hatte mir doch von Amanda, seiner neuen Flamme in Johannesburg, erzählt? Nach langem Bitten und einer Tasche voller Schmiergeld durfte er letzte Woche auf einem Flug nach Südafrika mitfliegen. Er hatte einen halben Tag. Mit einem großen Strauß Blumen stand er dann vor ihrer Tür. Ihre Freundin machte auf. Nein, Amanda sei nicht da, sie sei nicht in der Stadt. Keine Ahnung, wann sie wiederkäme, sie sei für unbekannte Dauer mit unbekanntem Ziel weggefahren. Die Enttäuschung steht Muhammed im Gesicht. »Ich glaube, aus Eifersucht wollte die Freundin mich von Amanda fernhalten.« Wir schweigen beide, er aus Kummer, ich aus Verlegenheit. Was Muhammed ausläßt, aber sein Bruder Sâmih mir erzählt hat, ist, daß er Amanda einen Heiratsantrag gemacht hatte. Nach einem Tag! In Ägypten bedeutet das: Ich finde dich nett. In Unkenntnis dieses Codes hat Amanda natürlich einen Riesenschreck bekommen und ihre Freundin genauestens instruiert. Muhammed sieht mich mit mattem Blick an. »Ich bin nicht glücklich.« Er geht schnell nach Hause, er muß noch lernen, und heute abend fliegt er nach Rom und wieder zurück.

»Hilfe!« Muhammeds Augen strahlen vor Freude, er ist so aufgekratzt, wie ich ihn lange nicht erlebt habe. Wir stehen im Flur des Fakultätsgebäudes. Abgeschirmt von seinem kleinen Körper, zeigt er mir die Fotos seiner südafrikanischen Liebe. Er sucht nach einem Vorwand, sie auch 'Abîr zu zeigen – damit sie schön eifersüchtig wird. Wir stellen uns vor dem Toilettenraum auf, in dem 'Abîr soeben verschwunden ist.

All diese Tricks, Spielchen und kleinen Erniedrigungen – findet er die wirklich so toll? Toll ist vielleicht nicht der richtige Ausdruck, aber es gehört sich nun einmal so, meint Muhammed. Es ist die bekannte Leier: Männlein erobert Weiblein, indem es sich ins Zeug legt. Sie kann so unter Beweis stellen, daß sie kein billiges Flittchen ist, er, daß er ausdauernd ist und ernste Absichten hat.

'Abîr indes nimmt ihre Rolle als Biest schon sehr ernst, und Muhammed leidet sichtlich darunter. Gesetzt den Fall, daß er sie schließlich für sich gewinnen kann, gebe ich zu bedenken, dann wird er bis ans Ende seiner Tage mit ihren Launen leben müssen. »Du redest wie meine Mutter.« Er schweigt einen Moment. »Sie ist aber so sexy! Pssst! Da kommt sie.«

Wir tun so, als wären wir völlig in das Foto vertieft. Sie geht an uns vorbei, ohne uns eines Blickes zu würdigen.

Im Hausflur sitzt die *bawwâba*. Es ist *'îd al-kabîr*, das große Fest in der Zeit der Pilgerfahrten nach Mekka. »Ein frohes Großes Fest, Mister George. Wo hast du gesteckt. Wenn du verreist, mußt du Bescheid sagen, sonst machen wir uns Sorgen.« Sie zieht ermahnend die Augenbrauen zusammen, dann entspannt sich ihr Gesicht wieder. Komisch, wie man monatelang mit Menschen zu tun haben kann, ohne jemals ihr Gesicht wirklich zu sehen. Jetzt entdecke ich inmitten ihrer Falten, Furchen und Runzeln eine zarte, fast mädchenhafte Anmut. Sie muß einmal begehrenswert gewesen sein.

»Ich habe kein Geschenk bekommen. Alle Menschen beschenken sich am Tag des Großen Fests.« Ich erinnere sie an die Schachtel Datteln, die ich gegeben habe. Die hatte ich extra für sie von einer Ferienreise mitgebracht. Ihr Gesicht verfinstert sich. »Das zählt nicht.«

Was denn zählen würde? »Alle geben Geld.«

Und an welchen Betrag hätte sie denn so gedacht? Ein listiges Lächeln huscht über ihre Lippen. »Fünf, zehn Pfund.« Fünf Pfund, das ist, was Muhammed mir auch geraten hat. Allerdings hatte ich erwartet, mit den Datteln im Wert von fünfzehn Pfund mein Soll erfüllt zu haben. Vorsichtig ziehe ich einen schäbigen grünen Fünfpfundfetzen aus der Hosentasche. Die Qualität ägyptischer Banknoten ist dermaßen miserabel, daß man immer aufpassen muß, sie nicht zu zerreißen. »Du bist ein guter Mensch, Mister George, möge Allah sich deiner erbarmen.« Sie steckt den Schein zwischen die Falten ihres langen schwarzen Kleids. Dann watschelt sie zurück in ihren Bau unter der Treppe.

Die Dinge laufen wirklich nicht gut für Muhammed. Gestern hat »eine dämliche Person« auf dem Parkplatz sein nagelneues Auto von hinten gerammt. Der Schaden beträgt tausend Pfund, drei Monatsgehälter bei EgyptAir. Der Täter weigert sich nicht nur, dafür aufzukommen, er beschuldigt Muhammed überdies, sein Auto falsch geparkt zu haben. Zudem soll die betreffende Person ein mächtiger Mann sein, was wohl bedeutet, daß die Rechnung am Ende an Muhammed hängenbleibt.

Die Meldungen von der Mädchenfront sind dagegen besser. Er fragt mich, ob ich mit nach Alexandria fahren möchte, wo seine Eltern ein Sommerhaus am Strand besitzen. Alle Mädchen aus seiner Klasse sind ebenfalls eingeladen, vorausgesetzt daß sie Essen für die Jungs mitbringen und einen Bikini tragen. »Ich möchte ihren Bauch sehen! Weißt du, was ›Haifisch‹ bedeutet? Wir spielen Haifisch im Meer, du weißt schon, wir tauchen und dann …« Begeistert schmieden zwei Erwachsene von vierundzwanzig und achtundzwanzig Jahren Pläne, wie sie den Mädchen nachstellen, sie belauern und befummeln werden. Nachdem er sich das Vergnügen in allen Einzelheiten ausgemalt hat, berichtet Muhammed, wie er 'Abîr noch eins auswischen konnte. Sie wollte einen anderen Jungen zu dem Ausflug einladen, aber er hat abgelehnt. »Es ist meine Reise, also kann ich auch ein bißchen den Diktator herauskehren«, feixt er maliziös. »Endlich Revanche.« Seine Rachelust geht auf einen Zwischenfall Anfang der Woche zurück. Nach einer Vorlesung sprachen die beiden mit einer Gruppe Kommilitonen darüber, wie sich Leute manchmal nach Strich und Faden veralbern lassen. »Ich liebe es, Leute aufzuziehen«, sagte 'Abîr und reckte sich provokant. »Ich habe jemanden in meiner Nähe, der macht sich jeden Tag wieder lächerlich.« Dann schaute sie Muhammed direkt in die Augen. Die Umstehenden begriffen sofort und fingen schallend an zu lachen. »Eine Demütigung«, stöhnt Muhammed. »Mama hat recht, ich sollte sie vergessen.«

Ich hole uns noch einen Tee, schade, daß er kein Bier trinkt. Nachdenklich rührt Muhammed in seinem Becher. »Kannst du mir einen anderen geben, dieser erinnert mich zu sehr an zu Hause.« Ich gebe ihm einen Becher mit einer Kuh und der niederländischen Fahne. Dankbar schüttet Muhammed den Inhalt um und schaut auf seine Armbanduhr. »Hast du vielleicht eine alte Zeitung?« Er nimmt eine vom Stapel und geht ins Schlafzimmer. »Laß dich von mir nicht stören, ich muß mal eben beten.« Er schlägt die Zeitung auf, legt sie auf den Boden und richtet sie gen Mekka.

Während er mit seinen Verbeugungen vor Allah beschäftigt ist, wird mir klar, wie sehr er alle Kategorien der Nahoststudien auf den Kopf stellt. Er tritt für die Normalisierung der Beziehungen zu Israel ein, für die Gleichberechtigung von Mann und Frau, für die Trennung von Moschee und Staat und für die Liberalisierung der Wirtschaft. Laut Lehrbuch wäre er damit säkular und verwestlicht und müßte der Glauben in seinem Leben eine geringe und schwindende Rolle spielen. Doch all seine angeblich von Verwestlichung zeugenden Ansichten untermauert Muhammed mit Koranversen – nur interpretiert er diese anders als die Fundamentalisten. Dabei ist er mindestens so gewissenhaft wie die selbsternannten Rechtgläubigen. Ein Stück Brot, das er auf der Straße findet, hebt er auf und legt es an irgendeine erhöhte Stelle (Mülleimer sind rar), denn Allah sagt, daß man Essen nicht verschwenden soll. Muhammed betet fünfmal am Tag zu den vorgeschriebenen Zeiten und hat wie manch fanatischer Taxifahrer eine *zibîba* über dem Nasenbein. Das ist Slang für die kleine braune Schwiele, die sich durch Scheuerbewegungen beim vielen Beten bildet. Eigentlich bedeutet es Rosine.

Mit Blick auf den Kuhbecher frage ich ihn, warum er immer noch bei seinen Eltern lebt. Er zuckt mit den Achseln. »Wegen der Geselligkeit. Zudem ist es praktischer. Sonst müßte ich selber einkaufen, kochen. Das kann ich gar nicht.« Er kann nicht kochen oder Wäsche waschen? Und was soll später einmal werden, wenn seine Gattin arbeiten geht? Er war doch emanzipiert? Muhammed kichert. »Joris, ich bin zu neunzig Prozent emanzipiert. Nur was die Hausarbeit anlangt, bin ich ein altmodischer arabischer Mann.«

Es ist der Erste des Monats, und ich muß bei diesem Schurken ʿAbd ar-Rahmân die Kaution von meiner Haram-Wohnung abholen. Ich bereite mich schon seit einer Woche innerlich darauf vor. Ich habe so im Gefühl, daß er mich übers Ohr hauen wird.

Vorher gehe ich aber zu Mama, um die Miete für meine neue Wohnung zu zahlen. »Komm doch rein!« Sie kann es kann glauben, daß ihr Mieter rechtzeitig den ganzen Betrag vorbeibringt. Sie kocht gleich einen Tee. Das lernt man hier ziemlich schnell: seinen Terminplan nicht zu voll zu machen. Egal wie beschäftigt man ist, mal kurz die Miete abgeben ist ausgeschlossen. Erst einmal gibt es Tee und einen schauderhaft süßen Keks. Auch Probleme schneidet man nicht direkt an. Zuerst fängt man ein Schwätzchen an, und erst wenn eine angenehme Atmosphäre entstanden ist, fängt man vom tropfenden Wasserhahn an. Entwicklungshelfern aus dem Westen scheint diese Gepflogenheit größte Schwierigkeiten zu bereiten. Sie wollen effektiv auf ein Ziel hin arbeiten, aber die Ägypter kümmert das nicht. Für sie müssen erst einmal Vertrauen und gegenseitiger Respekt her.

Die Kaution? Jetzt? Unmöglich! 'Abd ar-Rahmân, »Diener des Barmherzigen«, schüttelt bedauernd den Kopf. Da kann ich noch so oft sagen, daß die Kündigungsfrist einen Monat betrug, daß ich vor einem Monat gekündigt habe und daß ich also jetzt meine fünfhundert Pfund sehen möchte, aber es gibt kein Geld. Er hat alles in den brandneuen Herd gesteckt, den er letzten Monat installiert hat. Ein teures Gerät – nicht einmal für die Installationskosten hat es mehr gereicht. Was jetzt? Da zeigt sich einmal mehr, daß der Wohlfahrtsstaat mit seinen Schlichtungsinstanzen und Ombudsleuten keine gute Lebensschule ist. Aufgebracht kündige ich an, in drei Stunden wiederzukommen. Falls das Geld dann nicht da wäre, hätte er ein Problem. Faktisch ist es jedoch andersherum, ein Prozeß über solche Angelegenheiten würde sich jahrelang hinziehen. Das Wichtigste aber ist, keine Schwäche zu zeigen, wie im Umgang mit Hunden kommt es auf den Ton an. Jammernd wirft 'Abd ar-Rahmân die Arme gen Himmel. »Gib mir eine Woche ... drei Tage, sei nicht so hartherzig, wir sind doch auch gut zu dir gewesen?« Sofort regt sich ein Anflug von Menschlichkeit in mir, den ich aber unterdrücke: Dies ist der Mann, der mich drei Monate lang kalt duschen ließ.

Drei Stunden später. Ob er das Geld hat? Zu meinem Erstaunen nickt ʿAbd ar-Rahmân mürrisch und holt seine Inventurliste zum Vorschein. In der Wohnung stiefelt er schnurstracks zur Toilette und zieht, so fest er kann, an der Spülung. »Du hast das Klo kaputtgemacht!«, sagt er, als das Wasser ohne Unterbrechung weiterläuft. »Dafür wirst du aufkommen müssen!« Ich öffne den Spülkasten, lege den Plastikstopfen wieder an die richtige Stelle, und der Wasserfluß versiegt. ʿAbd ar-Rahmân zeigt auf die Stühle. »Löcher im Polster!« Ich nehme meinerseits die Inventurliste und danke Allah auf meinen heidnischen Knien, daß ich damals unter der Rubrik »Sitzmöbel« eintragen ließ: »Leicht beschädigt.« Dabei hatte ich noch Schuldgefühle wegen dieses Zusatzes gehabt, diesem herzensguten und ehrlichen Mann gegenüber so mißtrauisch und argwöhnisch gewesen zu sein.

Der Diener des Barmherzigen deutet auf eine kahle Wand: »Wo ist die Uhr?« Ich sehe genau nach und kann nicht einmal ein Nagelloch finden. »Geklaut, was?« In der Küche öffnet er die Tasche mit Küchenutensilien und stößt mich mit dem Finger an die Brust. »Wo ist das Kochgeschirr?« Ich nehme mich zusammen und antworte ruhig, daß ich nie einen Topf angerührt habe, der Herd habe ja ohnehin nicht funktioniert. »Dieb!«

Laß dich jetzt nicht auf Diskussionen ein, habe ich mir vorgenommen. ʿAbd ar-Rahmân sagt, ich hätte soviel zerstört und gestohlen, daß er die Kaution einbehält. Das sei sein gutes Recht.

Schweigen.

Mit einem Blick, der Unbeugsamkeit ausstrahlen soll, erzähle ich ihm, daß mein guter Freund, der niederländische Botschafter, ein übellauniger Zeitgenosse wäre. Das komme daher, daß er von den Geschäften mit seinen mächtigen ägyptischen Kumpels sehr in Anspruch genommen würde. Da wäre es doch unschön, wenn ich den Botschafter jetzt mit dieser Lappalie behelligen müßte. »*Inta zayy iz-zift*, du widerliches Stück Dreck! Verflucht sei der Tag, an dem ich dich kennengelernt habe! Dreckiger Europäer! Herzloser Christenhund! Möge Allah dein Haus zerstören!«

In sicherer Gesellschaft meiner fünfhundert Kameraden denke ich an meinen Freund, den niederländischen Botschafter. Ich habe dem guten Mann noch nicht einmal die Hand geschüttelt.

8 Lieber stolz als glücklich

»Schau, Joris, wenn du zum Islam konvertieren, dich dann
aber wieder öffentlich davon lossagen würdest, dann wäre
es meine Pflicht, dich zu töten.« Hazem der Liberale sieht
mich mit todernster Miene an. Wir treffen uns mittlerweile
seit sechs Monaten fast täglich, und um das zu feiern, essen
wir einen Happen bei seinem Cousin in Haram. Hazem
will mich nicht mehr bei sich zu Hause empfangen, denn
dort wird seit dem Tod seiner Mutter »nicht mehr anständig gekocht«. In Holland habe ich hin und wieder gelesen,
daß die durchschnittliche Lebenserwartung der Ägypter
bei einundsechzig Jahren liege, und diese Information
achtlos zur Kenntnis genommen. Jetzt fange ich an zu verstehen. Tantâwîs Vater ist gestorben, auch der von Maher.
'Imâd und Sâmih sind Waisen, Taufîq hat keine Mutter
mehr.

Wir kamen auf die Tötung Abtrünniger zu sprechen,
nachdem Hazem prognostiziert hatte, daß freie Wahlen in
der Einführung der *scharia* resultieren würde – die wird
nämlich von siebzig Prozent der Ägypter befürwortet,
auch von Hazem. Auf meine Frage hin, was denn der Unterschied zwischen den Fundamentalisten und ihm sei,
zitierte er mit erhobenem Zeigefinger Voltaire: »›Ich bin
keineswegs Ihrer Meinung, werde aber meinen letzten
Blutstropfen opfern für Ihr Recht, Ihre Meinung zu äußern.‹ Demokratie bedeutet nach Ansicht der Fundamen-

talisten ›die Macht gehört uns‹, Liberale huldigen jedoch dem Prinzip ›alle Macht dem Volk‹. Sie wollen Christen zu Bürgern zweiter Klasse degradieren und sind für die *hisba*, das Brandmarken bestimmter Muslime als Ungläubige.« Hazem ist dagegen, nur Menschen, die zum Islam übertreten und sich dann öffentlich als Abtrünnige outen, müßten getötet werden, notfalls auch ich.

Kann man es nicht einrichten, daß über die dreißig Prozent der Bürger, die Gegner der scharia sind, nach säkularen westlichen Gesetzen Recht gesprochen wird, wie es auch während der Kolonialzeit geschah? »Auf keinen Fall. Wir haben zehn Prozent Kriminelle, sollen auch sie Anspruch auf ein gesondertes Rechtssystem haben? Allerdings müßte es regelmäßige Umfragen darüber geben, ob die Mehrheit nach wie vor an der scharia festhalten will. Selbstverständlich dürfen Christen an der Politik mitwirken. Falls das Volk einen christlichen Präsidenten wünscht, soll es ihn bekommen.«

»Persönlich bin ich für die scharia, denn mein Glaube ist mir sehr wichtig«, erklärt Hazem. »Die scharia funktioniert auch einfach besser. In Saudi-Arabien wird überführten Dieben die Hand abgehackt, dort wird kaum gestohlen. Oder stell dir vor, daß ich meine Schwester beim *zinâ'* ertappen würde …« *Zinâ'* bedeutet sowohl Ehebruch wie vorehelichen Geschlechtsverkehr. »Dann würde ich sie umbringen, das ist nun mal die ägyptische Art. Die scharia berücksichtigt dies und hielte für mich eine leichte Strafe bereit – vorausgesetzt, ich könnte für den *zinâ'* vier Zeugen benennen.« Ich nicke und schlucke. Ein Voltaire zitierender Liberaler, der nicht zögern würde, seinen Freund wegen Abtrünnigkeit oder seine Schwester wegen Ehebruchs zu töten!

Trotzdem empfinde ich Sympathie für Hazem – er ist der einzige Nichtfundamentalist, der sich aktiv und offen gegen die hiesige Korruption auflehnt. Er mag vielleicht strenge islamische Ansichten haben, aber darin ist er dann auch sehr konsequent. Er hält sich an seine eigenen Regeln, was das Verbot vorehelichen Geschlechtsverkehrs anbelangt, und fast sein ganzes Geld verschenkt er als Almosen an die Armen.

Hazems Cousin trug immer wieder neue Speisen auf, und schließlich stolpern wir mit Bauchschmerzen zur Bushaltestelle. Wir gehen in ein Café in der Nähe des Appartementhauses, wo Hazems Angebetete Wisâma wohnt. Sie hat versprochen, heute abend irgendwann ab sieben am Fenster zu stehen. Die ägyptische Regierung hat keinen schärferen Kritiker als Hazem. An Schulen, U-Bahnstationen und anderen öffentlichen Einrichtungen vorbeilaufend, erzählt er seufzend von der Verschwendung, der Korruption und Gleichgültigkeit, ohne die alles besser funktionieren würde. »Die Regierung pocht immer wieder auf die Notwendigkeit von ›Grundstrukturen‹. Erst wenn diese vorhanden seien, könnten wir uns wirtschaftlich, politisch und gesellschaftlich entfalten. Aber das sagen sie schon seit fünfzehn Jahren! In derselben Zeit hätte man ganz Kairo unterirdisch bauen können!«

Die *Wafd* möchte Hazem als Kandidaten für den Stadtrat aufstellen. Er setzt sich ein für sein Viertel, für das Asphaltieren der Straßen, sauberes Wasser, zuverlässigere Energieversorgung, Müllabfuhr … Doch Hazem zweifelt. Der Wahlkampf würde zweitausend Pfund kosten, die ihm die Partei nur zum Teil erstatten würde. Ein Stadtverordneter bekommt zwar Diäten, aber Hazem will diese abführen, weil er nicht in den Ruch ein Profiteurs geraten möchte. Mehr noch als die Kosten scheut Hazem einen erneuten massiven Wahlbetrug. Wenn er in seiner Straße Wahlkampfgespräche führt, sagen ihm die Leute: »Das Ergebnis wird sowieso gefälscht.« Darauf soll er antworten: »Gebt eure Stimmen ab, die Regierung hat ehrliche Wahlen versprochen.« Kommt es am Ende aber doch zum Betrug, hat er seine eigenen Nachbarn angelogen.

»Zum letzten Mal hat mein Vater unter Sadat gewählt«, erläutert er seine Sorgen bei einem Glas Zuckerrohrsaft in Sâlihs Obstparadies *Der Frieden*. Das Getränk sei gut für die Verdauung, meint Hazem. Sâlih verkauft auch rote und gelbe Äpfel, die er so angeordnet hat, daß die roten vor gelbem Hintergrund den Schriftzug *Allahu Akbar* bilden: Allah ist der Größte. »Mein Vater betrat das Wahllokal, und ein Mann fragte ihn: Ja oder nein? Für oder gegen Sadat? Hinter ihm stand ein Soldat mit einem Schlagstock. Mein Vater brummte Ja und schwor, nie wieder wählen zu gehen. Bei der nächsten Wahl konnte ich ihn umstimmen. Bei der Bekanntgabe des Wahlergebnisses fing er an zu lachen, er lachte und lachte.«

Der Bus kommt immer noch nicht. Die Busse fahren dreimal die Stunde, doch oft wartet man eine kleine Ewigkeit, und wenn sie endlich kommen, erscheinen sie in Kolonne und sind überfüllt. Ein Taxi nehmen geht nicht, da Hazem darauf bestehen würde, den Fahrpreis von umgerechnet einer Mark fünfzig zu übernehmen, ein Erdrutsch in seinen Finanzen.

»Es gibt keinen Gott außer Allah, und Muhammed ist sein Prophet«, stöhnt Hazem erleichtert, als er endlich den Bus erblickt. Er ist voll mit Musikern, die auf dem Weg zu einer Hochzeit sind. Es wird gesungen, geklatscht, getrommelt und sogar getanzt. Hazem lächelt. »Wie schlecht die Regierung die Bevölkerung auch immer behandelt, wir behalten unsere fröhliche Art.« Es ist Donnerstag, der Hochzeitstag für Muslime, denn am Freitag ist Wochenende und man kann ausschlafen. Wir steigen vorne ein, Hazem gibt das Geld den Fahrgästen, die es an den Schaffner im hinteren Teil weiterreichen. Man möchte darin fast eine

Gesetzmäßigkeit sehen: Je ärmer das Viertel, desto ehrlicher die Menschen.

»Magst du ein Kaugummi?«

»Nein danke.«

»Nimm doch, hier.«

»Nein, wirklich, danke.«

»Unmöglich! Nimm dir doch eins. Schau, ich habe zwei.«

»Ich mag Kaugummi gar nicht so.« Sein Blick schwankt zwischen Enttäuschung und Gekränktheit, und ich erfinde schnell: »Ich habe ein Problem mit den Zähnen.« Damit gibt sich Hazem zufrieden. Er steckt sich beide Kaugummis in den Mund. Die Papierchen wirft er auf den Boden.

»Darf Wisâma nach eurer Ehe außer Haus arbeiten?« frage ich, als wir im Café sitzen. »Wer soll sich dann um die Kinder kümmern? Ich würde ihr alles geben, was sie sonst mit Arbeit verdienen würde. Wenn sie dann trotzdem noch arbeiten will, kann es nur aus einem ungebührlichen Grund sein: wegen anderer Männer.« Er flüstert verzückt den Namen Wisâma vor sich hin – er hat sie schon eine Woche nicht gesehen. Aber sie kommt nicht, und deprimiert verabschiedet sich Hazem nach zwei Stunden.

So langsam entdecke ich, wie die Universität in dieser aufgeklärten Diktatur, die Ägypten letztlich ist, funktioniert: wie eine Schlangengrube. Auch wird mir klar, wie die Ressentiments gegen den Westen hier in die Köpfe der Studenten gehämmert werden, Ressentiments, die mir auch in Freundschaften immer wieder begegnen.

Abu al-Fadl ist eine Kopftuch tragende Professorin im Alter von etwa vierzig. Sie ist in England aufgewachsen und hat fünfzehn Jahre in Florida gelehrt. Jetzt ist sie wieder zurück in ihrer Heimat, um »ihren Beitrag zu leisten«.

Das ist gar nicht so einfach. Abu al-Fadl unterrichtet auf amerikanische Weise und erwartet, daß die Studenten sich engagieren. Doch nur wenige interessieren sich für ihre Ausführungen über »Der Islam und der Westen«, und nach drei Wochen hat noch keiner auch nur das erste Kapitel von Samuel Huntingtons *Kampf der Kulturen* gelesen. Die Studenten warten apathisch ab, bis sie ihren Vortrag unterbricht und ihnen ins Heft diktiert, was sie sich merken sollen. In jeder Stunde wird ein Aspekt *des* Westens behandelt. Letzte Woche sprachen wir über die westliche Verknüpfung von Verführung, McDonald's, Hollywood und Sport einerseits und Macht andererseits: Tarnkappenbomber, CIA und Wirtschaftssanktionen. In der Stunde davor haben wir gelernt, daß der Charakter »der Abendländer« vom Prometheus-Mythos geprägt sei: Der Held entwendet den Göttern das Feuer. Die Abendländer glauben, daß sie die Welt von Gott und der Natur erobern müßten und daß Konflikt sowie Herrschaft und Unterwerfung etwas Positives seien.

Heute erörtert Abu al-Fadl die Frage, wie Wissenschaft einst als Fortsetzung des Gebets mit anderen Mitteln angefangen hat, als Wissen noch Gott und seinen Wegen diente. Doch in den Händen der westlichen Imperialisten – Prometheus! – habe sie sich in eine erbarmungslose Waffe verwandelt. Sie führt einen Film vor, in dem Kolumbus der spanischen Königin erklärt, wie mit Hilfe der Navigation immense Schätze erobert werden können. Eine Kommentarstimme sagt: »Fortan sollte die Wissenschaft der Macht dienen.« Es folgen Aufnahmen vom Atompilz über Hiroshima.

Dann platzt die Bombe. ʿAmr, ein flott gekleideter Kerl mit einer großen Klappe, steht auf und brüllt: »Ich hasse diesen Mist, wir alle hassen dieses nebulöse Zeug über Zivilisationen, Philosophie, Mentalitäten, Paradigmen. Wir wollen Fakten lernen. Was nützt diese Philosophie unserer Karriere?«

Totenstille. Ein ägyptischer Student würde seine Frage normalerweise umständlich einkleiden: »Verehrter Professor, verzeihen Sie, schönen Dank, daß ich etwas sagen darf.« Abu al-Fadl fängt leise zu weinen an, ein Mädchen aus der ersten Reihe bringt ihr ein Taschentuch. Al-Fadl weigert sich, das Seminar fortzusetzen, der Saal leert sich. 'Amr wird von Anhängern umringt. Manche spekulieren darüber, ob die Dozentin überhaupt noch weiter unterrichten wird. Auf jeden Fall gibt es jetzt Gelegenheit, die Gemüter wieder zu beruhigen, denn die nächste Woche ist wegen der Parlamentssimulation vorlesungsfrei: Die Politologiestudenten werden im nationalen Fernsehen Parlamentsdebatten nachspielen.

»Ich hoffe, daß 'Amr das noch mal bereuen wird«, sagt Layla die Globalistin. Ideologisch gesehen ist sie anderer Meinung als Abu al-Fadl, die schließlich die Unterschiede zwischen der arabischen und der westlichen Zivilisation betont, aber sie mag ihre Art zu unterrichten. »Du wirst uns jetzt erst recht für rückständig halten. Hoffentlich blüht 'Amr eine lebenslange Sperre«, sagt sie düster. »Davon würde ich mal nicht ausgehen«, flüstert eine Stimme hinter uns. Es ist Maha, die Nasseristin. »Hast du nicht gesehen, wie 'Amr mit dem Dekan getuschelt hat?« Abu al-Fadl ist eine eifrige Verfechterin der arabischen Einheit und damit eine Laus im Pelz des nationalistischen Establishments. Maha ist überzeugt, daß der Dekan 'Amr aufgestachelt hat. Ob es uns nicht aufgefallen sei, daß Abu alFadl ein winziges, schmutziges Arbeitszimmer hat, daß sie nur selten einen guten Hörsaal, geschweige denn das Videogerät bekommt? »Wart's nur ab«, sagt Maha mysteriös und trippelt davon.

Und tatsächlich. Ein paar Tage später sehe ich 'Amrs

Gesicht ganz groß im Fernsehen. Bei der Parlamentssimulation ist er zum Parlamentspräsidenten ernannt worden. Mindestens die Hälfte der Zeit ist er im Bild.

Hazem hat mich zu einer kulturellen Veranstaltung eingeladen. In der bescheidenen Bibliothek des Kulturzentrums im Armenviertel Bulâq findet ein Treffen zwischen dem örtlichen Lesezirkel und dem Schriftsteller al-Ghîtânî statt. Während der letzten Monate haben die Teilnehmer – bis auf Hazem und einen Doktoranden alles Autodidakten – Ghîtânîs Werk gelesen und diskutiert. Jetzt werden sie sich mit dem Autor selbst unterhalten.

Ghîtânî ist nicht nur Schriftsteller, sondern auch Chefredakteur einer kulturellen Wochenzeitung. Nebenbei schreibt er noch politische Essays. Seine journalistische Arbeit macht er notgedrungen, denn wenn man nicht gerade den Nobelpreis bekommt, hat man als Schriftsteller in Ägypten nicht viel zu beißen. Wir werden in einen Verschlag geführt. Die Wände sind von Regalen voll gespendeter Bücher und Zeitschriften gesäumt. Die Stadt finanziert das Gebäude, die Bewohner aus der Nachbarschaft stellen die Einrichtung. Es gibt Tee, *bebs* und später auch Chips. Zur Tür herein weht ständig das Gejohle und Gepfeife vom angrenzenden Sportplatz. Auch hier ist die Stadt für den Betonplatz samt Toren zuständig, während sich die Bewohner um den Ball, Schiedsrichter und die Ligaorganisation kümmern. Kultur und Sport im Armenviertel.

Der Vorsitzende des Lesezirkels hält eine lange, in kompliziertem Hocharabisch abgefaßte Lobrede auf Ghîtânî. Dieser macht derweil fleißig Notizen. Das Publikum, etwa zwölf Mann, raucht Zigaretten. Auch die weiteren Sprecher haben weitschweifige Lobgesänge auf Ghîtânîs diffizile Sprache und seinen scharfen Blick für historische Zu-

sammenhänge vorbereitet. Wie der Nobelpreisträger Na-
gîb Mahfûz schreibt Ghîtânî über das Leben in den alten
Kairoer Vierteln. Oft sind seine Geschichten politische
oder philosophische Parabeln.

Ghîtânî ist mittlerweile eine Berühmtheit. Auf der letzten Buchmesse von Kairo, gleichsam der Frankfurter
Buchmesse der arabischen Welt, hetzte er von einem Fo-
rum zum anderen. Zudem bekam er Gelegenheit, Präsident Mubârak zu befragen, als dieser, so das staatliche
Fernsehen, »einen lebhaften Dialog mit den führenden Intellektuellen und Künstlern Ägyptens führte«. Zum Dank
durfte Ghîtânî im Gegenzug eine Lobrede auf Mubârak für
die Zeitung schreiben. Hätte er das unterlassen, hätte er ein
dickes Problem bekommen.

Nach drei Stunden ist Ghîtânî an der Reihe. Er dankt
den Anwesenden für ihr Lob und beantwortet ein paar
Fragen. Dann ist die Veranstaltung vorbei. Monatelang hat
der Lesezirkel Ghîtânî gelesen. Jetzt haben sie endlich die
Gelegenheit, mit ihm zu reden, aber statt dessen tragen sie
nur ihre gewichtigen Ergüsse vor. Der Autor selbst ist zufrieden. »Solange Menschen ohne Bildung und Geld sich
mit Freude der Literatur zuwenden, ist Ägypten nicht verloren.«

Nach einigem Drängen und ein paar Tassen Kaffee erzählt Hazem, warum er seine Lobrede nicht vorgetragen
hat: Er ist am Boden zerstört. Sein Cousin ist wegen Korruption von der Staatsanwaltschaft entlassen worden. Damit haben sich auch Hazems Hochzeitspläne erledigt.

Ist jetzt wirklich alles verloren? Ist nicht die Liebe stär-
ker als der Klassenunterschied? »Wenn die finanziellen
Probleme zu groß sind, schlägt Liebe in Haß um. Ein
orientalischer Mann kann keine Frau heiraten, wenn er sie
nicht ernähren kann. Ich jedenfalls würde vor Scham eingehen.« Langsam dämmert es ihm, daß er Wisâma nach sei-

nem Studienabschluß in einem Monat kaum noch wird sehen können. Das Universitätsgelände wird er dann nicht mehr betreten dürfen, sie darf es nicht verlassen. Sie wird einen anderen kennenlernen. Auf sie zu warten wäre absurd, erst mit fünfzig wird Hazem genug Geld gespart haben. Sein Blick ist matt, während er sinnlos kleine Dreiecke auf seinen Notizblock kritzelt.

»Joris, betrinkst du dich manchmal?« Die Vorlesungen wären für heute wieder geschafft, und an gewohnter Stelle unter der Kuppel genieße ich mit der schilla das Abendrot. Die Anwesenden spitzen die Ohren. »Wie ich das meine?« fragt Sâmih, das mit Abstand blödeste Mitglied der schilla. »Ich meine: Trinkst du Alkohol?« Der Alkoholkonsum muß nicht unbedingt zu Trunkenheit führen, erwidere ich.
    »Was trinkst du? Bier, Whisky?«
    »Eher Whisky, das ägyptische Bier ist nicht so mein Ding.«
    »Also besäufst du dich. Whisky macht einen besoffen.« Er zündet sich eine Zigarette an. »Nein, selbst habe ich noch nie Whisky getrunken. Aber hast du denn Heroin genommen, um zu wissen, daß es schlecht ist?«
    Von weitem kommt Hazem. Er winkt. »Ich habe mich entschieden«, sagt er, als ich außer Hörweite der anderen bin. »Ich werde nicht für den Stadtrat kandidieren.« Letzten Freitag nach dem Mittagsgebet wurde er von Männern der Mubârak-Partei angehalten. Sie sagten ihm, es wäre besser für ihn, nicht zu kandidieren, sonst würde sich herausstellen, was für ein Betrüger er sei. Und mit Betrügern und deren Familien nehme es oft kein gutes Ende. »Vielleicht sollte ich ein asozialer Anwalt werden und mich an Huren, Drogendealern und Mördern bereichern.« Geknickt wird er jetzt dem *Wafd*-Präsidium seinen Entschluß mitteilen.

Während 'Amr, der Rebell, nicht einmal verwarnt wurde, mußte Abu al-Fadl ihre Literaturliste und den Seminarstoff revidieren. Ihr Vertrag wird nicht verlängert, auf wessen Intervention hin ist unklar. Resigniert wendet sie sich an die Studenten. »Ihr seid die neue Generation! Strengt euch an! Wer sind wir, was bedeutet es, Muslim zu sein? Verweigert euch der westlichen Tretmühle von Konkurrenz, Neid, Habgier, Aggression, Zerstörung und Machthunger. Bildet euren Geist. Was ist Gerechtigkeit, Gleichheit, Ehrlichkeit? Wie kann man diese Wörter in die Tat umsetzen?«

Sie hält inne. »Muhammed, du schüttelst schon eine Weile den Kopf.« Muhammed, ein Kumpel von 'Amr, sagt seufzend: »Aber Frau Abu al-Fadl, Widerstand ist zwecklos. Der Westen hält uns absichtlich dumm, damit er über uns herrschen kann.« Zustimmendes Kopfnicken um mich herum.

Nach dem Seminar erzähle ich 'Imâd von meiner Irritation: Stimmt, der Kolonialismus hat die Menschen hier ausgebeutet, aber seither sind viele Jahre vergangen. Seit 1973 haben die arabischen Länder dreitausend Milliarden Öldollar kassiert. Und wofür sind die verwendet worden? Mindestens eintausenddreihundert Milliarden sind in Kriegsspielzeug geflossen.

'Imâd hört mir geduldig zu. »Wurde dieses militärische Gerät etwa von demokratisch gewählten Regierungen angeschafft oder von inkompetenten Monarchen, die von westlichen Geheimdiensten in den Sattel gehievt und gehalten wurden? Und wer hat ihnen diese Waffen wohl verkauft?«

Also gut, der Westen mag vielleicht die Mutter allen Übels sein, trotzdem wollen alle vom technologischen Fortschritt profitieren. Oder sollen wir den kompletten Westen aus den Hörsälen entfernen? Schluß mit der Klimaanlage und Video, Schluß mit Fernsehen, Mikrofonen, Kugelschreibern, Filzstiften, Diktiergeräten. »Das hast du echt falsch verstanden«, weist Imân mich zurecht, als ich erkläre, daß ich den Satz »der Islam und der Westen« nicht mehr hören möchte. »Diese angeblich westlichen Erfindungen waren schon lange im Koran beschrieben. Daß die Erde rund ist, Antibiotika, Kernspaltung, Laser … Aufgrund dieser Weisheiten des Korans begründeten arabische Gelehrte in der Blütezeit des islamischen Reichs die modernen Wissenschaften. Astronomie, Mathematik, Geographie, Medizin, Soziologie …«

Ich bezweifle, daß sie mir einen einschlägigen Koranvers nennen kann. »Impfungen«, erwidert sie prompt. »Muhammed hat gesagt, daß man, um ein Problem zu lösen, dem anderen genau dasselbe Problem bereiten soll.«

Kurzes Schweigen.

»Während der Kreuzzüge habt ihr unser Wissen gestohlen und es dann benutzt, um die Welt zu kolonialisieren«, fährt sie fort. Ich frage sie, woher sie das alles hat. »Es ist einfach so! Ihr wollt es einfach nicht wahrhaben, daß wir die Wissenschaft erfunden haben. Das wird euch auch nicht beigebracht. Du hast ja gar keine Ahnung, wie sehr du indoktriniert bist.«

Der Westen als Teufelslehrling, der mit dem Zauberstab durchgebrannt ist … Ich erkundige mich bei Maher, Muhammed, Tantâwî und anderen. Tatsächlich: Ägyptische Schüler lernen, daß alle Erfindungen von den Arabern stammten – nur mit List und Tücke hätte sich der Westen dieses Wissen unter den Nagel gerissen. Abends im Bett lasse ich mir diese Sicht der Geschichte noch einmal durch den Kopf gehen. Mal abgesehen von der Frage, ob sie überhaupt zutrifft, die Frustration der Ägypter über die westliche Vorherrschaft wird so um einiges verständlicher: Der Buchhalter des philanthropischen Millionärs hat sich mit der Kasse auf und davon gemacht, hat dessen Hab und Gut aufgekauft, seine Frau geheiratet und die Kinder zur Arbeit gezwungen. Und jetzt soll der heruntergekommene Millionär auch noch mit ansehen, wie seine Lieben den *Lifestyle* des Buchhalters übernehmen.

Am nächsten Morgen drücke ich mich mal wieder vergebens in die Hörsaalbank. Der Professor läßt sich nicht blicken. Das ist gang und gäbe, so wie Professoren oft nach der Pause nicht zurückkehren oder sich während eines Seminars auf einen Plausch mit Kollegen einlassen. Es sind dieselben Professoren, die sich über die Korruption, Verschwendung und Bürokratie des ägyptischen Staates und des westlichen Imperialismus beschweren. Die fundamentalistischen Professoren kommen immer pünktlich und gut vorbereitet zum Unterricht und sind manchmal auch bereit, Fragen zu diskutieren. Wiederholt haben sie sich mündlich und schriftlich gegen Gewalt ausgesprochen, doch der Dekan stempelt sie unverändert zu Terroristen und legt ihnen Steine in den Weg, wo er kann: Schikanen, keine Beförderungen, fehlende Publikationsmöglichkeiten. In dieser Hinsicht ist die Fakultät ein Spiegel der Gesellschaft – die einzige Gruppierung, die eine wirkliche Alternative zur herrschenden Elite darstellt, sind die Fundamentalisten. Die Marxisten werden nicht mehr ernst genommen, die Nasseristen haben mit Nasser bereits ihre Chance vertan, und die Befürworter einer liberal-kapitalistischen Demokratie haben zuviel Ähnlichkeit mit der aktuellen, korrupten Regierung.

Wie auch immer, ich möchte diesmal sichergehen, daß morgen die Vorlesung stattfindet. Im Rahmen des Internationalen Frauentags kommt nämlich Mubâraks Gattin Suzanne, um eine Rede zu halten. Selbstverständlich gibt es eine Fernsehübertragung, und die Anwesenheit der Kameras wird automatisch Demonstrationen der Fundamentalisten heraufbeschwören. Um das zu verhindern, wird die Universität womöglich für einen Tag geschlossen, außer für die Gäste von *Mama Suzanne*, wie die meisten Ägypter sie nennen. Aber am Vortag weiß um vier Uhr nachmittags immer noch niemand Bescheid. Die renommierte Fakultät Politische Wissenschaften produziert wunderbare Theorien über die institutionellen Rahmenbedingungen wirtschaftlichen Wachstums, über eine gerechte Weltordnung oder globale politische Reformen, aber sie kriegt nicht einmal ihren eigenen Stundenplan geregelt.

Dennoch handelt es sich um die am besten ausgestattete Fakultät Ägyptens: Jedes Jahr können hier nur 150 statt wie andernorts 5000 Studenten studieren, es gibt eine Klimaanlage, Lautsprecheranlagen, eine recht gut geführte Bibliothek, und dank französischer Subventionen stehen den Studenten fünfzig Computer zur Verfügung. Der Unterricht ist jedoch schlecht. Monoton leiern die Professoren ihre Vorlesungen herunter, die Studenten schreiben hastig mit. Zwar könnten sie alles auch im vervielfältigten Vorlesungsmanuskript nachlesen, aber nicht jeder kann oder will sich ein Exemplar leisten, und in der Prüfung müssen sie ohnehin die exakten Formulierungen des Professors reproduzieren. Heute werden Fragen der Abrüstung erörtert: »Ein Durchbruch bei der Abrüstung chemischer Waffen gelang in Genf im Jahre …?« »1964, Herr Professor«, ergänzt mein Nachbar. »Genau«, sagt der Professor anerkennend, »1964 in Genf. Diesem Durchbruch folgte ein Abkommen über alle nichtkonventionellen Waffen, das 1968 verabschiedet wurde auf einem Gipfel …« »In Rio de Janeiro«, ruft derselbe Student. »Sehr gut«, freut sich der Professor aufrichtig.

Fünf Uhr nachts. Der Leuchter über meinem Bett wackelt heftig. Menschen rennen schreiend auf die Straße und hämmern auf die Türen ihrer Nachbarn. »*Zilzâl*«, ein Erdbeben! Hektisch suche ich meine Wohnungsschlüssel. Wenn ich die nicht einstecke, und die Tür fällt ins Schloß, kann ich nachher im Pyjama zur Vermieterin laufen, die zwanzig Minuten von hier wohnt. Wie verhält man sich eigentlich bei einem Erdbeben? Später erfahre ich, daß man auf den Balkon gehen sollte: Falls das Haus in sich zusammenbricht, kann man hinunterspringen.

Doch die Erde hat sich wieder beruhigt, zu rasch, als daß ich wirklich Angst hätte bekommen können. Ich höre keine Sirenen, also scheint sich das Maß der Zerstörung in Grenzen zu halten. Vier Tote, schreibt später die Zeitung, und hoher Sachschaden. Auffällig ist, wie lakonisch alle reagieren. Im Radio rufen Hörer an und berichten von ihren Erlebnissen: »Ja, hier Randa, ich habe es glatt verschlafen, genau wie das Erdbeben von 1992!« Bei diesem Beben waren Dutzende Kairoer ums Leben gekommen. »Tut mir leid für dich, Randa. Toi, toi, toi fürs nächste Mal.«

Im allgemeinen hängen die Politologiestundenten an den Lippen der regierungstreuen Professoren. Logisch, wenn man eine gute Stelle nur durch einen *wusta*, einen Mittelsmann, bekommt. Die Universitätsleitung ist natürlich ohnehin regierungstreu, also bekommen systemfreundliche Professoren die beste Ausstattung. Der letzte Dekan der Politischen Wissenschaften ist heute ein hohes Tier in der Regierung, und es wird gemunkelt, daß sein Nachfolger auch fleißig seine Verbindungen pflegt.

Regelmäßig heißt die Fakultät prominente Gäste willkommen, was nette Einblicke in den Umgang mit Autoritäten erlaubt. Für einen Vortrag des Ministerialdirektors vom Auswärtigen Amt, Herrn Râziq, weichen wir ins Auditorium aus, das mit Unterstützung der *Bank of Egypt* mit komfortablen Bänken, einer geräuschlosen Klimaanlage und einer störungsfreien Lautsprecheranlage ausgestattet wurde. Thema sind Mubâraks Bemühungen, Afrika und den Mittleren Osten zur atomwaffenfreien Region zu machen. Nach dem Ende des Vortrags gibt es die Gelegenheit, Fragen zu stellen. »Sehr geehrter Herr Râziq, haben Sie vielen Dank für diesen äußerst interessanten Vortrag. Könnten Sie uns etwas mehr zu den Erfolgen der Kairoer Abrüstungskonferenz sagen?« Nach vier weiteren vorgekauten Fragen folgt plötzlich eine kritische von einem kleinen Kerl hinten im Saal. »Herr Râziq, Ägypten weigert sich, den Atomwaffensperrvertrag für den Mittleren Osten zu unterzeichnen, solange Israel sich nicht anschließt. Andererseits hat Ägypten den Atomwaffensperrvertrag für Afrika bereits ratifiziert. Verliert Ägyptens Drohgebärde an die Adresse der Israelis damit nicht jede Wirksamkeit?« Noch bevor Râziq Luft holen kann, greift der Professor ein. »Darauf braucht Herr Râziq überhaupt nicht zu antworten. Das ist eine spekulative Frage, und wir beschäftigen uns hier mit der Wissenschaft, mit Fakten. Gibt es noch weitere Fragen? Dann danken wir Herrn Râziq für seine interessanten Ausführungen. Bis nächste Woche.« Der Kerl hinten im Saal setzt ein hämisches Grinsen auf.

Die lustigste Gesellschaftskritik stammt von 'Adîl Imâm, dem Volkshelden der Filme *Shish kebab und Terrorismus* und *Nachtvögel*. Sein neuer Film heißt *Der Honigschlaf* – sprich »Tiefschlaf«. Der Titel spielt auf die Flitterwochen an, die hier Honigwochen genannt werden. Der Film beginnt auf dem Balkon eines Luxushotels. Dort blickt ein Mann voller Verzweiflung der aufgehenden Sonne entgegen. Im Hintergrund schläft seine Braut. Der Mann läuft davon und springt vor einen fahrenden Zug. Er hatte eine

Potenzschwäche, und das ausgerechnet in der Hochzeitsnacht. Nach bester Tradition des arabischen *male chauvinism* reißt der Protagonist Muhammed, ein Polizist, pausenlos Witze über dieses Unglück. Bis es sich zur Epidemie ausweitet. Die ganze Gesellschaft gerät aus den Fugen, doch niemand spricht über das Problem. Als einziger vermutet Muhammed einen Zusammenhang zwischen dem gesellschaftlichen Chaos und der Impotenz. Er selbst ist ebenfalls betroffen. Als die ganze Stadt Zuflucht zu okkulten Heilmethoden nimmt – die von raffgierigen Fundamentalisten propagiert werden –, muß die Regierung handeln. »Würden Sie bitte nicht zu komplizierte Antworten geben?« fragt die blondgefärbte Moderatorin den Gesundheitsminister vor dem Interview. »Mach dir keine Sorgen, Kleines, ich werde die Menschen nur beruhigen. Egal, wie sehr die Dinge außer Kontrolle geraten, ich rate immer nur dazu, so zu tun, als gäbe es überhaupt kein Problem. Das ist schließlich mein Job.« Die Epidemie greift weiter um sich. Der Vorschlag eines Abgeordneten aus Oberägypten, die Sache offen anzugehen, wird niedergestimmt. Schließlich organisiert Muhammed eine Demonstration vor dem Gesundheitsministerium. »Unser Problem ist das Schweigen«, hält er ihnen vor, »aus Scham, aus Angst, aus Trägheit.« Während des Abspanns sieht man, wie sich ein großes Polizeiaufgebot gegenüber den Demonstranten positioniert.

»Ein elender Film«, schimpft der Taxifahrer auf meine Frage hin. »Ägyptische Filme werden in der ganzen arabischen Welt gezeigt. Jetzt denken alle, wir hätten dieses gewisse Problem.« Eine Parabel auf die Demokratie? Darüber muß er nachdenken. »Wer sagt mir, daß die Iraker, Syrer oder Saudis das kapieren? Die werden uns doch nur noch auslachen. 'Adîl Imâm bringt Schande über unser Volk.« Wir haben mein Fahrziel erreicht, aber der Fahrer möchte mich etwas weiter absetzen, nicht in der Nähe eines Polizisten. »Die verteilen einfach nach Belieben Strafzettel. Mein Nachbar ist Verkehrspolizist und verdient zweihundert Pfund im Monat. Weißt du, was für ein Auto er fährt? Einen Mercedes.« Er zieht die Nase hoch, spuckt aus dem Fenster und zeigt gen Himmel. »Allah sieht alles.«

Hinter der diktatorischen Regierungspolitik steckt eine gewisse Philosophie, so geht es aus der letzten Vorlesung von Gastprofessorin Hâfiz hervor. Sie ist Botschafterin bei der UNESCO und für die regierende Nationaldemokratische Partei Mitglied der *schûra*, der Ersten Kammer des ägyptischen Parlaments. Nach einer Reihe von erfrischend pointierten Vorlesungen über die geostrategische Politik Rußlands und der USA behandelt sie ihr Heimatland. »Wir haben die älteste Zivilisation der Welt. Schon seit siebentausend Jahren regeln wir unsere Ernten, unsere Verwaltung und das öffentliche Leben. Wir haben dadurch einzigartige Selbstregulierungsfähigkeiten entwickelt. Ich bin oft in Paris, und glaubt mir, ohne Verkehrspolizisten gäbe es dort ein einziges Chaos. Das ägyptische Volk dagegen … kommt ohne Anweisungen aus, alles funktioniert von alleine.« In der Reihe vor mir rutscht Layla unruhig auf der Bank hin und her. »Siehst du jetzt, was ich meine?« bedeutet sie mir mit ihren Blicken.
»Kein Volk kommt ohne einen Führer aus. Die ägyptische Volksnatur läßt sich, was die Politik anbelangt, am besten mit einer Pyramide vergleichen. Ein Mann an der Spitze, der entlang klarer Linien Befehle gibt. Bereits seit den Pharaonen ist das ägyptische Volk auf diese Weise organisiert. Andere Völker entbehren dieses Erbgut und sind auf schwache Führer angewiesen, die sie immer wieder ersetzen müssen. Wir Ägypter sind privilegiert.« Auch Maha hat ihren Stift hingeschmissen. Die anderen schreiben alles

Wort für Wort mit. ʻAmr, derjenige, der sich mit Abu al-Fadl angelegt hatte, nickt aufgeregt mit dem Kopf.

Nach der Vorlesung bekomme ich in der Stadt noch einmal die eiserne Hand hinter den Kulissen zu spüren. Präsident Mubârak eröffnet eine Bibliothek im Zentrum. Halb Kairo ist abgeriegelt. Der Verkehr steckt stundenlang in der glühenden Sonne fest. Taxifahrer trinken Tee auf dem Bürgersteig. Wieso hat der Typ keinen Hubschrauber genommen? Wenn es Mubârak gefällt, kommt das komplette Räderwerk zum Stillstand.

Auf meinem Spaziergang nach Hause gehe ich zur Apotheke, um mir eine Tube Zahncreme zu kaufen. Kairo verfügt über eine surreale Apothekendichte. Das liegt an dem weitverbreiteten Glauben, daß mehr Medikamente mehr Gesundheit bewirken, und an den heimlichen Absprachen zwischen Ärzten und Apothekern, möglichst viele Medikamente zu verordnen. Der Gewinn wird geteilt. Es gibt kein Wechselgeld mehr, also bekomme ich statt eines Groschens vier Pillen: »Gegen Kopfschmerzen, Zahnschmerzen, Rheuma, Erkältungen, Fieber und Grippe.«

Welche Vorlesungen werden eigentlich an der besten Fakultät des Landes gehalten? Zum Beispiel »Politische Systeme im arabischen Mutterland«. Die unverschleierte Professorin erörtert jeweils die neuere Geschichte eines bestimmten arabischen Landes. Diesmal ist der Libanon an der Reihe. Bei jedem historischen Konflikt zeigt sie, daß die Sunniten im Recht seien. Neunundneunzig Prozent der ägyptischen Muslime sind Sunniten. Zu den Ursachen des Bürgerkrieges, der den Libanon von 1975 bis 1989 zerriß, hat sie drei Hypothesen. Die erste lautet, daß Israel versucht habe, seinen Nachbarn im Norden zu spalten. Im Libanon leben zahlreiche Christen, und die Gründung eines christlichen Staates würde einen jüdischen Staat im Mittleren Osten legitimieren. Nach einer anderen Theorie sei die Ursache bei den palästinensischen Flüchtlingen aus Israel zu suchen. Der dritten Erklärung zufolge habe das Mehrparteiensystem im Libanon die gesellschaftlichen Gegensätze und Trennlinien zu stark auf Religionsfragen reduziert. Sah ein Einwohner Beiruts sich früher als Mann, Städter, Arbeiter und Christ, so betrachtete er sich fortan nur noch als Christ. Diese »Identität« wurde allesbeherrschend, und irgendwann wollte er nicht länger mit sunnitischen Kollegen, schiitischen Nachbarn oder Drusen-Schulkameraden umgehen. Eine ähnliche Angst vor der polarisierenden Wirkung der Demokratie hat in Ägypten dazu geführt, daß die Gründung religiöser politischer Parteien verboten ist. Ashraf, der zweitbeste Student dieses Jahrgangs, hat alles mitgeschrieben. Zwei Stunden lang, ohne Pause, zwölf Seiten. Gequält reibt er sich die Finger.

Draußen sitzt Hazem mutterseelenallein unter einer Palme. Er hat Wisâma von der Entlassung seines Cousins erzählt. Sie hat ihm schweigend zugehört und ist dann weinend nach Hause gegangen. Hazem ist vollkommen fertig. Er schaut nur noch auf den Boden oder in den Himmel, führt lange Selbstgespräche und streitet sich mit allen.

Von Maher weiß ich, daß Wisâma eine sogenannte »Scheck-Lösung« vorgeschlagen hat: Der Bräutigam bekommt von seinem Schwiegervater ein Darlehen für die Hochzeit, den Ring, die Wohnung und das Auto. Im Laufe der Jahre zahlt er das Darlehen zurück. »Unmöglich!« sagt Hazem erregt. »Ich bin ein orientalischer Mann! Ich habe meinen Stolz! Wenn ich meine Frau nicht selbst ernähren kann, verdiene ich sie nicht. Ich könnte nicht mehr in den Spiegel gucken.«

Es dauert eine Weile, bis mir die Bedeutung seiner Worte klar wird. Es gibt noch Rettung für sein gebrochenes Herz, aber er schlägt sie aus! Tiefe Gefühle, die ich als Westler wohl nie verstehen werde, orientalische Romantik, Feuer und Leidenschaft … sein Stolz geht aber vor. Sein eigenes Lebensglück und das eines unschuldigen Mädchens opfert er leichtfertig einer Idealvorstellung von Männlichkeit. Das hätte er ihr doch wenigstens sagen sollen, bevor er ihr den Kopf verdreht hat. Ich klopfe Hazem tröstend auf die Schulter und verstehe wenigstens soviel, daß ich ihn auch wirklich *gar nicht* verstehen kann.

Zwei Tage später habe ich ihn an der Strippe.

»Ich bin böse auf dich!«

»Auf mich? Klar. Ich auch auf dich«, erwidere ich. Es ist eine Standardformel, die besagt: »Du hast mir gefehlt.«

»Ich habe versucht, dich anzurufen, aber du warst nicht da. Friede mit dir, wie geht's?«

»Gut, Allah sei gepriesen. Und dir?«

»Allah sei gepriesen. Ich stehe total unter Druck, es fällt mir schwer, in Ruhe zu studieren.« Ich höre, was er meint: Im Hintergrund gibt es einen Lärm wie in einem Hallenbad voller Schulkinder. »Ich bin völlig fertig mit den Nerven.«

Vielleicht kann ich etwas für ihn tun? »Ehrlich gesagt, ja.« Er senkt die Stimme und zögert einen Moment. »Ich wollte dich fragen, ob ich morgen nachmittag zwischen fünf und sieben deine Wohnung benutzen könnte.« Klar, das trifft sich gut, Maher wird auch da sein, der kommt zum Essen. Nach kurzem Schweigen seufzt Hazem: »Ich brauche deine Wohnung nicht zum Studieren, sondern weil ich ein Mädchen mitnehmen will.« Was? Er hatte doch Schluß gemacht mit Wisâma? Außerdem: Letzte Woche durfte er nicht mal ihre Hand halten, und jetzt auf einmal wollen sie »Es« treiben? Dabei hält Hazem mir seit einem halben Jahr fast täglich Vorträge über die »reine« Liebe, bleut mir ein, in Gegenwart von Frauen nicht über Sex zu reden, bezeichnet Aids als Strafe Allahs usw. usw. »Nein, nein«, stöhnt Hazem, »nicht *mein* Mädchen, *ein* Mädchen. Ich habe sie gestern kennengelernt, und ich kann sie für zehn Pfund nehmen, vorausgesetzt, ich kann eine Wohnung organisieren.« Erneutes Schweigen, das heißt zwischen uns beiden, denn bei Hazem zu Hause scheint ein Aufruhr ausgebrochen zu sein. »Wenn Maher dich besucht, geht es natürlich nicht«, folgert Hazem selbst. »Joris, kannst du mir versprechen, diese Geschichte für dich zu behalten? Du weißt ja, daß im Orient einiges im Verborgenen abläuft.« Leicht widerstrebend gebe ich ihm mein Wort, daß das Geheimnis »im Brunnen« liege, der arabische Ausdruck für absolutes Stillschweigen. »Bedenke bitte, daß dies das erste Mal wäre.« Ich sage etwas wie »Mach mit deinem Leben, was du willst«, gerate aber ins Stocken. Hat nicht sein Freund Sâmih eine eigene Wohnung? »Den kann ich nicht einweihen. Leb wohl, bis bald.«

»Leb wohl, viel Erfolg beim Studieren.« Konsterniert lege ich den Hörer auf. Hazem geht zu den Huren! Hazem, dieser integre Liberale, der die scharia einführen möchte, weil das Volk es so will, der als Abgeordneter seine Diäten abgeben würde, um den Eindruck der Bereicherung zu vermeiden. Hazem, der wirklich fünfmal am Tag betet, der seinen Schwestern sexuelle Kontakte vor der Ehe verbietet und sie sich selbst wenigstens im Prinzip auch dann noch versagte, wenn seine Freundin vielleicht anderer Ansicht wäre. Tag ein, Tag aus versuche ich mich in seine Gedankenwelt zu versetzen und seine aufrichtig klingenden Ausführungen über die Reinheit des Islam und der arabischen Tradition nachzuvollziehen – und dann so was. Traurig gestimmt schlummere ich ein, noch nicht ahnend, daß alles noch viel schlimmer kommen sollte.

9 Schwule, Juden und Schwestern

Kann man mit Leuten befreundet sein, die absolut ver-
werflichen Ansichten anhängen? Nun, da das Ende meines
Aufenthalts in Kairo naht, stelle ich mir die Frage immer
häufiger. Es tröstet mich zu wissen, daß ich nicht der einzige bin, der mit diesem Problem ringt. Auch Hazem, 'Imâd
und Tantâwî dürften oft denken: Will ich mich überhaupt
noch mit diesem Holländer treffen? Als meine Schwester
mich zum Beispiel hier besuchte, äußerte Hazem offen seine Zweifel: Wenn Joris so gleichgültig mit seiner Schwester
umspringt, wie wird er erst mit uns umgehen? Vor allem
'Imâd der Fundamentalist muß meine westliche Herkunft
mit gemischten Gefühlen betrachten. Er ist der Meinung,
es seien die westlichen Finanzhilfen, die Mubârak im Sattel
und 'Imâds Kameraden hinter Gittern hielten. Umgekehrt
habe auch ich meine Loyalitätskonflikte. Solche Differen-
zen lassen sich – das gilt für beide Seiten – manchmal nur
schwer verhehlen.

»Schorsch, kommst du jeden Tag zur schilla, weil du uns
nett findest oder um dein Arabisch zu verbessern?« Dem
allgemeinen Schweigen entnehme ich, daß Hazems Frage
auch die anderen beschäftigt. Ich antworte, daß ich die
Mitglieder der schilla als meine Freunde betrachte. Um die
Sprache zu lernen, könnte ich mich immerhin auch an ihre
sechzig Millionen Landsleute wenden. Alle nicken. »Aber

du profitierst auch von unseren Treffen, weil dein Arabisch dadurch Fortschritte macht.«

»Ihr lernt doch auch Dinge über Europa?« Das wird nicht gutgehen, dieses *ihr* versus *ich*. »Ich fühle mich einfach wohl in dieser Runde. So ist das doch bei Freunden?« Irgendwie will es den meisten nicht in den Kopf. Tauge ich als Person nicht, oder liegt es an den Demagogen in der ägyptischen Presse und Regierung, die jedem hier von Kindsbeinen an einbleuen: Traue nie einem aus dem Westen! Sie geben sich erst einmal nett – wer weiß, mit wievielen Aufmerksamkeiten sie einen bedenken –, doch letzten Endes kommen sie, um Ägypten zu unterwerfen, den Islam zu vernichten und die Araber auszuradieren. Auch in ägyptischen Filmen und Fernsehserien ist der Westler, dem man am Ende doch nicht trauen kann, eine gängige Erscheinung. Wahrscheinlich war es eben diese Art der Indoktrinierung, die Mahers Mutter dazu veranlaßte, mich nicht bei Maher einziehen zu lassen. Und die Ägyptern, die sich als fromme Muslime betrachten, einen Vorwand gibt, westliche Touristen auszunehmen nach dem Motto: Menschen aus dem Westen sind anders als wir, für sie gelten andere Anstandsregeln. Erstaunlich, wie sehr diese Denkweise sich mit der Haltung der westlichen Touristen deckt: Die Einheimischen machen erst einmal einen netten Eindruck, aber im Grunde wollen sie alle nur Geld, Frauen oder ein Visum. »Gut gesprochen, Schorsch!« sagt Hazem. »Es ist eine Ehre, dich hier als Gast in unserer Mitte zu haben.« Die Runde, die mich eine Viertelstunde lang umzingelt hat, zerstreut sich. Immer wieder dieses Wort »Gast«.

Ich hatte keine Lust auf die Vorlesung und schaue erst mittags in der Uni vorbei. Ich komme aus einer anderen Richtung als sonst, also sieht mich keiner. Ein Streit ist im Gang. Sâmih fuchtelt aufgeregt mit seinen wuchtigen Armen herum, Hazem zeigt mit dem Finger auf Taufîq, und Maher versucht zu beschwichtigen. Dann sieht Hazem aus den Augenwinkeln, wie ich mich ihnen nähere. »Scht, scht!«, bedeutet er den anderen, den Zeigefinger jetzt auf den Lippen. »Friede mit euch. Was ist denn los? Macht doch weiter, laßt euch von mir nicht stören.« Taufîq zaubert ein breites Lächeln hervor. »Ist was? Was meinst du?«

»Ich meine, daß Hazem und Sâmih aufgehört haben, sich zu streiten, als sie mich sahen.«

»Es ist nicht wichtig. Wir möchten nicht, daß du einen schlechten Eindruck von uns bekommst. Wenn wir uns vor deinen Augen streiten, erzählst du nachher allen, daß die Ägypter Streithähne sind. Wir möchten dir ein positives Bild vermitteln, damit du deine Landsleute überzeugen kannst, daß wir kein rückständiges Land voller Pöbel und Terroristen sind«, erläutert Hazem. Ein positives Bild von Ägypten. Deshalb werden mir auch keine dreckigen Schimpfwörter beigebracht. Jeder Tourist kennt hier innerhalb von Tagen die Wörter für Scheiße, Schwanz und Fotze. Aber nicht Mister Schorsch. Der soll mit einem positiven Bild nach Hause gehen, also spielt man in seiner Gegenwart ununterbrochen Theater. Notfalls acht Monate lang.

Ich bitte Maher, mir das mit dem positiven Bild noch einmal zu erklären. Zwar halte ich es nicht für besonders klug, mich für alle Informationen auf nur eine Person zu verlassen, aber welche Alternative hätte ich denn? Maher stößt einen seiner tiefen Seufzer aus. Das bedeutet, daß er nachdenkt. »Viele Ägypter haben Komplexe gegenüber Leuten aus dem Westen. Der Kolonialismus hat unser Selbstvertrauen schwer angeknackst. Dazu kommen eure technologische Überlegenheit und unsere drei verlorenen Kriege mit Israel.« Er selbst leidet wohl auch an diesen Komplexen? »Ja, natürlich. Wenn man all diese Erfindun-

239

gen sieht, die in Amerika gemacht werden, und euren Lebensstil …«

»Ich meine: Hast du auch mir gegenüber Komplexe?« Maher zögert. »Laß nur, ist ja auch eine blöde Frage. Tut mir leid.«

»Das ist eine sehr gute Frage«, sagt Maher. »Ich dachte mir gestern noch: Ist Schorsch mein Freund, weil ich ihn nett finde oder weil seine Freundschaft mir Prestige verschafft?« In der Freiluftkantine der philologischen Fakultät nimmt ein unansehnliches Männlein in roter Uniform unsere Bestellung entgegen. »Tee ohne Zucker?« erinnert er sich an die Vorliebe seines einzigen weißen Kunden. »Einmal ohne, einmal *mazbût*«, sagt Maher. Das Ägyptische verfügt über ein komplettes Vokabular für Tee. Es gibt *sâda*, ohne Zucker, *rîha* mit einer Prise, *mazbût* bedeutet »abgemessen«, enhält aber in Wirklichkeit einen ordentlichen Löffel. *Ziyâda* schließlich ist Zucker mit einer Spur Tee. Ich komme Maher zuvor und drücke dem Mann ein Pfund in die Hand. Das Wechselgeld ist für ihn, er lebt von den Trinkgeldern, und wegen seiner affigen Montur hat er sowieso was extra verdient. Maher windet sich. »Mir ist nicht wohl dabei. Du bist der Gast, ich sollte eigentlich zahlen.«

Wieder dieses Wort »Gast«. Müde wie ich bin, lasse ich es über mich ergehen.

Sobald der Taxifahrer seinen niederländischen Fahrgast in seinem bescheidenen Untersatz willkommen geheißen hat, will er auch schon wissen, wo es besser ist: in Ägypten oder in Holland. Nach einem Jahr habe ich mittlerweile eine handliche Antwort parat: »Es ist schwer, so einen Vergleich anzustellen. Hier gibt es ein korruptes Durcheinander, der Verkehr ist die Hölle, und die Umweltverschmutzung ein schleichender Todbringer. Doch die Natur ist zauberhaft, das Klima himmlisch, die Geschichte mit Händen zu greifen, und außerhalb der touristischen Geschwülste sind die Menschen grundehrlich. Die Niederlande sind gut organisiert, sauber und luxuriös. Aber das Land ist auch selbstgefällig, regnerisch und langweilig. Zudem fühle ich mich dort, anders als in Ägypten, nie ganz sicher.«

Mit ungeduldigem Blick hört der Taxifahrer mir zu: »Aber wo ist es jetzt besser?«

Wenn du es so gerne hättest, von mir aus: »Ägypten ist besser.« Ein zahnloses Lachen bricht durch seinen Dreitagebart. »Ich wußte es. Ägypten ist *umm ad-dunyâ*, die Mutter der Welt. Wußtest du, daß das ägyptische Klima das allerbeste ist für den Menschen? Das ist wissenschaftlich erwiesen, von westlichen Gelehrten. Und Untersuchungen haben ergeben, daß ägyptische Kinder die intelligentesten der Welt sind. Wenn wir nicht so ein rückständiges Bildungssystem hätten, würden alle Gelehrten aus unserem Land stammen.« Er liest viel über diese Themen in *Rûz al-Yûsuf*, dem führenden Wochenmagazin auf dem Gebiet von Politik, Kunst und Wissenschaft. »Du wirst den Rest deines Lebens nicht mehr von Ägypten loskommen«, stellt er grinsend fest. »Wer je einen Schluck aus dem Nil getrunken hat, wird immer wieder zurückkehren. Willkommen in Ägypten.«

Wie unterschiedlich meine Freunde über Liebe, Beziehungen, Sex und Frauen denken, wird mir noch einmal bestätigt, als ich der schilla von Fiona erzähle.

Ich lerne sie auf einer Fete für *ex-pats* bei Cameron, dem Amerikaner, kennen. *Ex-pats* (eigentlich: *expatriates*) sind Gastarbeiter, die zu weiß sind und zu gut verdienen, als daß sie so genannt würden. »Fete« ist übrigens zuviel gesagt, Cameron hat *people over for drinks*: Leute, die auf ein Glas kommen.

So ein Satz ist wörtlich zu nehmen. Es kommen Leute, und die trinken. Unter den Gästen befinden sich australische Diplomaten, die teuren Alkohol mitgebracht haben. Aus diesem Grund hat Cameron sie auch eingeladen – die inländische Biermarke *Stella* kotzt ihn genauso an wie mich. Der Durst macht das bitterste Bier süß, aber *Stella* ist einfach ungenießbar. Einzige Alternative ist der Duty-free-Shop, doch dazu bräuchte ich ein Genehmigungsschreiben von der Botschaft, und dort hat man Wichtigeres zu tun. Eine Dose Heineken im Hilton kostet fünfzehn Mark. Außer mit dem Geschmack ringt *Stella* mit dem richtigen Alkoholgehalt. Der beträgt dreieinhalb Prozent, aber das ist ein Durchschnittswert. Das eine *Stella* spürt man gar nicht, das nächste haut einen unter den Tisch. Kleopatra-Zigaretten weisen den gleichen Mangel auf: Ich habe gesehen, wie Leute von einer einfachen Kippe richtig high wurden. *Stella* ist zudem noch teuer. Für eine Flasche kriegt man auch vier Liter Benzin, zwei Flaschen *bebs* oder siebzig frische Brötchen.

Auf dieser *Stella*-freien Fete lerne ich also Fiona kennen, aber erst einmal muß ich mich noch schwarz ärgern über einen weiteren Gast, den Dichter Radi. Er ist so um die Fünfzig, koptisch-christlich von Geburt, aber später zum Marxismus konvertiert. Sein Selbstbewußtsein verdankt er dem Umstand, daß er als junger Mann von zwanzig Jahren von Nassers Geheimpolizei für acht Jahre ins Gefängnis geworfen wurde. Man hatte kommunistische Flugblätter bei ihm entdeckt. Er quatscht mich auf die Zunahme islamischer Symbole im ägyptischen Alltag an. Radi lebt seit zehn Jahren in Dänemark, und jedesmal, wenn er in sein Heimatland zurückkehrt, fällt es ihm auf: noch mehr *Allahu-Akbar*-Aufkleber, -schilder und -fahnen, noch mehr Moscheen mit größeren Lautsprechern und noch mehr Taxifahrer mit Korankassetten. Und fast an jeder Straßenecke

ein Wahlplakat mit dem Slogan: *al-islam huwa al-hall* –
»der Islam ist die Lösung«.

Verantwortlich ist Radis Meinung nach die Angst. Nach
den fetten Jahren unter Sadat ist die Konjunktur umge-
schlagen, während die Bevölkerung ungebremst wächst.
Um ihre Sorgen zu bannen, greifen die Menschen auf den
Islam zurück. »Die Angsthasen hoffen, daß Allah ihnen
helfen wird.« Radi kichert, und ich rege mich auf angesichts soviel Herablassung. Die Menschen wenden sich aus
purer Verzweiflung an den Islam, außer sich vor Angst
denken sie nicht weiter nach. Marxisten wissen es natürlich
besser, Religion ist Opium für das Volk. Warum sieht er
aber nicht ein, daß weder der Marxismus noch der Neoli-
beralismus Antworten auf die Probleme einfacher Ägypter
haben? Was sagen die Ideologien zur Korruption, Verschwendung und Bereicherung, die dieses Land ruinieren?
Was soll man schon machen, wenn man hier ein krankes
Kind hat: In den Krankenhäusern muß man einen Koffer
voller Schmiergeld dabeihaben, während in der Moschee
ein fundamentalistischer Arzt seine Glaubensgenossen gegen ein geringes Entgelt behandelt. Aus Gottesfurcht. Man
bringt sein Kind in die Schule, und was stellt sich heraus?
Überfüllte Klassen und lausige Unterrichtsmethoden – die
Elite besucht Privatschulen. Wenn du nicht ein Jahresge-
halt auf korrupte Lehrer verschwendest, wird dein Kind
nicht einmal das Abitur bestehen.

Das sind alltägliche Probleme, und *al-islam huwa al-hall*
besagt unverblümt, daß ein fundamentalistischer Staat keine Korruption, keine Vetternwirtschaft und keinen Macht-
mißbrauch kennen wird. Da dieses Gesellschaftsmodell in
Ägypten noch nie ausprobiert wurde, läßt sich der Beweis
des Gegenteils bislang nicht erbringen. Viele Ägypter sehen nur die frommen Ärzte, Lehrer und Sozialarbeiter in
der örtlichen Moschee. Womöglich entscheiden sie sich

auch nicht in einem Anfall von Geistesverwirrung, sondern wohlüberlegt für *al-islam huwa al-hall.*

Wenn man den Leuten widerspricht, werden sie um so beharrlicher, also lasse ich Radi reden. Dann komme ich endlich mit Fiona ins Gespräch. Sie ist eine britische Anthropologin, die eine Forschungsarbeit über Entwicklungshelfer macht, das heißt: Sie betrachtet sie wie eine »Stammesgesellschaft« mit eigenen Ritualen und Verhaltensregeln. Indem sie sich als Praktikantin ausgibt, will sie aus der Innenperspektive ergründen, was für Leute das sind, die nach ihrem Hochschulstudium anderen Völkern »helfen«. Wie sehen sie sich und ihre Motive, und wie schätzen sie jene ein, denen sie helfen? Nach erst zwei Wochen kann Fiona lediglich Fragen formulieren. Man hat sie gleich ins kalte Wasser gestoßen: Sie soll für ein Projekt einen Subventionsantrag schreiben.

»*Very interesting*, dieses Subventionskarussell. Ich schreibe fünf verschiedene Fassungen desselben Projekts, je nachdem, was das Spenderland hören möchte. In Japan sollte man um Computer nachsuchen. Für Deutschland betont man am besten die Bedeutung des Projekts für die ägyptische Wirtschaft. Amerikaner wollen den Analphabetismus zurückdrängen, die Engländer den Geburtenüberschuß reduzieren. Interessant, daß das einem als erstes beigebracht wird: Wie komme ich an Gelder?« Sie nimmt einen kräftigen Schluck aus ihrem Glas.

Die Niederlande sind großzügig, weiß sie, unter einer Bedingung: Das Projekt soll zur Stärkung der Position der Frau beitragen. »Wieso interessieren die Holländer sich so für die Gleichstellung der Frauen?« Ich könnte jetzt etwas erzählen über die Vorreiterrolle der Niederlande, über ihre wegweisende Politik und Pionierarbeit, aber dafür ist sie wirklich zu attraktiv. »Holländer stehen auf starke Frauen«, sage ich statt dessen. Daß wir beide *undercover* arbeiten, verbindet. Wir haben es mit ähnlichen Loyalitätskonflikten zu tun: Die Kollegen und Kommilitonen sind gleichzeitig Freunde und Forschungsobjekte. Man fühlt sich gleichsam als Hure und Freier zugleich. Sie verspricht, mich bald anzurufen.

Fiona ist schon gegangen, als die Diplomaten Trinkspiele vorschlagen. Cameron, Tracy, die australischen Diplomaten mit ihren Frauen und drei amerikanische Gäste sitzen im Kreis. Jeder soll den Satz »Ich habe noch nie ... X« vervollständigen. Wer schon einmal X gemacht hat, muß trinken. Selbstverständlich konzentrieren wir uns auf Sex, denn wir sind emanzipierte, progressive Menschen. Cameron fängt an: »Ich hatte noch nie Sex mit jemandem, der einen Bart hatte.« Eine verheiratete Australierin nimmt einen Schluck. So geht es immer weiter, bis der Alkohol alle ist. Danach gehen wir nach Hause.

Ich erzähle Maher, daß Fiona zum Essen kommt. »Sie besucht dich? Bei dir zu Hause? Daß ein Mädchen so etwas macht ...« Seine Augen funkeln spitzbübisch. »Werdet ihr es miteinander treiben?« Ich antworte, daß ich das nicht weiß. Sie ist sehr attraktiv, aber ich weiß nicht, was sie von mir hält. Aber auch wenn sich nichts tun sollte, werde ich einen netten Abend haben, sie ist sehr interessant. Maher setzt ein schelmisches Grinsen auf. »Willst du sie nun nehmen, oder findest du sie interessant?« Meine Zulage von der ägyptischen Regierung heißt nicht umsonst »kulturelles Austauschstipendium«, und dies scheint mir eine ausgesuchte Gelegenheit zu sein, um mich mit Maher noch einmal darüber auszutauschen, wie im Westen Männlein und Weiblein zusammenkommen. »Also du bist nicht rein wegen dem Sex hinter einer Frau her, sondern auch, weil du dich für sie interessierst?« fragt Maher erstaunt. Er fährt sich über den Schnurrbart und reckt bewundernd seinen

Daumen hoch. »*Bravo 'aleek*, gut so! Hier heißt es Pene-trieren und fertig!« Bei den letzten Worten schlägt er die rechte Faust in die linke Handfläche. Er schüttelt sanft den Kopf. »Und ich habe immer gedacht, ihr würdet es jeden Tag mit jemand anderem treiben.«

Jetzt bin ich ernsthaft erschüttert. »Hast du das die gan-zen neun Monate, seit wir uns kennen, gedacht?« »Aber logisch doch«, scheint Mahers Miene zu bedeuten. »Das denkt hier doch jeder.« Wir analysieren die neue Situation. Einer meiner besten Freunde hier, den ich seit einem Drei-vierteljahr fast täglich getroffen habe, dachte bis vor fünf Minuten, daß die Menschen in den Niederlanden jeden Tag wechselnde sexuelle Kontakte haben.

Ich erzähle, daß Niederländer im Schnitt sechs Sexual-partner haben. Maher rollt mit den Augen. »Im Leben? Das ist mir ganz neu. Wir hören hier nur Geschichten über Orgien, Seitensprünge und Promiskuität.« Ich sage, daß ich in meiner Studienzeit oft genug ein halbes Jahr lang ohne jeglichen sexuellen Kontakt auskommen mußte. »*Yichrib beetak*«, stöhnt Maher. Buchstäblich bedeutet das: »Möge Er (Allah) dein Haus zerstören«, aber in Kairo ist es eine Formel für »du lieber Himmel, herrje, nicht zu fassen«.

In der vertraulichen Atmosphäre, die nun herrscht, traue ich mich, Maher zu fragen, wie das mit der Beschneidung von Frauen ist, bei der die Klitoris ganz oder teilweise weggeschnitten wird. In den Städten ist die Beschneidung weniger verbreitet als auf dem Land, erläutert Maher. Die-sen Verstümmlungspraktiken liegt die Vorstellung zugrun-de, Frauen hätten von Natur her einen unbändigen Sexual-trieb, der sie widerspenstig mache. Die Beschneidung soll sie für das Gesellschaftsleben zurechtstutzen. »In Holland hört man manchmal, daß beschnittene Frauen keinen Or-gasmus mehr haben können.« Wieder schaut Maher mich verwundert an. »Wird darüber bei euch geredet? Der weibliche Orgasmus ist hier Tabuthema Nummer eins. Ein oder zwei winzige Blättchen schreiben vielleicht in Andeutungen darüber, das ist alles.« Maher meint, daß die Beschneidung im Islam keine religiöse Pflicht darstellt. Es handelt sich eher um einen spezifischen Brauch der Nilvölker, der ebenfalls von den Christen, Animisten und Juden in Äthiopien und im Sudan praktiziert wird.

Maher verspricht, mich am Abend anzurufen, damit ich Fiona mit meinem Arabisch imponieren kann. Er lacht: »Wenn sie wirklich so auf arabischsprechende Männer steht … ich hatte eine Eins im Abitur.«

In der Bibliothek begegne ich meinem früheren Gastgeber, 'Imâd, bei dem ich letzten Sommer gewohnt habe. 'Imâd ist nur selten an der Uni. »Viel können die mir hier nicht beibringen.« Er sieht die Liste mit arabischen Vokabeln, die vor mir liegt. »So habe ich fließend Englisch gelernt. Natürlich bin ich intelligenter und fleißiger als du, also ging es bei mir schneller.« Eine Stunde später gehen wir zusammen in die Vorlesung. Heute wird die Frage erörtert, ob sich die Außenpolitik getrennt von der Innenpolitik betrachten läßt. 'Imâd schreibt unterdessen Gedichte:

Sitting in the subway, facing faces
I wonder, will life always be like this?

Nach der Vorlesung plaudern wir ein bißchen. 'Imâd hat seine marxistische Ex bei einer Ansprache des französischen Präsidenten Chirac getroffen. Anläßlich der »zweihundertjährigen Beziehungen zwischen Frankreich und Ägypten« (Beziehungen! Napoleon kam seinerzeit schlicht, um Ägypten zu erobern) hat Chirac der Universität von Kairo einen Batzen Geld überreicht. Der Präsident sprach vor einem komplett barhäuptigen Auditorium, erzählt ‘Imâd schmunzelnd. Vor einigen Jahren gerieten französische Muslimmädchen in Konflikt mit dem Gesetz, das das Tragen religiöser Kleidung in den Schulen untersagte: die Kopftuchaffäre. Das hatte man in Kairo nicht vergessen, und so bekam der Lehrkörper die Anweisung, entweder das Kopftuch abzulegen oder sonst der Ansprache fernzubleiben. Studenten durften an diesem Tag das Universitätsgelände nicht betreten. »Das ist halb so schlimm mit dem Fundamentalismus«, soll Chirac am Abend zu seinen Beratern gesagt haben.

Zu einer Aussöhnung zwischen ‘Imâd und seiner Ex ist es nicht gerade gekommen: »Ich hasse sie, ich möchte sie vernichten«, sagt er harsch. »Der Haß sitzt sehr tief, vielleicht ist das der Nietzsche in mir.« Wir trinken ein Glas Zuckerrohrsaft in Ahmeds Obsthimmel gegenüber der Universität. Draußen steht ein goldiger Straßenjunge, der mit einem Stück Holz einen Esel striegelt.

Pech in der Liebe, Glück in der Wissenschaft. ‘Imâd hat einen Job bei einer Forschungseinrichtung. »Sie wollen englischsprachige Artikel über den Nutzen wirtschaftlicher Liberalisierung für Ägypten. Also bekommen sie englischsprachige Artikel über den Nutzen wirtschaftlicher Liberalisierung für Ägypten, und ich bekomme vierhundert Pfund.« Weitere wissenschaftliche Erfolge konnte er bei einer Vortragsreihe am Institut Français verbuchen. Gestern hat ein hübsches Mädchen ihm sogar einen Antrag gemacht, so sehr war sie von seinen Diskussionsbeiträgen beeindruckt. »Es war wie immer. Ich beherrschte den Saal, der Vorsitzende erzitterte. Wie ein Schwert durchschnitten meine Worte das Geschwätz.« Mit seinen schlanken Händen hackt er hektisch in der Luft herum. Das Mädchen gab ihm seine Telefonnummer, aber ‘Imâd wird sich nicht bei ihr melden. »Ich vermute, daß sie mit mir ins Bett will. Ich

werde mit nur einer Frau schlafen, in meiner Hochzeitsnacht.«

Zwei Tage später treffe ich 'Imâd wieder. »Habe ich dir
schon erzählt, daß du mir ein Mittagessen spendieren
wirst?« Wir reihen uns in die Schlange ein, die sich durch
die enge Campuspforte nach draußen schiebt, vorbei an
den Polizisten in weißen Matrosenanzügen, die die Studentenausweise kontrollieren, vorbei an den grünen Schützen-
panzern, von wo aus Soldaten mit Helmen und Gewehren
ihre studierenden Altersgenossen im Auge behalten. Es
sind die Männer vom *amn al-markazî*, dem zentralen Sicherheitsdienst. Die Rekruten stammen vorwiegend aus
Oberägypten und gelten bei den Kairoern ausnahmslos als
Analphabeten. »Die reiten zu Hause auf Wasserbüffeln
und haben noch nie eine unverschleierte Frau gesehen«,
zischt 'Imâd.
    Wir kaufen *fûl*, Bohnensandwiches, und *ta'miyya*, Brot-
taschen mit fritierten Kichererbsen, Salat und Sesamsoße.
Wie üblich verschlingen wir sie im Kaffeehaus bei einer
Tasse Tee. 'Imâd läßt es sich gut schmecken. Er läßt sich
gerne einladen, seitdem er weiß, daß niederländische Ar-
beitslose mehr als zweitausend ägyptische Pfund im Monat
bekommen – das Vierfache eines Professorengehalts. Wie
steht's mit der Liebe? Stolz lehnt er sich zurück: »Vielleicht
mache ich nach meinem Studienabschluß einen offiziellen
Schritt.«
    Eine Verlobung? »Mit der Marxistin. Sie hat sich bei mir
entschuldigt.« Etwas verblüfft gratuliere ich ihm – das letzte Mal hatte er noch gesagt, er hasse sie, er wolle sie vernichten, der Nietzsche in ihm ... »Ich habe nie gesagt, daß
ich sie hasse«, korrigiert 'Imâd dezidiert. »Ich war nur verärgert, weil sie nicht zugeben wollte, daß ich intelligenter
bin als sie. Jetzt, wo sie das einsieht, bin ich überzeugt, daß

sie eine gute Mutter sein wird. Ich möchte wirklich schnell Kinder haben.«

In einer halben Stunde habe ich eine Verabredung mit Fiona im Stadtzentrum. »Gratuliere«, sagt er herzlich. Er möchte mich dorthin begleiten, damit er sie sehen kann. Dann folgt die Frage, ob ich Fiona heiraten werde. Ich erkläre, daß ich zwar verliebt bin, aber nach einer Woche noch nicht sagen kann, ob ich sie auch liebe. Er runzelt die Stirn. »Du liebst sie, oder du liebst sie nicht. Wirst du sie heiraten?«

»ʿImâd, über solche Dinge redet man in meinem Alter die ersten Jahre nicht.«

»Du sagst doch, du liebst sie, aber du willst sie nicht heiraten. Hast du mit ihr geschlafen?« Nicht ohne Stolz nicke ich. ʿImâd fährt aus der Haut. »Wie kannst du mit einer Frau schlafen, ohne sie zu lieben? Das ist pure Wollust, Mißbrauch, kalter, animalischer Säkularismus!«

»Wieso Mißbrauch? Sie wollte es genauso sehr wie ich.«

»Ihr seid Tiere. Sex ist etwas Spirituelles, dazu gehört Liebe. Eure Wollust ist einfach …«

Jetzt reicht's. »ʿImâd! Für dich mag Liebe wie ein Blitz sein, der das Feuer ein Leben lang anheizt, bei mir handelt es sich eher um einen jahrelangen Prozeß, in dessen Verlauf Verliebtheit in Liebe übergehen *kann*.« Schon Dutzende Male habe ich ähnliche Diskussionen erlebt. Vielleicht liegt es daran, daß das Arabische kein Wort für »Verliebtsein« kennt. Man kann *muʿaggab* sein, aber das heißt soviel wie »angetan«. Eine Schwester kann *muʿaggab* sein von ihrem Bruder, einem Professor oder einem Studenten. Im Arabischen kann ich also nicht sagen, daß ich mit einer Frau schlafe, weil ich mich in sie verknallt habe und nur in sie. Ich kann entweder sagen, daß ich sie liebe, oder daß ich von ihr angetan bin – so wie man eben viele Mädchen nett findet. Es hat fast den Anschein, als würden sich meine

ägyptischen Freunde und Freundinnen einfach nicht verlieben.

»Und was Sex vor der Ehe anbelangt ...«, so kann ich
mir nicht verkneifen zu sagen, »du hast keine Ahnung, was
du verpaßt. Das gemeinsame Wohlbehagen nach einem ge-
lungenen Geschlechtsakt gehört zu den wenigen schönen
Momenten eines Menschenlebens. Ich sehe keinen Grund,
weshalb Allah mir das versagen sollte, bis ich heirate.«
'Imâd schüttelt heftig den Kopf. »Du sagst selbst, du seist
glücklich mit ihr. Warum heiratest du sie dann nicht? Du
bist vierundzwanzig, es wird Zeit, daß du Vater wirst.« Da
dies eine Diskussion ist, wiederholen wir noch einige Male
unsere Standpunkte, bevor wir wieder auf 'Imâds Amou-
ren zu sprechen kommen. Er wird seinem Mädchen heute
abend einen Verlobungsantrag machen. Wir steigen aus.
Demonstrativ schaut Fiona auf ihre Uhr. 'Imâd gibt ihr einen kräftigen Händedruck: »'imâd al-'abît, it is a pleasure
to meet you.« Er winkt kurz und springt dann hastig auf einen vorbeifahrenden Bus.

»Wer war das?«

»Mein Gastgeber vom letzten Sommer. Er möchte, daß
ich dich heirate.«

Sie lächelt. »I thought you'd never ask.«

»Ich hätte heulen können.« Fiona quält sich mit einer unangenehmen Geschichte herum. Aber zuerst essen wir.

»Verheiratet?« zeigt der Mann am Hähnchengrill auf
Fiona, während er zwei Spieße auf das Holzkohlefeuer legt.
Bevor sie etwas sagen kann, bestätige ich: »Sicher, schon
seit zwei Jahren.«

»Kinder?«

»Leider noch keine Kinder.« Pietätvoll wendet er den
Blick ab. »Schönen Dank!« brummt Fiona, »jetzt denken
sie, daß ich krank bin.« Aus Rache stiefelt sie zur Kasse

und zahlt für uns beide. Ein Mann, der nicht einmal seine Frau freihalten kann, so was gibt es nur im Westen, denkt das komplette Personal.

Als der Grillmann mir die fertigen Brötchen reicht, flüstert er: »Möge Allah euch bald Kinder schenken.« Ich nikke dankbar und äußere die Hoffnung, daß Allah sich seiner erbarmen möge. Gefolgt von den mitleidigen Blicken der vier in orange-grüne Uniformen gekleideten Grillmänner verlassen wir das Lokal – die Unfruchtbare und der Insolvente.

Fionas unangenehme Geschichte begann vor vierzehn Monaten, als ihre Freundin Patricia, eine Arabischstudentin, Urlaub machte in Dahab, einem Küstenort in der Wüste Sinai, wo viele Rucksacktouristen sich von ihren Abenteuern erholen. Dahab ist ein Taucherparadies, in dem zudem eine tolerante Softdrugpolitik gilt. Viele junge Israelis verbringen dort einen billigen Urlaub, und in der entspannten Atmosphäre entsteht manche multikulturelle Romanze.

Patricia verliebte sich in den Tauchlehrer Châlid. Wahre Liebe. Sie brach ihr Studium ab, heiratete und zog zu Châlid in dessen bescheidene Betonhütte am Roten Meer. Mittlerweile ist sie hochschwanger, und da sie in einem Krankenhaus entbinden möchte, kam sie nach Kairo. Fiona hat sie gestern besucht. Der Abend fing heiter an, Châlid strahlte vor Stolz über seine bevorstehende Vaterschaft. Im Westen verstehe man das nicht, sagte er, doch im Leben eines *ragil shar'î*, eines orientalischen Mannes, sei die Vaterschaft die höchste Erfüllung. Je später und netter der Abend, desto mehr schwanden Fionas Zweifel angesichts der plötzlichen Heirat und Schwangerschaft ihrer Freundin. Sie schenkte Châlid und sich selbst noch einmal ein. Patricia hatte recht, man soll der Stimme seines Herzens folgen und ja nicht auf unverlangte Ratschläge von Eltern und Familie hören. Die wollen einem bloß ein genauso piefiges Leben aufschwatzen, wie sie es selber führen.

Fiona erzählte eine harmlose Anekdote über ihre *bawwâbs*, die sie bei bestimmten Handlungen ertappt hatte, zur Bestürzung aller Beteiligten. Patricia bemerkte daraufhin, wie heuchlerisch viele Ägypter mit dem Thema Homosexualität umgehen. Solange die Dinge heimlich geschehen, ist alles in Ordnung. Châlid schwieg, während Fiona, schon etwas angetrunken, eine Lanze brach für eine tolerante Haltung gegenüber Schwulen, so wie es sie in Holland gibt. Patricia pflichtete ihr bei, und in trauter Harmonie gaben die beiden Damen einander minutenlang recht.

Mit einem Mal schlug Châlid mit der Faust auf den Tisch. Die fast leere Whiskyflasche wankte, aus dem vollen Aschenbecher fielen die Kippen heraus. »Schwule gehören erschossen oder eingesperrt!« Fiona hielt ihren Mund und hoffte inständig, daß Patricia das ebenfalls machte. Aber Patricia fing an zu weinen, und mit einer Hand auf ihrem runden Bauch fragte sie: »Und wenn unser Sohn schwul wäre?« Châlids Augen sprühten Feuer, er schrie: »Dann würde ich ihn töten!«

Inzwischen haben sie den Streit beigelegt. Châlid meint, daß Patricia diese Frage einfach nicht hätte stellen sollen – sein Sohn würde sowieso niemals schwul. Fiona vermutet, daß die beiden lieber so tun, als wäre nichts geschehen. Es wird wohl nicht der erste Kompromiß sein. Auf Verlangen Châlids spricht Patricia zum Beispiel nicht mit bestimmten Ägyptern in Dahab, nicht einmal, wenn diese sie ansprechen. Auch meidet sie gewisse Orte. Auf Trost seitens ihrer Familie braucht Patricia nicht zu hoffen – dort könnte sie sich nur ein höhnisches »Was habe ich dir gesagt?« abholen. Sie haben es bislang auch versäumt, ihren Schwiegersohn und Schwager zu besuchen, sogar die Hochzeit haben sie sausen lassen. »Nette Leute«, schließt Fiona und greift zur Flasche.

Ich rufe 'Imâd den Fundamentalisten an, um zu erfahren, ob es mit der Verlobung geklappt hat. Es geht ihm nicht besonders gut. Die Prüfungsvorbereitungen langweilen ihn, und er leidet abwechselnd unter Depressionen und Hyperaktivität. Mittels eines Bündels Rezeptscheine, das er von einem ehemaligen Medizin-Kommilitonen bekommen hat, hat er sich Antidepressiva besorgt. Vergeblich. Er beginnt zu lachen. »Erst heute früh habe ich mich wieder besser gefühlt. Weißt du, warum? Weil ich gekocht habe. 'Imâds berüchtigtes Nudelgericht! Komm vorbei, ich habe einen Riesentopf gemacht.«

Sein Mädchen? Abrupt schwindet das Lachen aus seiner Stimme. »Ich weiß es nicht mehr. Jetzt wo sie mich heiraten möchte, hat sie viel von ihrem Reiz verloren.« Seine Stimme klingt trauriger denn je, als er erzählt, wie ihm bei ihrem letzten Treffen schockartig klar wurde, daß sie nicht hübsch ist. Sie ist relativ intelligent, hat einen guten Charakter und wäre eine gute Mutter. Aber sie ist nicht schön. »Ich hätte so gerne Kinder, und ich bin doch schon neunundzwanzig.«

Fionas Äußeres hat 'Imâd sichtlich beeindruckt. »Du solltest ihr Foto an die Wand hängen, damit du im Vorbeigehen immer denken kannst: Dieses hübsche Ding habe ich mal besessen. Und wenn sie dich verläßt, denn so sind die Frauen, malst du ihr einen Bart ins Gesicht und steckst Reißzwecken in die Augen.« Er lacht schallend und will wissen, ob ich sie irgendwann heiraten werde. »Ich glaube nicht, 'Imâd, sie ist in England und kommt erst nach Kairo zurück, wenn ich gerade wieder in Holland bin. Wir haben Abschied voneinander genommen.«

»Für immer?« fragt er erschüttert.

»Na ja, vielleicht ... wahrscheinlich.«

»Also war es dir immer nur um den Sex zu tun?« Ich weiß, daß er das sagt, um mich zu ärgern, also lege ich wieder einmal los: »Verdammt noch mal, 'Imâd, du bist einfach sexuell frustriert. Als ich dir davon erzählt habe, daß Fiona und ich miteinander ins Bett gegangen sind, fandest du alles noch wunderbar. Was hast du bloß gegen Sex?«

»Sex ist etwas Zärtliches. Das kann man nicht mit jeder haben ... Und es ist nicht ohne, splitternackt vor einer Frau zu stehen.« Er zögert. »Deshalb muß sie Jungfrau sein. Ich möchte nicht mit anderen verglichen werden.« Er schnaubt. »Du hättest sie heiraten sollen, wenn es denn wahre Liebe war.«

Was für ein Unterschied zu Tantâwî dem Frommen. Der hat äußerst sympathisch reagiert, voller Interesse für den stürmischen Charakter des Verhältnisses, voller Mitgefühl wegen dessen kurzer Dauer. »'Alâqa burtu'ân«, murmelte er, »Orangenbeziehung.« Die Herkunft dieses Ausdrucks kannte er nicht, aber er bedeutet: kurzes, aber leidenschaftliches Verhältnis. Er versprach, für mich zu beten, damit ich Fiona bald vergessen möge.

»'Imâd«, fahre ich fort, »bist du nicht viel zu intelligent, um an die ›wahre Liebe‹ zu glauben? Stell dir vor, ich hätte wegen ihr alles aufgegeben. Das hätte sie unheimlich unter Druck gesetzt, sie hätte andauernd beweisen müssen, daß sie dieses Opfer wert ist. Das gleiche gilt für den Fall, daß ich hiergeblieben wäre. Und das alles für jemanden, den man erst seit drei Wochen kennt.«

»Du versuchst vor allem, dich selbst zu überzeugen. Du bist ein kalter, gefühlloser Rationalist.«

»Nein, aber du, 'Imâd, du bist ja glücklich.« Darüber können wir dann beide wieder lachen.

Das Telefon klingelt. Eine laszive Männerstimme haucht mir ins Ohr: »*Hello? How are you? I hope you're fine. How is your body?*« Ziemlich verdutzt schaue ich auf den Hörer. Was zum Teufel …? Ich habe öfter davon gehört – ägyptische Homosexuelle, die Ausländer mit ihren Phantasien nerven und in den Wahnsinn treiben. »*Hello Joris, I want you so much.*« Verflucht, er kennt sogar meinen Namen, dazu noch die richtige Aussprache. Welcher Idiot ist mit meiner Telefonnummer hausieren gegangen? »*Joris, I want to hear your sweet voice.*« Ich will gerade den Hörer hinknallen, als ein dröhnendes Gelächter erklingt. »Friede mit dir! Hier Maher. Wie geht's dir?«

»Maher, zift, du hast mir einen furchtbaren Schreck eingejagt.« Er kichert. Maher ist der einzige Ägypter, der solche Scherze macht. Ansonsten ist die Abneigung gegen Homosexuelle hier flächendeckend. Alle behaupten, sie seien für vollständige Freiheit und Gleichheit, doch für Homosexuelle gilt das ganz und gar nicht. Das seien kranke, widernatürliche Wesen, die Aids und andere Seuchen verursachten. Layla die Globalistin, Maha die Nasseristin, Imân, Tantâwî, Muhammed … alles Schwulenhasser. In der schilla verlaufen die Diskussionen wie folgt:

»Schwule sind abartig und gestört. Sie übertragen Krankheiten!«

Ich: »Nicht, wenn Kondome benutzt werden.« Beim Wort »Kondome« machen sich drei Mädchen aus dem Staub, und jemand sagt vorwurfsvoll: »Schorsch, in Gegenwart von Mädchen sollst du keine schlimmen Wörter benutzen.« Ein anderer ergänzt: »Man kann übrigens nie wissen, ob sie auch wirklich Kondome benutzen. Erst recht nicht bei Schwulen.«

Meistens wird schlicht geleugnet, daß es Homosexualität gibt. Dann fallen mir allerdings die Taxifahrer ein, deren grapschende Hände ich regelmäßig aus meinem Schoß fischen darf. Oder dieser Kerl, der vor kurzem auf einer Fete erzählt, er fände es so schade, daß beim Onanieren sein wertvoller Samen auf dem Boden landet. Deshalb hinterlasse er ihn lieber in seinem Freund.

Die Bestätigung, daß Homosexualität auch in Ägypten eine verbreitete Erscheinung ist, bekomme ich spätestens, als ich Robin, einen einundzwanzigjährigen Kunstgeschichtestudenten aus den Niederlanden, auf der Terrasse des Marriott kennenlerne. Robin erforscht in Kairo Kunstauffassungen der Mittelklasse. Er sucht nach einer Relation zwischen dem, was Leute schön finden, und dem, was ihrer Meinung nach innerhalb ihrer sozialen Klasse als schön gilt. Geschmack als Statuswaffe.

Robin ist schwul und bekennt sich mit einem ansteckenden Enthusiasmus zu seiner sexuellen Orientierung. In Holland hatte er jede Woche mit drei verschiedenen Personen Sex. »Ich leide unter Entzugserscheinungen«, lacht er bedenklich, »zum Glück dämpft mein Durchfall die Lust doch beträchtlich.« Innerhalb von drei Wochen hat Robin hier einen amerikanischen Geschäftsmann, drei ägyptische Studenten, einen Künstler und einen ägyptischen Soldaten aufgerissen. »Die Soldaten sind total knackig«, erzählt er begeistert. »Sie kriegen fast nichts zu essen und werden ordentlich gedrillt. Davon bekommen sie kantige Kiefer und muskulöse Körper.« Er hätte gerne mehr davon. »Aber sie sprechen kein Wort Englisch, die meisten von ihnen können nicht einmal lesen!« Den Soldaten mußte er mit Keksen in sein Zimmer locken, und dann bekam er auch noch aus Versehen eins auf die Backe, als der Soldat sein Gewehr ablegte.

Seine neue Zielgruppe sind die Kellner. Vergnügt führt er seine Anmachtechnik vor. Er späht umher und konzentriert sich auf den jungen Mann in der engen Leinenhose. Mit einer gebieterischen Geste heißt Robin ihn, den Sonnenschirm zusammenzuklappen, um ihn zwei Minuten später wieder aufspannen zu lassen. Dann stützt er seine Backe träumerisch auf seine geballte Faust und sieht der Leinenhose tief in die Augen. »*You want something, Sir?*« Ohne seinen Blick abzuwenden, schüttelt Robin verneinend den Kopf: »*I was just looking at you.*« Es dauert eine Sekunde, bis der Kellner dies für sich übersetzt hat, woraufhin er mit einem unbeholfenen Nicken das Weite sucht.

»Der wird schon wiederkommen«, grinst Robin befriedigt. »Gestern habe ich mit dieser Masche in einem anderen Restaurant Erfolg gehabt. Den werde ich morgen treffen.«

Es trifft sich gut, daß ʿAbdalwahhâb, ein Kommilitone, mich sieht, denn er hat etwas zu besprechen, etwas Privates. Ernst nimmt er mich an die Hand, und in der milden Wintersonne schlendern wir über das an allen Ecken und Enden blühende Universitätsgelände. Arm in Arm. Körperkontakt zwischen Männern wie Küßchen auf die Wange, Hände auf dem Knie oder Oberschenkel oder Einhaken ist in Ägypten völlig normal, trotz oder vielleicht wegen der absoluten Tabuisierung der Homosexualität.

ʿAbdalwahhâb möchte wissen, welche Läden es in Ägypten, aber nicht in Holland gibt. Einigermaßen enttäuscht über die Art seines Anliegens zähle ich sie auf. *Makwagîs*, quadratische Büdchen am Straßenrand, wo man sich seine Kleidung bügeln lassen kann. Musikkassettenkioske, Schuhputzer, Geschäfte mit gerösteten Samen, Eierläden, Saftbars … »Und weiter?« ʿAbdalwahhâb schaut mich erwartungsvoll an. »Na ja, wir haben keine Läden, die Bohnensandwiches verkaufen.« ʿAbdalwahhâb strahlt übers ganze Gesicht. »Das ist es! Ich werde in Holland ein *Fûl*- und Falafel-Laden aufmachen.« Dann fallen mir jedoch die vielen Imbißstuben mit den Schildern in hebräischen Lettern ein: »Äh, ich fürchte, die gibt es doch schon.«

»Habt ihr denn Ägypter in Holland?«

»Ja, aber die verkaufen vorwiegend Pommes frites. Die Falafel-Buden werden meistens von Palästinensern und Juden betrieben.« Ein Anflug von Mitleid und Entsetzen zieht über sein Gesicht. »Gibt es Juden bei euch in Holland? Viele?« Ich sage, das wüßte ich nicht so genau, viele seien im Zweiten Weltkrieg umgebracht worden. ʿAbdalwahhâb nickt. »Hitler«, sinniert er. »Natürlich hassen die Niederländer die Juden.«

Entgeistert schaue ich ihn an: »Nicht daß ich wüßte. Wenigstens nicht öffentlich.«

»Und du?«

»Ich? Ich denke nie darüber nach, ob jemand Jude ist oder nicht.«

»Du magst die Juden? Sie vernichten die Palästinenser in Israel! Juden kann man nicht trauen, das haben zahllose Untersuchungen belegt. Das ist eine Frage ihres Glaubens. Darüber gibt es ein Buch, das kann ich dir leihen.« Einschlägige Publikationen sind an jedem Zeitungskiosk zu haben. Mit selektiven Zitaten aus der Tora wollen sie beweisen, daß Juden von Natur aus unverbesserlich seien, »eine Frage des Glaubens«. ʿAbdalwahhâb fragt, ob die Niederländer Christen seien, und erneut steht ihm nach meiner Antwort das Entsetzen im Gesicht. »Die meisten sind Atheisten.« Wie kommt es, daß soviele Menschen in die Irre gehen. Vielleicht durch Rußland, durch den gottlosen Sozialismus? Er möchte wissen, wie ich mit Atheisten umgehe.

»Ich bin selber einer.« Waren meine früheren Auskünfte noch Anlaß für Entsetzen, jetzt ist ʿAbdalwahhâb wirklich niedergeschmettert. Wie kann ich bloß so etwas Faktisches wie die Existenz Gottes leugnen? Mein Leben muß ja wirklich leer und ziellos sein. Ich werde in der Hölle enden. Er macht sich ernsthaft Sorgen: Wissen meine Eltern überhaupt davon? Was würde mein Vater tun, wenn er dahinterkäme? »Mein Vater ist noch um einiges atheistischer als ich«, sage ich, »der würde böse, falls ich mich bekehren ließe.« Jetzt geht 'Abdalwahhâb ein Licht auf: »Nächstes Jahr machst du deinen Studienabschluß, oder? Dann stehst du nicht mehr unter der Fuchtel deiner Eltern, und dann können sie dir nichts mehr anhaben, wenn du dich zum Glauben bekennst. Ich werde dir ein Buch über den Islam borgen, das wird dich bestimmt überzeugen. Es gibt keinen Gott außer Allah, und Muhammed ist sein Prophet.« Er zupft einen Moment an seinem Kinn. »Ich bringe es dir noch heute abend vorbei, zusammen mit diesem Buch über die Juden.«

Am nächsten Tag wird der israelische Ministerpräsident Rabin erschossen. Die staatlichen Medien bringen die Nachricht neutral, die fundamentalistische Zeitung *Das Volk* titelt: »Rabin zur Hölle«, und Mahas nasseristische Zeitungen jubeln: »Noch ein toter Jude!« Merkwürdig, ich habe Ägypten immer mit Einschränkungen der Meinungsfreiheit assoziiert. Aber die Oppositionszeitungen wären in den Niederlanden längst wegen Diskriminierung und Anstiftung zum Rassenhaß verboten worden.

Cameron ruft an: Er muß mal kurz Dampf ablassen. Direkt nach dem Bekanntwerden des Mordanschlags hat er ein Rundschreiben an ausländische Investoren geschickt und darin die Prognose aufgestellt, daß »dieses tragische Ereignis die Stabilität in Ägypten nicht oder nur am Rande berühren wird«. Auf einer Arbeitssitzung wurde sein Bericht vorgelesen. Drei ägyptische Kollegen reagierten wie von der Tarantel gestochen: »Tragisch? *You mean, you* like *the Jews*?« In der peinlichen Stille, die darauf folgte, sprang ihm keiner der Kollegen bei. »Ich sagte, daß der Tod eines Menschen, erst recht, wenn es eine derart um Frieden bemühte Person betrifft, immer etwas Tragisches an sich hat. So diplomatisch habe ich mich noch nie ausgedrückt, aber weißt du, was sie antworteten? ›Unglaublich, daß jemand so mit den Juden sympathisieren kann, nach all dem, was sie den Palästinensern angetan haben.‹«

Cameron, gleichermaßen Produkt einer naiv-idealistischen Erziehung wie ich, ist erschüttert. »So war es auch bei den Attentaten Anfang des Jahres. Egal, daß dabei vor allem Kinder und Greise umgekommen sind. Man gehört entweder dem einen oder dem anderen Lager an. Ein einziges Wort des Mitgefühls mit Israel, und du giltst als Verräter der arabischen Sache.« Wir beschließen, daß wir, hätten wir Verwandte in einem Krieg mit Israel verloren, vielleicht ähnlich denken würden. Irgendwie müssen wir uns ja dazu verhalten. Bis auf die Globalistin Layla, Muhammed den Feministen und Maher den Grübler waren alle meine Freunde mehr oder weniger über den Anschlag erfreut. Imân sprach von einem Festtag, Hazem von Gerechtigkeit. Tantâwî bezeichnet das Attentat als »die verdiente Strafe Allahs«, während ʿImâd bedauert, daß Rabin nicht langsamer verblutet ist. Was soll man machen? Sich einen neuen Freundeskreis suchen?

Maher erklärt, daß es sich seines Erachtens um eine Kombination aus Wut, Frustration und Angst handle. Vor der Gründung des Staates Israel seien die Beziehungen zwischen ägyptischen Juden, Christen und Muslimen recht harmonisch gewesen. Den Judenhaß betrachtet Maher denn auch vor allem als Haß auf Israel. Er werde genährt von der Unterdrückung der Palästinenser durch die Israelis, dem Frust über drei verlorene Kriege und der Angst vor der militärischen und wirtschaftlichen Macht des kleinen Nachbarn. Jeder weiß zwar, daß es nicht zu einem neuen Krieg kommen wird, wo Israel jetzt die Atombombe hat, meint Maher. Aber die Wirtschaft! Jeder vernünftig denkende Ägypter gebe zu, daß nur Privatisierungen die schwerfälligen, korrupten und verlustbringenden staatlichen Industriebetriebe rentabel machen könnten. Doch wer soll diese Betriebe übernehmen? Viele Ägypter fürchteten, daß es die kapitalkräftigen Israelis sein werden. Deshalb wollten sie nichts vom *scharq al-ausatiyya*, sozusagen dem »Nahostismus«, wissen. Unter diesem ideologischen Nenner soll eine Freihandelszone entstehen, die alle Länder in Nahost umfaßt. Im Gegensatz zum Panarabismus legt der »Nahostismus« eine geographische Idee zugrunde und schließt Israel nicht aus. Ziemlich viele Ägypter betrachteten diese Politik als eine erneute, diesmal ökonomische Unterwerfung durch den Feind.

Wie soll man mit diesem Judenhaß umgehen? In Holland studiere ich Politologie an einer Fakultät, die bald nach Kriegsende mit dem speziellen Ziel gegründet wurde, »eine wehrhafte, gegen den Faschismus gefeite intellektuelle Elite« heranzuziehen. Bei mir ist dieses Unterfangen offenbar fehlgeschlagen. Meine einzige Antwort auf den Judenhaß lautet: »Du sollst das nicht machen, das ist nicht gut.« Den detaillierten und historisch »untermauerten« Anschuldigungen an die Adresse »der« Juden habe ich oft nichts entgegenzusetzen – ich habe nur gelernt, daß der Antisemitismus ein primitiver Reflex sei, bei dem es nur darum gehe, einen Sündenbock zu benennen. Man solle sich erst gar nicht auf Diskussionen einlassen, denn Gegenargumente würden dem Gegner nur mehr Status zuerkennen, als ihm gebührt. Hier jedoch existieren ganze Bibliotheken voller Theorien und »Belege« zur zionistischen Weltverschwörung. Im Studiengang Politische Wissenschaften ist »Zionismus und das arabische Mutterland« ein

Pflichtfach. Es wird von der Tochter Nassers unterrichtet, einer angesehenen Wissenschaftlerin. In Vorlesungen wie dieser erfährt man, daß von Plato bis Perestroika jede Revolution, jeder Krieg und jedes Massaker das Werk des jüdischen Komplotts war. Daß mir das nicht früher beigebracht wurde, ist dem Umstand geschuldet, daß die Juden auch das niederländische Bildungssystem beherrschen.

Gegen diese Haßlawine habe ich null Argumente an der Hand. Vielleicht liegt das daran, daß in Westeuropa der Judenhaß eher dämonisiert als bekämpft wird. Ein Antisemit (oder ein Rassist oder ein Faschist) wird als ein grundsätzlich in allen Hinsichten schlechter Mensch dargestellt. Deshalb liest man nur selten Analysen etwa über Hitlers verführerische Seiten, aus einer Angst heraus, das Verstehen der Person bedeute automatisch Verständnis für sie. Da Rassisten zu hundertprozentigen Monstern gestempelt werden, sind viele Europäer gegen ordentlich frisierte, smart auftretende Rechte wie Le Pen, Schönhuber und Haider wehrlos. Immer wurde gesagt, Rassisten seien Bestien, Le Pen sieht aber gar nicht so aus, also – so die Denkweise – kann er so verkehrt nicht sein. Wie meine Urgroßmutter Ende der dreißiger Jahre schon sagte: »Der ist so kinderlieb ... dieser Hitler ist bestimmt ein anständiger Kerl.«

Auch in Ägypten läßt sich eine einnehmende Erscheinung offenbar wunderbar mit verbrecherischen Ideen vereinbaren.

Der weitaus gründlichste Judenhasser, den ich kenne, ist ʿAbdalwahhâb, dessen Name wörtlich »Diener Gottes« bedeutet. In ʿAbdalwahhâbs Leben dreht sich alles um Allah und den Islam. Immer wenn Sein Name erwähnt wird, faltet er die Hände zusammen, blickt gen Himmel und haucht den Zusatz *subhâna wa taʿâla*: »Er ist der Größte und Höchste.« 'Abdalwahhâb hat beim Beten schon so oft den Boden berührt, daß eine ordentliche *zibîba* auf seiner Stirn prangt. Aus unerfindlichen Gründen nennt er mich immer *Mister Goris*. Seine hocharabische Lieblingswendung *qalîlun djiddan*, mit dem aus unendlichen Tiefen des Kehlkopfs aufsteigenden *q*, wird mir nie aus dem Kopf gehen. Die Redewendung bedeutet »sehr wenig«, und mit ihr gibt 'Abdalwahhâb an, wie viele wirklich Gläubige es gibt, wieviele Menschen denken wie er und wieviele Freunde er hat.

Er ist neunzehn, der Älteste von fünf Kindern einer einfachen Familie aus Assuan im tiefen Süden des Landes. Sein Vater arbeitet als schlecht bezahlter Beamter beim Staudamm am Nassersee. Als einziger Student der Fakultät ist 'Abdalwahhâb eine eher ungepflegte Erscheinung: das Hemd über der ungebügelten Hose, ungekämmt und mit ungeputzten Zähnen. Er hat ein munteres, pausbäckiges Gesicht, lacht aber selten.

Wir stehen im Computerraum, um eine Arbeit auszudrucken. Lustig, einmal Windows auf arabisch zu sehen. 'Abdalwahhâb ist gerade von einem obligatorischen zweiwöchigen Aufenthalt in Assuan zurückgekehrt. Sein Vater und sein einziger Onkel unternahmen eine Pilgerfahrt nach Mekka, und 'Abdalwahhâb mußte als Ältester zu Hause bleiben, um die Einkäufe zu erledigen. »Es war blöd, die Vorlesungen zu verpassen«, räumt er ein, »aber ich kann nicht zulassen, daß meine Mutter oder meine Schwestern ohne männliche Begleitung das Haus verlassen.« 'Abdalwahhâb hat sich mit der Hinrichtung eines Mörders amüsiert, über die in den Medien ausführlich Bericht erstattet wurde. »Gut gemacht! Die Todesstrafe dient als Abschreckung für potentielle Mörder, und der Vater des Ermordeten verzichtet auf die Blutrache, wenn er weiß, daß der Täter abgemurkst wird. Noch wichtiger aber: Die

Todesstrafe kommt dem Mörder selbst zugute! Die irdische Bestrafung rettet ihn vor der Hölle!«

Es gab noch weitere gute Nachrichten in der Presse. Der Prophet Muhammed hat einen aus Japan stammenden buddhistischen Studenten im Traum besucht. Als dieser aufwachte, rief er sofort seine Familie an, und was stellte sich heraus? Sie hatten denselben Traum gehabt. Jetzt sind alle aus der Familie Muslime geworden. Ob ich schon wußte, daß immer mehr westliche Gelehrte sich zum Islam bekehren? Weil alles Wissen nämlich bereits im Koran geschrieben steht. Und natürlich kenne ich doch den berühmten französischen Philosophen Garudi, fährt 'Abdalwahhâb fort, und den ehemaligen deutschen Botschafter in Marokko, Hoffmann, die beide zum Islam konvertiert sind.

Tatsächlich habe ich von Garudi und Hoffmann gehört, aber nur deshalb, weil sie hier in aller Munde sind. Bevor ich nach Ägypten kam, waren sie mir überhaupt kein Begriff. Umgekehrt gilt dasselbe. Hier kennt nur die Globalistin Layla die Soziologin und Schriftstellerin Nauwâl as-Sa'dâwî, während sie im Westen sehr bekannt ist. West wie Ost durchstöbern ihre Gesellschaften gegenseitig nach Gleichgesinnten, die bestätigen, daß die jeweils andere sich endlich der eigenen annähert. Westliche Muslime werden von den Ägyptern ins Rampenlicht gerückt, säkulare Araber von den Europäern.

'Abdalwahhâb wird doch bestimmt für die Einführung der *scharia* sein? Ein bitteres Lächeln. »Wenn ich mich an dieser Fakultät immatrikuliere, bin ich ihren Vorschriften unterworfen. Das gleiche gilt für den Islam. Wer glaubt, befolgt die Regeln. Wir verlangen nur, daß Ungläubige ihre Sünden nicht in unserer Gegenwart begehen.« Er denkt einen Moment nach. »Glaube ohne Überzeugung ist leer. Deshalb würde die Einführung der *scharia* im Fiasko enden. Die Menschen glauben nicht mehr an Allah den Größten und Höchsten. Wie soll man also der *scharia* Geltung verschaffen? Einen Polizisten in jedem Haus postieren?«

Als was würde ʿAbdalwahhâb sich selbst bezeichnen? Nationalist, Nasserist, Liberaler? »Ich bin gar nichts, Mister Goris.« Wieder dieser traurige Blick. Er lebt ja auch auf diesem schrecklichen Campus, mit drei Mann in einem Zimmer, dreckigen oder kaputten Duschen, ständigem Lärm und einer ohne Zweifel starken Diskriminierung von Südägyptern. »Ich bin Koranist«, sagt er schließlich. »Ich bete, faste und komme meinen Pflichten nach. Ich bin wirklich ein Gläubiger.«

Erneutes Schweigen. Wieviele wirklich Gläubige gibt es? ʿAbdalwahhâb zieht seine Mundwinkel herunter. »*Qalîlun djiddan, Mister Goris.* Mindestens achtzig Prozent der Muslime versündigen sich gegen den Glauben.« ʿAbdalwahhâb rechnet sich nicht zu den Fundamentalisten, auch wenn er gewisse Sympathien für sie hegt. »Du sollst der Regierungspropaganda über die Fundamentalisten nicht zuviel Glauben schenken. Die Fundamentalisten sind verzweifelt. Sie erzielen die Bestnoten, aber der Sohn des Ministers bekommt später die Stelle. Reine Korruption. Wer dagegen protestiert, wandert ins Gefängnis, ohne Anklage, inklusive einer täglichen Tracht Prügel. Würdest du in so einer Situation nicht zur Gewalt greifen? Das hat nichts mit dem Islam, sondern alles mit dieser kriminellen Regierung zu tun.«

Wir essen zusammen ein Brötchen. ʿAbdalwahhâb bezahlt, begründet dies mit dem Gast-Argument und setzt sich in die Sonne. Er ist Assuan gewöhnt und empfindet 38 Grad im Schatten als angenehme Temperatur. »Früher, Mister Goris, waren wir gute Muslime, und deshalb schuf unser Herr uns die mächtigste und gerechteste Zivilisation.

Nur indem wir zu guten Muslimen werden, kann die Gerechtigkeit wiederkehren. Kennst du den Philosophen Muhammed Abdu? Er hat gesagt, es gebe Muslime im Mittleren Osten, den Islam gebe es jedoch in Europa. Ihr praktiziert heute den Islam, auch wenn ihr es nicht so nennen würdet. Deshalb seid ihr so übermächtig. Aber früher! Der Herrscher schlief unter einem Baum – keine Leibwächter, kein Palast. Die Menschen vertrauten ihm. Wenn man ein Problem hatte, ging man zu ihm. Aber schau, wie es jetzt ist ... ich bekomme nicht einmal einen Termin beim Dekan! In Amerika kann man ohne weiteres mit Präsident Clinton sprechen, aber hier ... die Menschen sind schlecht geworden und schwach, so daß die Juden und der Westen uns unterwerfen konnten.«

»Weißt du, Mister Goris, die Juden beherrschen insgeheim die ganze Welt. Und die Christen im Westen blicken es gar nicht. Ludwig IX., der letzte Kreuzfahrerkönig, war eigentlich ein Jude. Er hinterließ ein geheimes Testament, in dem er erklärte, daß der Westen die Muslime niemals durch das Schwert besiegen würde. Deshalb sollte die Quelle ihrer Stärke angegriffen werden: der Islam! So begann der Kolonialismus, der uns 1948 Israel beschert hat. Atatürk, der in der Türkei die Trennung von Religion und Staat durchgesetzt hat, war ein Jude. So wie Arafat, der unsere Ansprüche auf das heilige Land verschachert. Mister Goris, die Juden sind nur wenige an der Zahl, aber sie sind sehr gerissen. Ich hasse sie. Hitler war ein großer Mann.« 'Abdalwahhâb hält kurz inne, als er bemerkt, daß ich mit den Augen rolle. »Sie vernichten aber auch das Christentum! Denke nur an die Französische Revolution: Eure Religion wurde damit praktisch abgeschafft.«

Heute ist der letzte Prüfungstag an der Fakultät. Während der ganzen Prüfungszeit ist die Atmosphäre unangenehm gespannt. Da Ranglisten der besten Studenten ausgehängt werden, herrscht eine scharfe Konkurrenz. Vorlesungsmitschriften werden nicht ausgeliehen, sondern nur getauscht, unter der strikten Bedingung, daß sie nicht weitergegeben werden. Wer krank war und daher nichts zum Tausch anbieten kann, hat das Nachsehen. Obwohl … mit Geld läßt sich einiges machen. In einer Ecke der Bibliothek sitzt 'Imâd und übersetzt Referate ins Englische.

Mit einem Mädchen aus Kuwait schaue ich mir die Ergebnisse an. Sie hat keine Ahnung, was die Prüfungsthemen waren, aber dafür hat sie der Liste zufolge eine Zwei erzielt. Ungeniert erzählt sie, daß ihr Vater ein paar Telefonate mit befreundeten Professoren geführt hat. Eine Stelle ist schon für sie reserviert, im Außenministerium, wo auch ihr Bruder arbeitet. Sie hat nie eine Vorlesung besucht, nie hat sie eine Prüfung abgelegt, und doch bekommt sie einen fetten Posten. 'Abdalwahhâb dagegen studiert bis zum Umfallen und kann hinterher als Bananenbauer in Assuan anfangen.

Auf einer desolaten *Ex-pat*-Party werde ich betrunken. Als der Taxifahrer auf dem Heimweg fragt, wo ich herkomme, gebe ich ihm unaufgefordert und großmütig meinen »ägyptenfreundlichen WM-Bericht« zum besten. Nach Dutzenden von Gesprächen über die legendäre Nacht, in der Ägypten bei der WM in Italien der holländischen Nationalmannschaft ein 1:1 abzutrotzen wußte, weiß ich genau, was man hören möchte. »Aus Holland, Sie wissen schon, Fußball und so.«

»Fuß-ball!« wiederholt der Taxifahrer.

»Fußball! Gullit, Van Basten, Rijkaard. Erinnern Sie sich an das Spiel Ägypten gegen die Niederlande? Wir Niederländer glaubten, das würde ein Spaziergang. Die reiten ja noch auf Kamelen, dachten wir. Von wegen! Ich sage Ihnen: Wir konnten noch froh sein mit diesem Unentschieden.« Ich plappere weiter, darüber, wie ganz Europa tags darauf von der Überraschungsmannschaft aus Ägypten sprach, usw. Es läßt sich nur schwer übertreiben, wieviele Ägypter immer wieder von diesem Spiel anfangen. Es gibt Pressefotos vom Platz der Befreiung, von der U-Bahn und dem Nilufer während der Übertragung: wie bei einem Bombenalarm. Maher meint, daß an jenem Abend stürmischer gefeiert wurde als am Tag der Unabhängigkeit. Das Unentschieden ist in der Erinnerung vieler Ägypter als Sieg gespeichert, so groß war die Euphorie. Auf den Sportseiten wird regelmäßig auf das Spiel Bezug genommen, und einmal platzte ich beim Fernsehen mitten in eine ungekürzte Wiederholung, sechs Jahre nach dato!

Müde lehne ich mich in die verschwitzten Polster zurück. Es ist dunkel im Wagen, aber ich glaube, mein Fahrer strahlt vor Stolz. Tja, es ist zwar traurig für die Progressiven ohne Grenzen im Pionierland, aber gegen die Fußball-WM kommt kein »Bewußtwerdungsprojekt« der Internationalen Zusammenarbeit an. Man sollte vielleicht lieber einmal ein Duell zwischen den Niederlanden und Ägypten organisieren, aus dem die letzteren als Sieger hervorgehen. Nichts würde Ägyptens Nationalstolz mehr beflügeln. Der Fahrer sitzt noch immer da wie eine Sphinx. Er legt eine Kassette mit Koranversen ein, dreht die Lautstärke unangenehm auf und schweigt. Mit hoher Geschwindigkeit sausen wir über eine Nilbrücke. Drüben liegt Zamalek, die Insel der Reichen mitten im Nil. Mit all ihren Wolkenkratzern, Scheinwerfern und Leuchtreklamen, die sich im Wasser spiegeln, wirkt sie wie ein palmenbewachsenes Manhattan. Als ich aussteige, nimmt der Fahrer schweigend das Geld entgegen.

Eine Weile später unterhalte ich mich mit Maher über Ajax Amsterdam, als Hazem sich vor mir aufbaut. Nach einer freundschaftlichen Begrüßung streckt er den rechten Arm hoch. »Hör mal! Ich werde einen Deutschkurs belegen, damit ich akzentfrei ›Heil Hitler‹ sagen kann. Heil Hitler, Heil Hitler, Heil Hitler!«

Um mich herum gibt es Lacher. Haha, dieser Hazem, ist er nicht witzig … Ich schaue auf den Boden. »Kein guter Witz, Hazem. Der Typ hat über sechs Millionen Menschen auf dem Gewissen.« Er sieht mich an, als wollte er sagen: Dabei kamst du mir so nett vor. Ob ich denn nicht wisse, daß der Holocaust jüdische Propaganda sei? Es seien nur ein paar tausend Opfer gewesen. Die Handvoll Frauen und Kinder darunter hätten die Juden gegen junge Männer getauscht, damit diese Israel gründen könnten. Ich schweige und hoffe, daß Hazem es mir gleichtun wird. Ihm stehen aber Mißtrauen und Angst im Gesicht: »Joris, du bist doch nicht etwa selbst ein Jude?« Ich schüttle langsam den Kopf, woraufhin Hazem mir erleichtert um den Hals fällt: »Gott sei Dank, ich fände es schrecklich, dich als Freund zu verlieren.«

10 Ein Zeichen Gottes

»Wie heißt die Hauptstadt Norwegens?« Fünf Sekunden hat Gamal Bedenkzeit, sonst geht der Hauptgewinn an Anwar. Die übliche Kulisse einer Spielshow: Pappe, Lämpchen und ein geschniegelter Showmaster. »Stockholm?« versucht Gamal. »Neinnn! Faallsch! Anwar, du bist der Gewinner einer Reise nach Mekka!« Die Kamera schwenkt auf den jauchzenden Anwar, Gamal blickt niedergeschlagen auf seine Schuhspitzen.

Und zu Recht. Eine Pilgerfahrt nach Mekka brächte ihm den Erlaß all seiner Sünden. Stell dir vor, da schmort Gamal bald für alle Zeiten wegen seiner Sünden, während er doch so einfach durch die Himmelspforte hätte spazieren können – wenn ihm nur »Oslo« eingefallen wäre. Muhammed der Feminist, mit dem ich vor der Kiste hocke, sieht das Problem nicht. Ist doch schön, daß das ägyptische Fernsehen armen Sterblichen die Chance auf Erlösung bietet?

Der *hadjdj* oder Pilgerfahrt nach Mekka ist für viele Muslime das wichtigste Ereignis in ihrem Leben. Jahrelang sparen sie dafür, verkaufen Land, gehen Schulden ein. Wer in die saudische Stadt gereist ist, bekommt häufig den Ehrentitel eines *hadjdj*. Der *hadjdj* ist eine der »fünf Säulen« des Islam. Die anderen sind das Glaubensbekenntnis »Es gibt keinen Gott außer Allah, und Muhammed ist sein Prophet«, die fünf täglichen Gebete, das Fasten während des Ramadan und die *zakât*, die zweieinhalbprozentige Almosensteuer, die jeder von sich aus auf das eigene Vermögen erheben und nach eigenem Gutdünken unter Bettler verteilen soll. Neben diesen Geboten gibt es eine Reihe besonderer Tabus: Schweinefleisch, Alkohol, Glücksspiel, Betrug, Wucher und üble Nachrede. Bis auf das unmißverständliche Verbot, Schweinefleisch zu konsumieren, sind Ge- wie Verbote recht vieldeutig. Imân interpretiert »Beten« im übertragenen Sinn, ihrer Meinung nach braucht man nur fünfmal am Tag konzentriert an Ihn zu denken. Sâmih versteht darunter, daß man alle fünf Gebete auf einmal erledigen kann, während Maher glaubt, daß Regeln und Vorschriften wie die zum Gebet nur von Allah ablenken und deshalb wenig Beachtung verdienen.

Bezüglich des Alkoholverbots gibt es ebenfalls breit gefächerte Auslegungen. Mahers Freund Ibrahim betrachtet es als Bestimmung gegen öffentliche Trunkenheit, Muhammed zufolge bezieht es sich auf den Genuß von Hochprozentigem, Maher zufolge auf Wein und ʿImâd zufolge auf alle bewußtseinserweiternden Mittel. Vergleichbare Interpretationsbandbreiten findet man angesichts der Gleichheit zwischen den Geschlechtern, Polygamie, Kopftüchern, *Kâfir*-Erklärungen à la Rushdie, dem Zinsverbot und dem *djihâd*.

Das vergangene Jahr hat mein Denken über Religion von Grund auf verändert. Als Kind einer typischen Siebziger-Erziehung hatte ich gelernt, daß Kirchen nichts taugten (siehe Kreuzzüge, Inquisition usw.) und daß Religion eine Form intellektueller Bequemlichkeit sei, die alle Lebensfragen mit dem Hinweis auf Gott löst beziehungsweise abtut. Eine Art institutionalisierter Eskapismus ... Interessanterweise verurteilen meine ägyptischen Freunde Atheisten aus ganz ähnlichen Gründen. »Sie folgen blind ihren Instinkten, ohne an höhere Werte zu denken«, faßte Hazem die herrschende Meinung zusammen. »Wir machen es uns selbst schwer, indem wir uns an die Gebote halten.«

Schon die Moschee gegenüber von meiner Wohnung veranlaßt mich zum Umdenken. Das Abendgebet wurde soeben beendet, auf den Treppen der Moschee ziehen die Gläubigen ihre Schuhe wieder an. Die Stimmung ist herzlich. Man schüttelt Hände, klopft sich freundschaftlich auf die Schulter. Ich habe das Beten immer mit kalten Kirchenbänken, Begräbnissen oder Hochzeiten von Verwandten und einer strengen, alles mögliche verbietenden Predigt assoziiert. Aber hier auf den Treppen ist es wirklich nett.

Der Respekt, der in Ägypten den Frommen zuteil wird, gilt in den Niederlanden den Prinzipientreuen. In dieser Hinsicht entfällt auch der exklusive Zusammenhang von Glaube und Dogmatik. Bei der Ansicht, alle Menschen seien gleich und gleichberechtigt, handelt es sich schließlich nicht weniger um ein Dogma. Ich glaube allerdings daran. Oder, wie die amerikanische Bill of Rights, eine der Inspirationsquellen der Allgemeinen Erklärung der Menschenrechte, es ausdrückt: »*We hold these truths to be self-evident*« (»Wir halten diese Wahrheiten für selbstverständlich«). »Selbstverständlich«, ein anderes Wort für Dogma.

Mahmûd hat mir dafür die Augen geöffnet. So wie er den Islam interpretiert, könnte ich mir vorstellen, Muslim zu werden. Er hat jedoch nie versucht, mich zu bekehren. Er ist glücklich mit seinem Glauben – was die anderen machen, sollen sie selbst wissen. »Viele Atheisten haben mit Überdruß und einem Mangel an Selbstbeherrschung zu kämpfen«, erzählt er. »Sie trinken und essen zuviel oder wollen gerade abnehmen. Die anderen brauchen unbedingt Partys oder Drogen. Der Islam hilft mir, den goldenen Mittelweg zu gehen.« Nach einem Jahr voller Predigten über die Wahrheit des Islam kommen mir Mahmûds Worte wie eine warme Dusche vor. Die Religion nicht als beengender Keuschheitsgürtel, sondern als sanfter Führer durch ein Leben, das voller Fallgruben ist. Mahmûd paraphrasiert gerne den Koranvers »der Glaube dient dazu, das Leben zu erleichtern«.

Wir treffen uns an der Fakultät. Ich hatte ihn eine Weile nicht gesehen, weil seine libanesische Mutter im Lande war. Er ist auf einmal verlobt! Als sich herausstellte, daß er seine Freundin Samya seiner Mutter vorstellen würde, ist Samyas Vater aus Kuwait angereist, und alles bekam plötzlich einen offiziellen Charakter. Nach einem anstrengenden Gespräch mit Samyas Vater über seine Zukunftspläne, Finanzen und seinen bisherigen Lebenslauf bekamen die beiden die Zustimmung zu ihrer Verlobung. Ich gratuliere ihm von Herzen. »Schau, der Ring. Wir können jetzt ungestört zusammen ausgehen. Ansonsten ist jetzt Sparen angesagt.« Er lächelt. »Das Brautgeschenk, die Hochzeit, die Renovierung unserer Wohnung … ich habe ihnen offen gesagt, daß dafür mein Geld nicht reicht. Ich zahle, soviel ich habe.«

Und dann? »Hoffentlich steuert dann ihre reiche Familie etwas bei. Daß ich bereit bin, mein ganzes Kapital für sie auszugeben, beweist zur Genüge, daß ich es ernst meine.« Wie schnell die Dinge doch manchmal gehen können. Vor nicht allzu langer Zeit hatten wir noch über die Vor- und Nachteile der Ehe gesprochen. Jetzt trägt er einen Ring an seinem Finger. Aber es scheint häufiger vorzukommen, daß die Familie des Mädchens mit einem Mal das Feuer anfacht. Bevor alle verstanden haben, was vor sich geht, ist das Eisen bereits geschmiedet.

Der letzte Prüfungstag an der Uni ist vorbei, und ich will mich einen Tag mit Mahmûd erholen. Es ist richtig heiß, alles, was nur einigermaßen drückt oder die Haut berührt: Gürtel, Brieftasche, Schuhe, verursacht kribbelnde

Schweißlachen am Körper. Mahmûd holt mich in seinem Auto vor der Uni ab. »Ich faste heute«, sagt er, während wir über die breiten Boulevards von Heliopolis, einem besseren Viertel im Norden Kairos, flitzen. Zwischen den Fahrbahnen gibt es mit roten Blumen und Palmen bewachsene Grünstreifen, wo Großfamilien ungestört vom vorbeidonnernden Verkehr ein Picknick machen. Kleine Jungs spielen Fußball, Mädchen in bunten Kleidchen spielen ein undefinierbares Spiel.

»Ich wußte nicht, daß auch außerhalb des Ramadan gefastet wird.«

»Es ist ein spezieller Fastentag, der Tag des ...« Er runzelt die Stirn und durchforstet sein Gedächtnis. »Wer heute fastet, dem werden alle Sünden des vergangenen Jahres vergeben.«

»Das ist ja superpraktisch«, rutscht mir heraus. Zum Glück kann Mahmûd darüber lachen. »Ich habe es erst gestern erfahren, bei der Verwandtschaft meiner Zukünftigen. Da muß ich immer wahnsinnig viel essen, also trifft sich das gut. Normalerweise esse ich sehr wenig, deshalb hat sich mein Magen gestern ausgedehnt. Ich sterbe gerade wieder vor Hunger.«

Mahmûd möchte mir etwas zeigen, sagt er geheimnisvoll. Nach endlosen Reihen von weißen Villen – vor zwanzig Jahren war hier noch Wüste – halten wir an einem Straßenschild. »Muhammed Morani«, entziffere ich die Zierschrift mühsam. »Mein Vater«, sagt er stolz. »Ich wußte gar nichts davon, bis meine Großmutter es mir vor einem Jahr erzählte. Eine schöne Geste von der Regierung.« Mahmûds Vater ist im Oktoberkrieg mit Israel von 1973 gefallen. Mahmûd war damals ein Jahr alt.

»Wie findest du sie jetzt?« Mit einer pompösen Gebärde öffnet er die Tür seiner Wohnung. Einmal hatte ich Mahmûd zu Hause besucht und einen schmuddeligen

Männerhaushalt vorgefunden: abgewetzte Sofas, vergilbte Wände, dreckige Fliesen. In dieser Wohnung haben Mahmûds Vater und Mutter vor dem fatalen Oktober gelebt, seitdem wurde dort nie mehr etwas gemacht. Jetzt sind die blitzsauberen Böden pastellfarben gekachelt, die Wände sind weiß wie Schäfchenwolken, in der Küche stehen eine Friteuse, eine Mikrowelle und ein Herd.

Das Telefon klingelt. Samya ruft kurz an, um zu fragen, ob der niederländische Gast gut angekommen ist. »Aber ja doch«, sagt Mahmûd und stiefelt mit seinem schnurlosen Telefon auf den Balkon. Dort telefoniert er ein paar Minuten privat. Dann klingelt es an der Tür. Auf dem Weg zum Squashcenter kommt Mahmûds Freund Ahmed auf einen Sprung vorbei. »Fastest du heute?« fragt Mahmûd. Ahmed hatte es zwar vor, aber irgendwie hat es nicht geklappt. »Kann ich dir dann etwas zu trinken anbieten?« Mit einer herzlichen Geste reicht er Ahmed ein Longdrinkglas eiskalten Orangensaft. Auch mir schenkt er noch einmal nach. Bei dieser Hitze wird man den Durst nicht los. »Viele Muslime fordern von ihren Mitmenschen, daß sie sich am Fasten beteiligen«, sagt Mahmûd. »Aber wenn Menschen in deiner Gegenwart essen, ist die Herausforderung um so größer.«

Als Ahmed wieder gegangen ist, genießen wir die Dämmerung auf dem Balkon. So hatte ich mir Ägypten vorgestellt. Sich an der tropischen Wärme laben, exotisches Pflanzengrün im Blick, dem Gesang der Vögel lauschend. Heliopolis ist eine Stufe gehobener als mein Viertel. Ein bißchen mehr Bäume, kein Müll in den Straßen. Wo bei mir im Erdgeschoß Menschen in Betonhütten hausen, blühen hier Gärten. Keiner hält Ziegen, Hühner oder andere Viecher auf dem Dach. Das Telefon klingelt. Samya. Sie wünscht uns schon mal guten Appetit und legt Mahmûd ans Herz, doch etwas Gutes zu bestellen. »Das ist eigentlich ganz nett«, sagt Mahmûd, als er aufgelegt hat, »sie ruft etwa fünf-, sechsmal am Tag an, um kurz zu plaudern.« Ein sanftes Lächeln breitet sich über sein Gesicht aus. »Nein, sie war noch nie mit mir alleine in dieser Wohnung. Oder … doch, einmal, fünf Minuten, um etwas abzuholen. Sonst nur in Begleitung ihrer Mutter. Ich sehe sie oft bei ihr zu Hause, wenn ihre Familie auch da ist, ja.«

Endlich erklingt der Aufruf zum vierten Gebet, dem Gebet zum Sonnenuntergang, das ebenfalls das Ende der Fastenzeit einläutet. »Wollen wir uns was kommen lassen?« Seine Hände zittern vor Hunger. In Kairo wimmelt es von Imbißstuben mit Lieferservice. Nicht nur Pizzas, sondern auch ägyptisches, libanesisches und amerikanisches Fastfood wird von kunterbunt uniformierten Knaben auf lärmenden Mopeds ausgeliefert. Niedrige Benzinpreise und billige Arbeit sorgen offenbar dafür, daß es rentabel ist, eine Pizza für fünf Pfund frei Haus zu liefern. Die Boten fahren genauso unerschrocken und unverantwortlich wie ihre niederländischen Kollegen, aber hier fällt das nicht weiter auf, denn alle Kairoer fahren mit wahrer Todesverachtung und großem Leichtsinn. Ampeln bedeuten ihnen nichts, Verkehrspolizisten wenig. Abruptes Beschleunigen, bremsen, rechts überholen, wettrennen, Busse schneiden und natürlich schimpfen auf alles, was sich rührt. Wegen der Hitze fährt jeder mit offenem Fenster, also schreit man sich gegenseitig an: »Hurensohn! Ich soll dich von deiner Mutter grüßen, ich war soeben noch bei ihr!« »Verzieh dich in dein Dorf und steig doch wieder auf deinen Wasserbüffel!«

Eine ägyptische Dozentin von meinem Sprachkurs hat den Verkehr in Kairo einmal mit einem Videospiel verglichen: »Es ist wahnsinnig spannend, man kann sich wunderbar austoben. Der einzige Nachteil ist, daß man nur ein Leben hat.« Das erste Mal, das ich bei ihr mitgefahren bin, war auch gleich das letzte. Beeindruckend, dieser Mischung aus Amazone und Kamikaze-Pilotin beim Hantieren am Schaltknüppel zuzusehen, aber irgendwann wären wir um ein Haar unter einem Linienbus gelandet. Das Erstaunliche ist, daß trotz des wilden Fahrstils der Kairoer, trotz der engen Straßen und vielen Schlaglöcher nur wenige Unfälle passieren. Vielleicht liegt das daran, daß die Kairoer zwar sehr lebhaft, aber nur selten hektisch sind. Es herrscht kaum Streß im Verkehr.

Wir verputzen ein Brötchen mit Chinahuhn. »Der Balkon ist mein bevorzugter Meditationsort. Ich studiere oft bis fünf Uhr morgens. Bevor ich mich schlafen lege, warte ich auf den Tagesanbruch. Zuerst erklingen von allen Minaretten ein paar Zeilen aus dem Koran, sozusagen als Soundcheck. Dann folgt eine Pause von zwei Sekunden und dann, genau synchron, der Aufruf zum Morgengebet, melodiös, melancholisch. Von hier ist es etwa gleich weit zu den jeweiligen Moscheen, also ist die Lautstärke aus allen Richtungen etwa gleich. Nach dem Gebetsaufruf geht langsam die Sonne auf über dem Haus dort drüben. Das Wunder der Natur, die Feierlichkeit des Gebetsaufrufs, die anschließende Stille über der Stadt …«

Dieser sanfte, nachdenkliche junge Mann ist ein wahrer Muskelprotz. Wie das? Mahmûd lächelt verlegen: »Als ich zwölf war, habe ich schrecklich gestottert. Als Bub wurde ich in der Schule gehänselt und geschlagen. Dann habe ich eines Tages *Rocky* gesehen. Unglaublich, wie ein Film dein ganzes Leben verändern kann. Dieser Sylvester Stallone haut jeden, der ihn anpöbelt, einfach zusammen. Ich dachte mir: Das ist es doch! Viele Jungs in Ägypten schaffen sich Muskeln drauf mit Hilfe von Anabolika. Wenn sie die absetzen, rutscht ihnen die Muskelmasse wie Pudding von den Armen. Ich habe es richtig gemacht, und ein Erfolg folgte dem anderen: Vereinssieger, Champion von Kairo, Landesmeister.«

Er trinkt einen Schluck Cola. Seine Hände zittern immer noch. »Man hat mich gefragt, an der Weltmeisterschaft in Norwegen teilzunehmen. Aber zu jener Zeit hatte ich angefangen zu studieren und gerade ein Mädchen kennengelernt. Ich habe versucht, das alles unter einen Hut zu bekommen, aber das Ergebnis war, daß ich schließlich nicht nach Norwegen fuhr, die Prüfungen nicht bestand und daß meine Freundin mich sitzenließ.« Er grinst: »Es hat sich wirklich gelohnt. Immer nach den Vorlesungen bin ich zum Verein gelaufen, um dort mit ungebildeten Mechanikergehilfen oder Klempnern zu trainieren. Meine Bodybuilder-Kollegen stammten, wie man so sagt, aus niederen Verhältnissen, aber sie waren immer fröhlich. Zu Turnieren nahmen sie eine Trommel mit. Sie liebten es, zu singen und zu tanzen.«

Vor ein paar Jahren hat er mit dem Sport aufgehört, um sich auf sein Studium und verschiedene Schulungen zu konzentrieren: Aktienhandel, Buchhaltung, Computerkurse. Mit diesem Wissen gewappnet, möchte Mahmûd in Ägypten das *private banking* einführen, ein System, bei dem Bankangestellte eine persönliche Beziehung zu vermögenden Kunden aufbauen. Doch zuerst muß er Geld für einen Ehering, das Brautgeschenk und die Hochzeit verdienen. Dann kann er endlich heiraten.

»Die Verwechslung von Tradition und Religion ist ein großes Problem in Ägypten«, sagt Mahmûd. »Der Islam behauptet zum Beispiel mitnichten, daß Frauen den Männern nicht gleich wären – diese Auffassung geht vielmehr auf lokale Traditionen zurück. Viele glauben, daß Tradition und Islam eins seien und daß das Ablegen gewisser Bräuche einer Abschaffung des Islam gleichkäme. Mein Glaube verpflichtet mich dazu, ein Brautgeschenk zu machen und meiner Frau ein Zuhause zu bieten. Das tue ich alles gerne. Aber ein goldener Ehering, so ein irrsinniges Hochzeitsfest ... der Geldfaktor verzögert die Dinge enorm. Es gibt unzählige junge Männer in Ägypten, die aus finanziellen Gründen nicht heiraten können. In diesen schweren Zeiten wäre vielen damit geholfen, wenn Heiraten billiger wäre. Würden die Menschen doch den Koran einmal *lesen*, anstatt ihn auswendig zu lernen.« Mahmûd hat versucht, seine zukünftigen Schwiegereltern davon zu überzeugen, aber sie sind gerade stolz auf ihre traditionellen Lebensansichten.

Es ist bald Mitternacht, und Mahmûd steckt gerade seine Autoschlüssel ein, als das Telefon klingelt. Samya. Sie möchte wissen, ob der niederländische Gast schon gegangen ist und ob es nett war. »Ich rufe dich nachher zurück«, sagt Mahmûd leise. Es gibt keine Staus, so daß wir, bei Tempo sechzig, nur eine halbe Stunde brauchen – bis zum Stadtzentrum; wer weiter fahren will, zum Süden, in den Westen oder Osten Kairos, kann locker eine Dreiviertelstunde extra einkalkulieren. Was für eine Stadt!

Und dann ist es vorbei, mein Jahr in Kairo. Eben habe ich mich von allen verabschiedet, eine Überraschung von Muhammed dem Feministen erlebt, und jetzt geht's zurück in jenes andere Flußdelta, in meine Heimat. Seit vierhundert Tagen habe ich mich auf diesen Abschied vorbereitet, trotzdem ist mir dabei komisch zumute. Ein Romanheld würde in diesem Moment seine Bildung vollenden, zu Einsichten gelangen, die dem Leser zum Vorteil gereichen.

Im Taxi zum Flughafen versuche auch ich meine Erfahrungen zu einem schlagenden Fazit über den Ägypter, die Araber, die dritte Welt und den Islam zu bündeln. Aber sobald ich mir 'Imâd, Tantâwî, Maher, Hazem, Dalya, Muhammed, Latîfa, Layla, Maha, Hind, 'Abdalwahhâb und Mahmûd vergegenwärtige, verflüchtigt sich jedwede Verallgemeinerung. Ähnliches gilt für »den« Islam: Aus ein und demselben Koran schöpfen Mahmûd und Muhammed ihren Humanismus, Feministen ihr Gleichheitsstreben und Fundamentalisten ihre Intoleranz. In den Sozialwissenschaften spricht man deshalb lieber von »Islamen« im Plural anstatt von »dem« Islam im Singular. »Islam« bezeichnet dann ein breitgefächertes Spektrum an Interpretationen, eine Debatte, in der eine Reihe von Begriffen (wie Kopftuch, *scharia*, *djihâd*, Ramadan, Gebet) zwar äußerst wichtig sind, in der allerdings ihre Interpretation stark variiert.

Das ist auch die Antwort auf die Frage, ob sich der Islam mit der Demokratie verträgt: Welchen Islam meinst du? In Laylas oder Muhammeds Version ist die Demokratie unverzichtbar, der Islam von Maher dem Grübler hat nichts mit Politik zu tun, während Tantâwî und Hazem den Islam und die Demokratie für zwei Seiten einer Medaille halten. Fundamentalisten wie 'Imâd, Sayyid und 'Abdalwahhâb schließlich scheinen Gegner der Demokratie zu sein, weil sie diese mit dem Westen assoziieren. Mit anderen Worten: Es kommt einfach darauf an, mit wem man sich gerade unterhält.

Mein letzter Taxifahrer hat einen langen Bart, einfache Kleider und auf der Stirn eine braune *zibîba*. Seine dunklen Augen funkeln. »Muslim?«

»Nein.« Ein Minibus, der plötzlich scharf bremst, zwingt ihn fast, auf den Bürgersteig auszuweichen. Hupend, aber ansonsten unbewegt, hält er seinen alten Wagen auf der Fahrbahn. Ich sehe, daß er keine Schuhe trägt. »Warum hast du dann beim Einsteigen ›Friede mit Ihnen‹ gesagt? Das ist ein islamischer Gruß.«

»Bei einem christlichen Gruß müßte ich immer erklären, warum ich mich nicht zum Islam bekehre. Das ist auf Dauer etwas ermüdend.«

»Wie kann die Wahrheit ermüden? Es gibt keinen Gott außer Allah, und Muhammed ist sein Prophet.« Ich nicke brav und lasse die obligatorische ›kurze Geschichte des Islam‹ über mich ergehen. Am Anfang habe ich noch etwas mürrisch auf Bekehrungsversuche reagiert. Ich hielt sie für respektlos und eigennützig, da Allah im Himmel für jedes gekeilte Schäflein eine Sünde erläßt. In den letzten Monaten habe ich meine Meinung geändert. Die meisten Muslime, die ich hier kennengelernt habe, *glauben* nicht, daß Allah existiert, sondern sie *wissen* es. »Bekehren« sollte man deshalb lieber durch »Überzeugen« ersetzen, und dann wird auch klar, daß ich eigentlich dasselbe mit ihnen mache, zum Beispiel was die Rolle der Frau anbelangt.

Ich habe zwei Methoden entwickelt, mich vor Bekehrungsversuchen zu drücken. Die erste spielt mit dem Zeitfaktor: Ich betone, wie neu mir die Information sei, und bitte um Bedenkzeit. Die zweite besteht darin, daß ich sage, ich müsse zuerst meinen Vater fragen. Egal, wie groß der Bekehrungsdrang, das kann jeder verstehen. Und zudem: Was würden meine Landsleute sagen, wenn ich hier in der Fremde plötzlich zum Islam übertreten würde? Es wäre viel überzeugender, wenn ich das erst in meiner Heimat täte.

»Aber du glaubst doch an die Existenz Gottes?« fragt der Taxifahrer.

»Nicht wirklich.«

»Das gibt es nicht. Du glaubst daran, oder du glaubst nicht daran.«

»Ich glaube nicht daran.«

»Das ist ja grauenhaft!« Soweit ich es beurteilen kann, ist sein Blick von Mitleid erfüllt. Ich sage, daß mir das Leben ohne Religion ganz gut gefällt. »Das kann schon sein, aber was ist, wenn du stirbst? Du wirst dich vor Allah verantworten müssen. Bekehre dich bald. Du könntest jederzeit

unter ein Auto kommen, und dann wärst du verdammt.«
Ich erwidere, daß ich dazu keinen Grund sehe. Ein 1400
Jahre altes Buch, in dem geschrieben steht, daß alles, was
darin geschrieben steht, wahr sei, überzeuge mich nicht.
Wir schweigen. Es ist das erste Mal, daß ich mich so rein-
hänge. Mir ist nicht ganz wohl dabei.

»Welches Zeichen würdest du von Gott verlangen?« Ich
stoße erst mal einen tiefen Seufzer aus. »Daß jetzt, in diesem Moment, diese Palme dort mit den gelb-roten Girlanden umstürzt. Jetzt. Das würde mich überzeugen.« Mit einem Ruck hält er den Wagen an. Denkt er, daß ich an dieser
Palme aussteigen möchte? Oder schmeißt er mich wegen
Gotteslästerung raus? Wird er mich etwa zusammenschla-
gen, unter Anfeuerungsrufen der Passanten?

Die harten Züge um seine Augen weichen milden Falten.
Seine feuchten Lippen öffnen und schließen sich in einem
sanften Rhythmus. Er betet, den Blick fest auf die Palme
gerichtet! Auf was für ein Spielchen habe ich mich da bloß
eingelassen? Er sieht, daß ich ihn beobachte. Wie um seinem Gebet Nachdruck zu verleihen, kneift er die Augen
zu. In Unkenntnis seines zentralen Stellenwerts im Welt-
bild zweier Erdbewohner wiegt sich die Palme seelenruhig
in Allahs Sommerbrise. Nicht einmal die gelb-roten Girlanden will Er, als Kompromiß, fortwehen lassen.

Die Minuten verstreichen.

»Du hättest doch nicht daran geglaubt«, gibt er endlich
auf und setzt die Fahrt fort. »Du willst dich nicht überzeugen lassen, und Allah weiß das. Heuchler.« Seine Gesichtszüge haben sich wieder verhärtet. Warum stellt der Typ
sich auch so blöd an? Denkt er wirklich, daß Allah, selbst
wenn Er existieren sollte, die Palme umkippen würde?
Dann würden sich bald alle daranmachen, irgendwelche
Gegenstände über den Haufen zu beten.

Das Taxi braust über eine der zahlreichen Hochstraßen,

die Kairo verunstalten. Schon jetzt, während ich von dieser kilometerlangen, quer über die Stadt führenden Brücke hinunterblicke, kann ich mir nur schwer vorstellen, daß die einundzwanzig Millionen Leben hier einfach weitergehen. Daß Tantâwî in seinem überfüllten Bus sitzt, 'Imâd über seinen fundamentalistischen Büchern oder Maher und Hazem in ihrem Kaffeehaus. Wir fahren über den Nil und blicken auf die Blechlawinen, die sich entlang der Ufer und über die anderen Brücken wälzen. Ein Jahr lang habe ich nach Worten für das Geräusch der Hupen gesucht: trompeten, kreischen, schrillen, tosen, gellen. An den Verkehr, der Kairo zu einem Irrenhaus macht, gewöhnt man sich nie.

Doch in den letzten Wochen kommt mir der Wahnsinn vertraut vor, hin und wieder konnte ich ihn sogar genießen. Vielleicht bin ich nach einem Jahr ein Irrer unter Irren geworden. So läuft es nun einmal: Nicht du veränderst die Welt, sondern die Welt verändert dich.

Als ich aussteige, fährt der Fahrer sofort weiter. Ich muß ihm hinterherrennen, um zu bezahlen. »Ach ja«, murmelt er geistesabwesend, ohne mich anzublicken. Ein Taxifahrer in Kairo, der das Geld vergißt. Es muß ihm wirklich miserabel gehen.

Aber was, wenn der Baum umgefallen wäre?

Hinweis des Autors

Zum Schutz der Privatsphäre der Beteiligten sind manche Namen in diesem Buch geändert worden.

Für die Wiedergabe der arabischen Wörter habe ich mich einer phonetischen Umschrift bedient. Das *ch* klingt wie im deutschen »Bach«, *gh* entspricht dem sogenannten Zäpchen-R, also einem Reibelaut wie in »Rand«, *dj* wird wie das *j* in »Journal« ausgesprochen, das *th* wie im englischen »thin«. Das *z* ist ein stimmhaftes *s* wie in »Hase«. Lange Vokale sind durch einen Zirkumflex (ˆ) gekennzeichnet. Der Buchstabe ʿAin, hier wiedergegeben durch einen umgekehrten Apostroph (ʿ), bezeichnet einen für Europäer schwer zu sprechenden Kehlreibelaut. Der normale Apostroph (ʾ) steht für den sogenannten Hamza, ein Knackgeräusch vor einem Vokal, wie in »verʾeisen« (im Gegensatz zu »verreisen«).

Die ägyptische Währung ist das Pfund. Zur Zeit der in diesem Buch beschriebenen Ereignisse entsprachen zwei Ägyptische Pfund etwa einer Mark. Hundert Piaster sind ein Pfund.

Ägyptisch-arabische Wörter und Redewendungen

ahwa	Kaffeehaus
'aib	Schande; Pfui!
al-bu'd biyzawwid al-hubb	
	»Die Distanz verstärkt die Liebe«
al-islam huwa al-hall	
	»Der Islam ist die Lösung«
anâ al-as'ad	»Ganz meinerseits«
as-salâmu 'alaykum	
	»Friede mit euch«
bebs	Pepsi
bawwâb	Hauswart
bawwâba	Hausmeisterin
bismillah ar-Rahmân ar-Rahîm	
	»Im Namen des Erbarmers und des Barmherzigen«
chalâs	Basta! Genug!
challi bâlik minnu	»Alle Männer wollen nur das eine« (wörtlich: »Sieh dich vor ihm vor!«)
chawâga	Fremder, Ausländer
dîmûqrâtiyya	Demokratie
djihâd	1. innerer Kampf gegen sündhafte Impulse 2. heiliger Krieg

286

eeh da	»Was ist das?«
fatîr	Pfannkuchen aus Blätterteig
fûl	Bohnen
fursa saʿîda	»Freut mich, Sie kennenzulernen«
gallâbiyya	ein Gewand für Männer
hadjdj	Pilgerfahrt nach Mekka
harâm	verboten
higâb	Kopftuch
hisba	Brandmarkung eines Ungläubigen
hiyya lissa ma-itfattahitsh	
	»sie ist noch Jungfrau«
	(wörtlich: »ungeöffnet«)
hudûd	Grenzen; Leibesstrafen (im islamischen Recht)
ʿîd al-kabîr	das große Fest
inta zayy iz-zift	Schimpfwort
	(wörtlich: »Du bist wie Dreck»)
kâfir	Ungläubiger
kaza kida	»das eine«
kusharî	ein Gericht aus Nudeln, Reis, Kichererbsen, Tomatensauce
maʿ as-salâma	»Leb wohl!«, »Friede sei mit dir«
makwagî	Bügler
mazbût	Tee mit ordentlich Zucker
muʿaggab	angetan (von jemandem)
muchâbarât	ägyptischer Geheimdienst
mufakkira	eine Intellektuelle
al-Mugamma	zentrale Behörde Ägyptens
mulûchiyya	Gericht aus Spinat und Öl
niqâb	Schleier
qalîlun djiddan	sehr wenig
ragil sharʾî	orientalischer Mann
ramadân	Fastenmonat
rîha	Tee mit einer Prise Zucker

sâda	Tee ohne Zucker
scharî'a	islamisches Recht
scharika at-ta'mîn	eine orientalische Versicherungsgesellschaft
scharq al-ausatiyya	»Nahostismus«; politische Idee einer Freihandelszone in Nahost
schilla	Freundeskreis/Club von Freunden
schûra	1. Erste Kammer des Parlaments
	2. Beratschlagung
	3. islamische Demokratie
simsâr	Makler
ta'miyya	Falafel
tasallul	abseits (Fußball)
thânawiyya 'âmma	Schulabschluß (Abitur)
umm ad-dunyâ	Mutter der Welt (Bezeichnung für Ägypten)
umma	Gemeinschaft der Gläubigen
ustâz	Anrede für: Herr/Professor
Wafd	Liberale Partei Ägyptens
wusta	»Beziehungen«
yâ ibnî	Oh, mein Sohn (»Junge, Junge«)
yâ nahâr abyad	»oh weißer Tag!« (eine Art Fluch)
yâ rabb	O Herr!
zakât	Almosen
zibîba	Rosine
zift	Schimpfwort (»Schmutz von der Straße«)
zilzâl	Erdbeben
zinâ'	Ehebruch; Sex vor der Ehe
ziyâda	Zucker mit ein bißchen Tee; extrem süßer Tee